Matthias Blazek

"Herr Staatsanwalt, das Urteil ist vollstreckt."

Die Brüder Wilhelm und Friedrich Reindel

Scharfrichter im Dienste
des Norddeutschen Bundes und Seiner Majestät
1843–1898

Und der Gefangene starrt'
Ins Licht durchs hohe Fenster, bis es Abend ward.
Dann kam die Mahlzeit. Und als er gegessen und
getrunken,
Ist er in Schlaf versunken.
Das Frühlicht ist im Ost erglommen:
Da rasselt das Schloß – die Beamten kommen.
„Hä, hä! ...“ Des Mörders Glieder fliegen,
Soll't losjehn? ... Na, denn man rin in't Vajniejen!
...
Is Reindel schon da mit seine Maschinen? ....
Sehn Se, ick bin nobel, ick laß den Mann wat va-
dienen! ... “
Im Hof stand der Henker am Block mit dem Beile.
„Der hat woll Eile?“
Sagte Willy; aber das Lachen wurde ihm schwer,
Eine Minute später war er nicht mehr.

Hans Hyan in „Kaschemmen-Willy – Verse“.
Entnommen aus: Walter Schmähling, Die Dar-
stellung der menschlichen Problematik in der
deutschen Lyrik von 1890-1914, Diss., Mün-
chen 1961, S. 15. Hyans Vers-Sammlung er-
schien bei Seemann in Berlin 1907.

Matthias Blazek

"Herr Staatsanwalt, das Urteil ist vollstreckt."

DIE BRÜDER WILHELM UND FRIEDRICH REINDEL

Scharfrichter im Dienste
des Norddeutschen Bundes und Seiner Majestät
1843–1898

ibidem-Verlag
Stuttgart

Bibliografische Information der Deutschen Nationalbibliothek
Die Deutsche Nationalbibliothek verzeichnet diese Publikation in der Deutschen Nationalbibliografie; detaillierte bibliografische Daten sind im Internet über http://dnb.d-nb.de abrufbar.

Bibliographic information published by the Deutsche Nationalbibliothek
Die Deutsche Nationalbibliothek lists this publication in the Deutsche Nationalbibliografie; detailed bibliographic data are available in the Internet at http://dnb.d-nb.de.

Umschlaggestaltung, Bildbearbeitung und Satz: Matthias Blazek

Abbildung auf dem Umschlag: Oben: Zellengefängnis Moabit, Stich aus dem Jahr 1855. Repro: Blazek. Unten links: Titelseite des „Petit Parisien" vom 19. April 1891. Repro: Blazek. Unten rechts: Schreiben „An den Scharfrichter Herrn Friedrich Reindel in Magdeburg, Steinkuhlenstr. 3" vom 3. Januar 1884. Repro: Museum Osterburg. Darunter: Tagesbote aus Mähren und Schlesien, Brünn, vom 15. Dezember 1898. Repro: Blazek. Foto des Autors auf dem Rückumschlag: Vincent Bordignon. Abdruck der Abbildungen mit freundlicher Genehmigung.

∞

Gedruckt auf alterungsbeständigem, säurefreien Papier
Printed on acid-free paper

ISBN-13: 978-3-8382-0277-8

© *ibidem*-Verlag
Stuttgart 2011

Alle Rechte vorbehalten

Printed in Germany

Zum Geleit

„Es lohnt nicht, sich mit gewissen Erzeugnissen zu beschäftigen, die einer andern Sorte Berliner dichterische Wahrheit bedeuten; das sind die Stücke, in denen der Scharfrichter Reind(e)l persönlich mit allen Attributen seines traurigen Amtes auftritt. Vielleicht findet sich einmal ein vielgeplagter Vater einer zahlreichen Familie, der sich gegen eine große Entschädigung an seine Hinterbliebenen auf der Bühne köpfen läßt", verlautete 1895 in einer kleinen Broschüre mit dem Titel „Das Berlinertum in Litteratur, Musik und Kunst".

Bei dem vorliegenden Werk handelt es sich um die erste ausführliche Lebensbeschreibung der beiden Scharfrichterbrüder Wilhelm und Friedrich Reindel. Dass es das erste Mal ist, verwundert, zumal eine bedeutende Anzahl von Amtshandlungen auf ihre Konten gehen. Bis heute ist erst ein Buch einem Scharfrichter gewidmet worden, und zwar dem Bayern Johann Reichhart (1893-1972).

Es sind einige Dinge, die im Zusammenhang mit Reindel & Reindel interessant sind. Zum einen ist sonderbar, dass über den Verbleib der Bildnisse der Vorfahren, mit denen sich der letzte Scharfrichter der Sippe, Ernst Reindel aus Gommern, noch gebrüstet hatte, nichts bekannt ist. Auch sind keine wirklichen Lebensläufe bekannt. Die Nachkommen scheinen auch kein gesteigertes Interesse an einer Zusammenarbeit zu haben. So schrieb die Friedhofsverwaltung des Evangelischen Kirchspiels Osterburg in der Altmark dem Verfasser kurz vor Drucklegung, sie müsse ihm mitteilen, dass der Nutzungsberechtigte keinerlei Kontakt wünsche. Man habe diesem von der bevorstehenden Publikation berichtet, dennoch hätte „keinerlei Interesse" an der Angelegenheit bestanden „und die Sache wurde massiv abgezweifelt".

In Osterburg, wo sich auf dem Friedhof eine Grabstelle Reindel befindet, verlieren sich die Spuren der Reindelschen Scharfrichtersippe. Noch bis zuletzt hatte man in Osterburg geglaubt, die preußischen Scharfrichter gleichen Namens seien dort beheimatet gewesen. So kommt es, dass so manche heimatkundliche Aufsätze diesen Gedanken weitertransportiert haben.

Der Museumsmitarbeiter Uwe Winkler ist einem weiteren Irrtum aufgesessen: Für sein Buch „Vom Museum aufs Schafott" (2010) wälzte er die Berliner Adressbücher und wusste im Ergebnis von einem gegen 1876 gestorbenen Fr. Reindel sen. und einem Fr. Reindel jun. zu sprechen. Und das nur, weil im Adressbuch einmal eine Scharfrichterwitwe genannt ist.

Die Damen und Herren, die den Autor von Osterburg tatkräftig unterstützt haben, widersprechen den neuen Erkenntnissen nicht. Es ist eben alles schlüssig.

Es stellt sich heraus, dass gerade bei Verbrechern viel aus ihrem Lebenslauf abgebildet wird, um vor der Urteilsfindung ein genaues Bild abzeichnen zu können. Diese gewiss zu begrüßende Genauigkeit, die einen tiefen Einblick in das Leben sozial benachteiligter Bevölkerungskreise in früheren Zeiten gewährt, ist am Ende nur Verbrecherkreisen vorbehalten.

Dieses Buch soll alles darstellen, was im Zusammenhang mit den Reindelschen Brüdern zu ermitteln war. Es soll die Quintessenz aus einer Fülle von niemals zusammenhängen Fragmenten sein, die diese Scharfrichterdynastie betreffen. Es soll allerdings über die Amtszeit von Wilhelm Reindel (1899-1901) nicht hinausgehen.

Es soll auch die Vorgeschichten nicht zu sehr einbinden, da dies doch den Rahmen sprengen würde und vielleicht ja Raum lässt für eine neue Publikation zum Thema.

Friedrich Reindel, der jüngere Bruder, zählt zu den namhaftesten Scharfrichtern Deutschlands. Er nahm zwischen 1874 und 1898 zahlreiche Hinrichtungen in ganz Norddeutschland vor und hantierte noch bis in sein hohes Alter mit dem Handbeil, was ihm vermutlich den Spitznamen „Vater Reindel" einbrachte. In den letzten Jahrzehnten des 19. Jahrhunderts nahm er fast jede Hinrichtung im norddeutschen Raum vor. Und er entwickelte sich in seiner Amtszeit mehr und mehr zu einer literarischen Gestalt, die – nicht nur in Verbrecherkreisen – in aller Munde war und mit einem Hauch von Ironie von der ausländischen Presse beäugt wurde.

Dieses Buch knüpft an mein Buch „Scharfrichter in Preußen und im Deutschen Reich 1866-1945" (Stuttgart 2010) an.

Matthias Blazek

Ein Zeitzeugenbericht

DIE HINRICHTUNG
Ein Erlebnis
Von
WALTER v. SCHULZ

Einst, es war in tiefer Friedenszeit, saß ich als junger Leutnant in unserem Kasino in Bromberg beim Abendbrot, als mir eine Ordonnanz einen schriftlichen Regimentsbefehl brachte, auf dem zu lesen war: „Morgen um 4 Uhr 40 Minuten vorm. stehen 2 Züge der 11. Kompagnie dem Gefängnisdirektor zur Verfügung (Exerzieranzug), Meldung vor dem Hauptportal des Gefängnisses." Als Führer war ich kommandiert. Auf meinen telephonischen Anruf bei dem mir bekannten Gefängnisdirektor erfuhr ich, daß dort um 5 Uhr eine Hinrichtung stattfinden sollte, wozu die beiden Züge als Absperrung und noch zu anderen Zwecken benötigt wurden.

Hinrichtung ! — N'a schön. Ich mußte meines damaligen Obersten denken: „Ein guter Pommerscher Füsilier ist zu allem zu gebrauchen". Ich ging früher als sonst nach Hause, begleitet von frommen Wünschen seitens der Kameraden, wie z.B. „Pass man auf, daß Herr Reindel nicht Eure Köppe verwechselt!"

Als ich am nächsten Morgen zur vorgeschriebenen Zeit das Eintreffen der beiden Züge dem Gefängnisdirektor meldete, sagte er mir, daß ein Zug draußen zur Absperrung benötigt würde, während ich mich mit der Weisung, daß ich mit meinem Zuge rechts seitlich der Hinrichtebank Aufstellung nehmen sollte, um in dem Moment, wenn er den Kaiserlichen Erlaß dem Delinquenten bekannt gibt, das Gewehr präsentieren zu lassen. Hiermit wäre meine Aufgabe erledigt, und ich könnte nach erfolgter Hinrichtung wieder abrücken. Unter den versammelten Zylinder-Herren bemerkte ich einige mir bekannte Richter, einige Ärzte aus der Stadt und mehrere Stadtälteste. Auf dem kleinen Tisch stand in der Mitte zwischen riesengroßen Stößen von Akten das Kruzifix.

Ich baute meinen Zug wunschgemäß auf, etwa fünf Schritte von der Hinrichtebank entfernt, und da ich mich selber auf dem rechten Flügel befand, stand ich gerade dem Scharfrichter Reindel gegenüber. Dieser, damals vielleicht ein Mann Ende der fünfziger Jahre, machte einen durchaus sympathischen Eindruck. Er war von kleiner, untersetzter Behäbigkeit; aus seinem frischen Gesicht sahen zwei kleine fröhliche Augen, und die silberweißen Locken, die unter seinem Zylinder hervorsahen, gaben ihm eher das Aussehen eines gemütlichen Landpfarrers als das eines Mannes, dem ein so ernstes, schweres Amt oblag.

Ganz anders dagegen sahen seine drei Gehilfen aus; dies waren richtige Ringer-Erscheinungen, riesengroße Leute mit kleinen Köpfen zwischen den breiten Schultern und Händen von fabelhaften Ausmaßen. Sie hatten zur Feier des Tages schwarze Röcke angezogen, während Herr Reindel im Frack erschienen war, den er aber zur Exekution auszog. Vor mir stand in seiner ganzen Länge die Hinrichtebank, von welcher zu beiden Seiten zwei Lederriemen herabhingen, um den Delinquenten eventuell festzuschnallen. Am Ende der Bank befand sich etwas erhöht der Klotz, auf welchen der Kopf des Hinzurichtenden gelegt wurde; für dessen Kinn war ein passender Ausschnitt auf dem Klotz hergestellt. Auf diesem zeichnete Herr Reindel mit einem aus der Westentasche herausgeholten Stückchen Kreide in der Mitte einen feinen langen Strich.

So war es fünf Minuten vor fünf Uhr geworden, und ich benutzte diese Zeit bis zum Beginn der Exekution, um meinen Leuten zu sagen, daß sie sich tapfer halten sollen und daß derjenige, der annehme, daß er vielleicht schlapp machen würde, sich ruhig melden solle; ich würde ihn dann zum Absperrungskommando hinausschicken und von dort einen Ersatzmann anfordern. Kaum hatte ich meine Ansprache beendigt, meldet sich ein kleines Männchen vom linken Flügel des zweiten Gliedes, seines Zeichens Lederarbeiter in Dramburg, mit den Worten: „Herr Leutnant, ich jlaub, mich wird ein bißchen ibel werden." Ich schickte den Mann hinaus, und als Ersatz meldete sich ein kleiner Berliner Junge mit strahlenden Augen, der schließlich noch darum bat, in das erste Glied einrangiert zu werden. Auch diese Bitte konnte ich ihm gewähren, da sein Vordermann, ein Holsteinischer Bauernsohn, recht gern mit ihm tauschte.

So wurde es 5 Uhr, und als 10 Minuten nach 5 immer noch nichts zu sehen war, sprach ich mit Herrn Reindel über die Unpünktlichkeit, worauf er mir erwiderte: „Ach wissen Sie, die Leute haben natürlich vorher noch alle möglichen Wünsche, um die Sache gern noch etwas hinauszuschieben. Das ist ja verständlich." Herr Reindel hatte inzwischen das Beil mit der sehr breiten Schnittfläche und offenbar mit starkem Vorgewicht dem Etui entnommen und es griffbereit neben sich gelegt.

Endlich, es war 5 Uhr 15, hörte man aus irgendeiner Ecke des kleinen Hofes: ping, ping, ping, ping. Es war das Armesünderglöckchen, welches man besonders zu diesem Zwecke aufgehängt hatte. Das Tor wurde geöffnet, und herein trat mit festem Schritt der Delinquent. Rechts von ihm der Geistliche und links ein Gefängniswärter, gefolgt von noch weiteren drei Beamten. Ich hatte Gelegenheit, den Mörder genau anzusehen, und muß sagen, daß er keinen schlechten Eindruck auf mich machte. Unter vollem, dunkelbraunen, gescheiteltem Haar sahen zwei verträumte Augen hervor, und das Gesicht fand einen harmonischen Abschluß durch einen wohlgepflegten, in der Mitte gescheitelten kastanienbraunen Vollbart. Man hatte wohl aus Sicherheitsgründen in der letzten Zeit vom Rasieren Abstand genommen. Er nahm in militärischer Haltung Aufstellung vor dem Richtertisch und stützte sich nur ab und zu auf ein vor ihm liegendes Aktenbündel. Der Staatsanwalt wiederholt die Anklage. Der Mann hatte, als er in einem benachbarten Dorf reichlich Alkohol zu sich genommen hatte, ein kleines sechsjähriges Mädchen, das ihm zum Nachhausebringen übergeben worden war, im Walde vergewaltigt, es dann erwürgt und die Leiche in die Brahe geworfen. Da er in dieser Beziehung schon früher etwas auf dem Kerbholz hatte und deswegen zu einer mehrjährigen Zuchthausstrafe verurteilt worden war, hatte das

Gericht auf Todesstrafe erkannt. Nach Vorlesung des Urteils sagte dann der Staatsanwalt: „Ich mache Sie jetzt mit dem Kaiserlichen Erlaß bekannt." Und dieses war der Moment, wo ich mit meinem Zuge in Funktion trat. „Stillgestanden das Gewehr über, Achtung, präsentiert das Gewehr!" Der Staatsanwalt las nun vor: „Wir Wilhelm von Gottes Gnaden machen von dem uns zustehenden Begnadigungsrecht keinen Gebrauch, sondern lassen der Gerechtigkeit freien Lauf! – Herr Scharfrichter, walten Sie Ihres Amtes!"

Was sich nun ereignete, war das Werk weniger Sekunden. Jedenfalls ging es wesentlich schneller, als ich hier berichten kann. Nachdem der Mörder das ihm hingereichte Blatt mit der Kaiserlichen Unterschrift scheinbar eingehend studiert hatte, war es ihm kaum wieder der Hand genommen, als er auch schon von den beiden riesigen Händen der Gehilfen ergriffen und ihm mit einem Ruck sein Gefängnisrock und Hemd, die vorher bereits eingeschnitten und nur oberflächlich wieder zusammengenäht waren, bis auf die Brust heruntergerissen wurde. Sie zogen jetzt den nunmehr völlig Willenlosen und Apathischen auf die Bank herauf, der dritte Gehilfe, der bereits vorher seinen Platz vorne vor dem Block genommen hatte, paßte sein Kinn in die Leere und hielt den Kopf fest, während Herr Reindel das Beil kaum merklich anhob und es fallen ließ. Der Kopf rollte nun auf das reichlich ausgestreute Sägemehl, während das Blut aus der Schnittwunde des Halses zunächst in breitem Strom, dann aber im Tempo des Pulsschlages bald langsamer hervorquoll. Der Kopf war übrigens wunderbarerweise direkt auf die Schnittfläche gefallen, stand also aufrecht – und nun geschah etwas Seltsames. Langsam, in gleichen Abständen, öffneten sich die Augen und Mund und schlossen sich wieder. Ein Vorgang, der von den Ärzten mit großem Interesse beobachtet wurde. Erst nachdem der eine Gehilfe die Lage des Kopfes veränderte, so daß das Blut nunmehr freien Austritt hatte, hörten die unwillkürlichen Zuckungen von Augen und Mund auf.

Bald nach der Exekution wollten zwei der Gefängnisbeamten den Körper nehmen, um ihn in den inzwischen bereitgestellten Sarg zu legen. Jedoch verhinderte dies ein Gehilfe des Scharfrichters mit den Worten: „Nee, nee, erst richtig ausbluten lassen, nachher läuft das Blut auf die Straße und das macht einen schlechten Eindruck." Dabei drückte er auf das rechte Schulterblatt des toten Körpers.

Da meine Funktion längst beendigt war, wollte ich abmarschieren, als einige Leute meines Zuges sich an mich mit der Bitte wandten, ob wir nicht noch bleiben könnten, bis die Einsargung erfolgt wäre; man hätte nämlich bei ihnen erzählt, daß Hingerichteten im Sarge der Kopf zwischen die Beine gelegt würde. Also blieb ich noch, und wir konnten bald feststellen, daß dieses eitles Gerede sei; der Kopf wurde vielmehr so gut an den Rumpf herangepaßt, daß man nichts von dem gewaltsamen Tode des Delinquenten merken konnte, besonders, da man inzwischen auch die vorher heruntergerissenen Kleider wieder in Ordnung gebracht hatte.

Als ich nun mit meinem Zuge hinausmarschierte, sah ich am Eingang zum zweiten Gefängnishof ein altes, vollständig zusammengebrochenes Mütterchen stehen, daß (sic!), von oben bis unten in ein schwarzes Tuch gehüllt, heftig schluchzte und dem vom neben ihr stehenden Gefängnisgeistlichen liebevoll Trost zugesprochen wurde. Es war die Mutter des Mannes, der eben in den Sarg gelegt worden war, und sie folgte dann auch später als einzige Leidtragende, vom Pfarrer gestützt, dem Leichenwagen auf der kurzen Strecke zum Gefängnisfriedhof.

Draußen vor dem Gefängnis wartete eine übersehbare Menschenmenge, und nur mühsam konnten uns Polizisten den Heimweg bahnen. Als ich seitlich des Zuges ging, hielt mich plötzlich ein altes häßliches Weib, vor Neugier zitternd, am Arm fest und schrie mich an: „Herr Leitnantje, Herr Leitnantje, erzählen Sie doch mal, ist er auch tot?" Sie hielt mich so fest, daß ich sie hätte umreissen (sic!) müssen, wenn ich weitergegangen wäre, und erst, als ich ihr die Antwort gab: „Jawohl, er ist tot, und Sie kommen wahrscheinlich auch gleich ran", gab sie mich unter einem Aufschrei des Entsetzens frei, und ich konnte nun mit meinen Leuten unbehindert zur Kaserne marschieren – in den sonnigen Frühlingsmorgen.

Der Querschnitt, IX. Jahrgang, Berlin, Ende Juli 1929, Heft 7 (Neudruck: 1970), S. 495 ff., auch: „Die Hinrichtung – Ein Erlebnis von Walter von Schulz", in: Reichenberger Zeitung vom 11. Juli 1931

Am 28. März 1894 vollzog Friedrich Reindel in Bromberg die Hinrichtung an dem Zimmerer Ernst Hohm. Es scheint, dass diese eindrucksvolle Erzählung von eben diesem Ereignis handelt.

Scharfrichter-Dynastie Reindel

Die Scharfrichtersippe Reindel hat seit Mitte des 19. Jahrhunderts ihre Spuren in Berlin, Lüchow, in der Altmark und zuletzt im ganzen Königreich Preußen hinterlassen. Die Spuren dieser weit verzweigten Scharfrichter- und Abdeckerfamilie lassen sich bis 1782 zurückverfolgen, als Scharfrichterknecht Johann Reindel als Vater des am 28. Februar 1782 in Oderwitz/Böhmen geborenen Sohnes Thomas Christoph Reindel erwähnt wird. Vater Johann verschlug es später nach Salzburg, wo er um 1805 lebte und als Scharfrichterknecht arbeitete und vor 1811 starb.

Dass Oberoderwitz (heute Oderwitz, bei Zittau) im Kirchenbuch als böhmisch angegeben wurde, erklärt sich wohl aus seiner unmittelbaren Nähe der südöstlichen Oberlausitz zu Böhmen (Tschechien), die ja zudem an drei Seiten von Böhmen umschlossen wird. Die Zugehörigkeit der Oberlausitz zu Böhmen hatte allerdings nur bis 1635 Bestand; danach wurde sie dem sächsischen Kurfürsten übertragen.

Johann Reindel müsste demnach Gehilfe des letzten Salzburger Scharfrichters, Franz Joseph Wohlmuth (1738-1823), gewesen sein. Wohlmuth stammte aus einer alten Wasenmeister- und Scharfrichterfamilie. Er führte in einem „Exekutions-Einschreibbuch", das 1985 von Peter Putzer veröffentlicht wurde, tagebuchartige Aufzeichnungen über seine Tätigkeit im Fürsterzbistum, die 1761 begann und 1817 mit einer Enthauptung endete, die der alte Mann „glücklich und geschwind" erledigte. Während seines 56-jährigen Arbeitslebens richtete er insgesamt 92 Personen hin, darunter 1778 den Sohn seiner eigenen Schwester, Johann Georg Härring. Nur bei dieser Eintragung findet sich der Vermerk: „Gott gib ihm die ewige Ruhe." Die Aufzeichnungen des letzten Salzburger Freimannes wurden im Jahresbericht des städtischen Museum Carolino-Augusteum in Salzburg 1907 besprochen. Die Salzburger Freimannsdynastie Wohlmuth bewohnte die traditionelle Freimannsbehausung in der Stadt in der Nähe des „gemeinen Frauenhauses".

Thomas Reindel schlug dieselbe berufliche Laufbahn ein wie sein Vater: Als er am 3. März 1811 in Berlin die zehn Jahre jüngere und aus Beelitz stammende Marie Dorothee Müller heiratete, war er als Scharfrichterknecht in Berlin beschäftigt gewesen. Ein uneheliches Kind war damals bereits Teil des Bundes: Johann Christoph Reindel, der am 6. Februar 1811 in Berlin das Licht der Welt erblickt hatte.

Ab 1812 nannte sich Thomas Reindel Scharfrichter, Abdecker und Tierarzt am neuen Wohnort Werben (Elbe), einer Hansestadt im heutigen Landkreis Stendal. Dort wurden der Ehe noch einmal acht Kinder geschenkt: sieben Knaben und zuletzt auch ein Mädchen. Mit einer Ausnahme stiegen auch alle Söhne in das väterliche Gewerbe, wenn auch an verschiedenen Orten, ein. Und die Zeiten, dass Angehörige von Scharfrichterfamilien nur Angehörige anderer Scharfrichterfamilien heiraten durften, waren inzwischen passé.[1]

In solchen Scharfrichter-„Dynastien" begannen die Lehrjahre schon früh. Bereits als Kind war man dabei, manche legten mit 16 Jahren die Meisterprüfung, meist aus einer Enthauptung bestehend, ab. Jedenfalls war die Ausbildung streng und umfassend. Man bedenke, wie viele Tätigkeiten ein Scharfrichter können musste: Die Folterung, die Verstümmelungs- und Tötungstechniken, vor allem das Enthaupten, dessen Beherrschung ausdrücklich bei einer Bewerbung nachgewiesen werden musste. Es gehörte Körperkraft und beachtliches Geschick dazu, den Kopf des Verurteilten aus freier Hand zwischen zwei Halswirbeln hindurch mit einem Streich vom Rumpf zu trennen.[2]

Mit Einschluss des noch in Berlin geborenen Sohnes ist Folgendes über die Nachkommen zu sagen:

1. Johann Christoph Reindel, geboren in Berlin am 6. Februar 1811, war um 1840/56 Scharfrichterknecht in Berlin. Er heiratete am 26. April 1840 in Berlin die um 1806 geborene Marie Rosine Börner, Tochter von Johann Gottfried Börner, Weber in Ollersdorf b. Zeitz.[3] Sein Name taucht erstmals erst in den Ausgaben 1852-54 des „Allgemeinen Wohnungs-Anzeigers für Berlin und Umgebungen" auf, und zwar, wie folgt: „**Reindel**, J., Scharfrichter, Neue Scharfrichterei." 1855 lautet der Eintrag aber: „**Reindel**, W., Scharfrichter, Chausseestr. 42." Übrigens war bis 1856 noch immer der Scharfrichter Krafft als Scharfrichterei-Pächter im Hause Chausseestraße 42 eingetragen (1856 wohnte dort auch der Pferdehändler Siewert).

In einer polizeilichen Bekanntmachung des Königlichen Polizeipräsidiums zu Berlin vom 14. April 1855 wurde Kommissionsrat Friedrich Wilhelm Vilter als neuer Pächter der Neuen Scharfrichterei auf dem Wedding bezeichnet, der soeben „zur Erleichterung des geschäftlichen Verkehrs" im Haus Alexanderstr. 35 ein Geschäftsbüro eingerichtet habe. Vilter war selbst kein Scharfrichter; er musste im Bedarfsfalle auf sein Personal zurückgreifen.[4]

1856 findet sich im Berliner Adressbuch eine neue Adressangabe von Johann Christoph Reindel: „**Reindel**, C. J., Scharfrichter-Gehülfe, Neue Hochstr. 10. E." Das war genau 800 Meter von der Neuen Scharfrichterei entfernt, ebenfalls im heutigen Ortsteil Berlin-Wedding. Offensichtlich hing Reindel dann aber seinen Beruf an den Nagel und versuchte sich künftig als Lebensmittelhändler. Sein Eintrag lautete ab 1857: „**Reindel**, C. J., Victualienhändler, Neue Hochstr. 10. E." Unter derselben Adresse schimpfte sich Reindel ab 1861 „Schankwirth". Er starb am 2. März 1866. Aus der Ehe ging der in Berlin am 6. Juni 1848 geborene Johann Christoph Reindel jun. hervor.[5]

1866 tauchte Johann Christoph Reindel letztmalig im Berliner Adressbuch auf, allerdings neben dieser Person:

Reindel, K., Scharfrichtereibesitzer in Sandau, Ackerstr. 68.

Da die Adressbücher exakt recherchierte Angaben zu den einzelnen Personen verzeichnen, darf man davon ausgehen, dass Fehler eher selten auftauchen. Aber der Anfangsbuchstabe des Vornamens passt hier nicht. Sandau steht hier falsch für Spandau (in Sandau gibt es keine Ackerstraße). Die Straßenbezeichnung, in

Luftlinie etwa 600 Meter von der Neuen Scharfrichterei entfernt, wo Reindel mit dem Zusatz V. („Vicewirth") neben dem Steuerbeamten Fleck, dem Viktualien-händler Hoffarth und Ingenieur Stieler lebte, trifft nur dieses Mal (1866) als Reindelscher Wohnplatz zu.

2. Ludwig Carl Wilhelm Reindel, geboren am 20. Juni 1812 in Stendal, wurde Tischler. Er heiratete am 25. Dezember 1842 in Werben die am 28. August 1818 in Losenrade geborene Marie Elisabeth Diers, Tochter des Einwohners in Lo-senrade Stephan Diers und seiner Ehefrau Anna Dorothea, geborene Guhl.

3. Wilhelm Ludwig Carl Reindel, geboren in Werben am 5. Oktober 1813 und getauft auf den Namen *Carl Christoph Wilhelm*, war um 1848 Abdecker und Scharfrichtereigeselle in Werben. Seine Prüfung als Abdecker hatte er am 15. August 1843 in Seehausen (Altmark) absolviert.[6] Er lebte sonderbarerweise, wie der Werbener Heimatkundler Ulrich Haase gegenüber dem Autor mitteilt, im alten Schulhaus neben der Kirche, das laut Aufschlüsselung in der Weideseparation von 1848 bis 1856 die Hausnummer 251 hatte (Eintrag vom 10. März 1853). Inzwischen trug er die Berufsbezeichnung Scharfrichter. Reindel heirate-te die im Juli 1820 geborene Johanne Louise Saalmann (Sahlmann) und hatte mit ihr zwei Kinder: Johann Theodor Wilhelm, geboren am 27. Dezember 1842 in Berlin und gestorben am 24. Juli 1871 in Werben (infolge eines Sturzes),[7] und Friederike Louise Auguste, geboren in Werben am 21. Mai 1845, vormittags um 10.30 Uhr. Letztere wurde am 1. Juni 1845 vom Prediger Ludwig Heinrich Wil-helm Clasen getauft. Taufzeugen waren übrigens der Schneidermeister Scholz, Fleischermeister Prange, Glasermeister Grünenthal, die Ehefrau des Seilers Guhl und die Ehefrau des Stellmachers Balzer – kein Hauch von einer Abseitsstellung der Familie Reindel in der Gesellschaft.[8] Wilhelm Reindel starb am 12. Dezem-ber 1872 um 13 Uhr in Werben, seine Ehefrau Johanne Louise daselbst am 25. November 1899.[9]

Im Berliner Adressbuch von 1855, und zwar nur da, findet sich der Eintrag: „**Reindel**, W., Scharfrichter, Chausseestr. 42." Das war die Adresse der Neuen Scharfrichterei auf dem Wedding. Denkbar ist, dass er die Aufgaben seines äl-testen Bruders übernahm, der sich nunmehr dem Handel mit Lebensmitteln zu-wendete.

In der Neuen Scharfrichterei am Rande der Jungfernheide, auf dem Gelände des heutigen Universitätsklinikums Rudolf Virchow, lebten um 1858 neun Einwoh-ner und betrieben unter anderem eine Lehmsiederei. Der Ort ist noch auf Karten von 1871 als Scharfrichterei und Abdeckerei benannt.[10]

Wilhelm Reindel war augenscheinlich der Hauptakteur der Jahre 1852 bis 1870, wenn vom „Scharfrichter des norddeutschen Bundes" oder dem „Scharfrichter aus Werben in der Altmark" die Rede war. Sein jüngerer Bruder Friedrich schreibt später, 1883: „... ich war bei meinem verstorbenen Bruder Wilhelm Reindel bei 40 Hinrichtungen tätig".[11]

Ernst Fritze hatte Reindel und seine Familie gewiss vor Augen, als er in seinem 1850 in Berlin aufgelegten Volksbuch „Die Wollenweber von Stendal im Jahre 1530" schrieb: „Allein man solle sich auf Alles gefaßt halten, denn der Scharfrichter von Werben sei ihm begegnet und da zufällig Niemand auf der Straße gewesen sei, so habe er es gewagt ihn zu fragen: ob er zum Besuch bei seinen Verwandten sich aufhalte."

Julius Krautz, selbst von 1878 bis 1889 als preußischer Scharfrichter in Amt und Würden, hatte 1860 eine zweijährige Konditorlehre beendet und einmal Wilhelm Reindel als *Scharfrichtergehülfe* gedient. Maximilian Schmidt schreibt in „Julius Krautz, der Scharfrichter von Berlin – Ein Kulturbild aus dem neunzehnten Jahrhundert" (1893): „Um sein Gewerbe nach allen Richtungen hin kennen zu lernen, trieb den schmucken, schneidigen Burschen seine Wanderlust, die jedem Deutschen so eigenthümlich ist, außer nach anderen mehr oder minder entfernten Städten auch nach dem vielgerühmten Braunschweig, um den bekannten Scharfrichter Reindel, einem Sprossen der geachteten Scharfrichterdynastie gleichen Namens, einem Bruder des zur Zeit amtirenden Henkers Friedrich Wilhelm Reindel, bei einer Hinrichtung als Gehülfe zu unterstützen."

Diese Hinrichtung betrifft übrigens nicht Wilhelmine Harnisch, die 1859 unter Mordanklage vor dem Schwurgericht zu Braunschweig gestanden hatte. „Der Rechtsfall der Wilhelmine Harnisch, angeklagt des Giftmords an zwei ihr zur Wartung anvertrauten Kindern", wurde in der „Allgemeinen Schwurgerichts-Zeitung" 1859 ausführlich behandelt. Zwei Todesfälle von Kindern, 1856 und 1858, wurden ihr angelastet; am 12. Juni 1858 wurde sie verhaftet. Der neuntägige Prozess gegen die am 30. Oktober 1803 als Tochter des Schuhmachermeisters Harnisch in Braunschweig geborenen Frau begann am 24. Oktober 1859 und endete am 2. November mit dem Freispruch Harnischs. An ihrem Geburtstag war kein Verhandlungstag gewesen.

Die Auslegung von Tankred Koch und Richard J. Evans, zwei Söhne von Thomas Reindel seien zu der Zeit Abdecker beziehungsweise aktiver Scharfrichter zu Braunschweig gewesen, wird durch die damaligen Braunschweiger Adressbücher nicht bestätigt. Evans bezieht sich unter anderem auf einen Bericht des Ersten Staatsanwalts in Düsseldorf an das Preußische Justizministerium vom 19. April 1890, auch ist von einem „Diensttagebuch" von Julius Krautz die Rede.

4. Friedrich Christian Ludwig Reindel, geboren in Werben am 2. April 1820, war um 1845 Scharfrichterknecht in Berlin, dann Abdecker in Werben und später Abdeckereibesitzer in Osterburg (Altmark). Er heiratete am 8. Juni 1845 in Berlin Dorothea Wilhelmine (Minna) Rademacher, am 7. Juni 1820 geborene Tochter des Polizeisergeanten Rademacher in Werben. Die Ehe brachte zwei Kinder hervor: Charlotte Sophie Emilie, geboren am 16. April 1846 in Werben und gestorben daselbst bereits am 23. Juni 1847, und Ernst Christoph Franz, geboren in Werben am 15. März 1848. Friedrich Christian Ludwig Reindel starb am 12. Januar 1897 in Osterburg, Ehefrau Minna hingegen am 19. Oktober 1899, ebenfalls in Osterburg.[12]

Bei Charlotte Sophie Emilie war ein Scharfrichter unter den Taufzeugen. Das Mädchen kam am 16. April 1846 um 9.30 Uhr in Werben zur Welt. Als sie am 10. Mai 1846 von Prediger Clasen in Werben getauft wurde, fungierten als Taufzeugen Frau Balzer, Frau Vierstedt, der Glasermeister Grünenthal, Sattler

Wilhelm Püschel und Scharfrichter Großmann aus Hasselberg. Ernst Christoph Franz Reindel war laut Kirchenbuch der Werbener Gemeinde am 15. März 1848 um 16.15 Uhr zur Welt gekommen. Die Taufe erfolgte durch Prediger Clasen in Werben am 26. März 1848, und als Taufzeugen wurden Bäcker Lory, die Jungfer Charlotte Zickler und Elfriede Wilhelmine Müller eingetragen. Der Stand des Vaters wurde in beiden Fällen mit Abdecker angegeben.[13]

5. Anton Franz Michael Carl Reindel, geboren in Werben am 20. Dezember 1821, wurde Sattlermeister. Er heiratete in Lüchow am 20. Oktober 1854 Anne Marie Charlotte Pollehn (aus Lüchow).[14] Das gemeinsame Kind hieß Anton Friedrich Wilhelm Julius und wurde am 6. Januar 1855 um 11.30 Uhr in Werben geboren. Als der Prediger Miene das Kind am 21. Januar 1855 in der St.-Johannis-Kirche taufte, waren immerhin sieben Taufzeugen zugegen: Schmied Wilhelm Lomme, Wilhelm Reppenhagen, Schneider Gunkel, Schuhmacher Schubert, Wilhelm Jentich, Julie Müller und *Frau Reindel*.[15]

6. Christian Friedrich Andreas Reindel, geboren in Werben am 5. September 1823, gestorben elf Tage später.

7. Friedrich Wilhelm Reindel, geboren in Werben am 6. September 1824, der seine Karriere 1843 im Alter von 19 Jahren begann und in der Folge bei vielen Hinrichtungen in verschiedenen Gegenden Norddeutschlands assistierte.[16] Sein Pate war interessanterweise der preußische König Friedrich Wilhelm III. (1770-1840, regierte 1797-1840), der selbst die Vornamen des Täuflings bestimmte. Friedrich Reindel heiratete am 28. August 1847 die am 29. Mai 1825 geborene Auguste Amalie Brose, mit der er sechs Kinder hatte, die auch fast alle in Berlin zur Welt kamen: Wilhelm Albert (* 8. April 1847), Hermann Julius Carl (* Berlin 31. August 1849), Emma Pauline Louise (* Berlin 26. Februar 1851, sie heiratete später den Abdecker Daun und landete so in Osterburg), Ernst August Carl Heinrich (* Berlin 10. Februar 1852) und Emil Albert Carl (* Berlin 8. August 1853).[17] Um 1849/53 war Friedrich Reindel Scharfrichterknecht in Berlin. Das Berliner Adressbuch verzeichnet ihn 1867 und 1868 mit dem Eintrag „**Reindel**, F., Scharfrichter, Chausseestraße 68.", während die Schankwirtswitwe Marie Reindel auch weiterhin unter der Hausnummer Neue Hochstraße 10 eingetragen war. 1870 lautete die Adresse von Friedrich Reindel Tieckstraße 37 in Berlin, um 1872 war er sowohl Scharfrichter als auch Abdeckereiwerkführer (beim Kommissionsrat Friedrich Wilhelm Vilter). In den Jahren 1871-73 gibt es keine Nachweise auf die Familie Reindel im Adressbuch. Dafür findet man dort 1874, etwas irritierend:

Reindel, Ww., Scharfrichter, Gerichtstr. 6. I.
– M., geb. Börner, Victualienhändlerin, Neue Hochstr. 10. E. Pt.

Die Witwe Reindel tauchte hier nur dieses eine Mal auf; vielleicht war es die Witwe von Wilhelm Reindel, der 1872 in Werben gestorben war, die nur vorübergehend in Berlin unterkam, dann aber wieder nach Werben zurückkehrte. Die Zweitgenannte war in jedem Fall die ebenfalls verwitwete Marie Reindel.

Als Julius Krautz nach dem Frankreichfeldzug 1870/71 nach Hause zurückgekehrt war, trat er wieder bei Friedrich Wilhelm Vilter ein und heiratete. Die unglückliche Ehe brachte zwei Kinder hervor und ging nach neun Jahren 1881 in die Brüche. In der großen Berliner fiskalischen Abdeckerei auf dem Wedding, die dem Königlichen Polizeipräsidium unterstand und in der 25 bis 30 Personen beschäftigt waren, ersetzte Krautz bald den Werkführer Reindel und führte bei Vilter militärische Disziplin ein.

Friedrich Reindel diente nach eigener Aussage gegenüber einem amerikanischen Journalisten im Jahre 1891 20 Jahre in der Armee, wo er als ausgezeichneter Soldat gewürdigt worden sei und was ihm schließlich – wie vielen anderen Armeeangehörigen auch – eine Bevorzugung bei der Besetzung bestimmter Ämter eingebracht habe.[18] So wurde er 1873 Scharfrichter und Abdeckereibesitzer in Magdeburg. Nach eigenen Angaben (1883) hatte Friedrich Reindel seinen älteren Bruder Wilhelm bei dessen 40 Hinrichtungen unterstützt. Seine Frau starb vor ihm, am 6. Oktober 1900 in Magdeburg, er selbst starb acht Jahre später, am 27. September 1908 im Alter von 84 Jahren.[19]

8. August Ludwig Ferdinand Reindel, geboren in Werben am 27. April 1826, war zunächst Scharfrichtergeselle in Berlin und ab 1853 Scharfrichter in Lüchow. Er heiratete in Werben am 1. August 1852 Marie Dorothee Freudemann, am 22. Juni 1821 in Berge geborener Tochter von Johann Carl Freudemann, Müller in Berge/Elbe, und seiner Ehefrau Anne Marie, geborene Wiechmann. Aus der Ehe gingen vier Kinder hervor: Johann August Ludwig Ferdinand Friedrich (* Lüchow 7. Februar 1853), Anton Carl Georg Heinrich Otto (* Lüchow 17. August 1854), Theodor Wilhelm Ludwig Julius (* Lüchow 18. Januar 1856) und Carl Paul Ludwig (* Lüchow 3. September 1858).[20]

August Reindel führte die Abdeckerei an der Spötzingstraße, westlich von Lüchow, und gehörte (1885) der Schützengilde Lüchow an. Wie sein älterer Bruder Friedrich präsentierte auch er den markanten weißen Rauschebart. Seinen älteren Bruder Friedrich beriet er, nachdem dieser 1889 die Aufgaben des preußischen Scharfrichters übertragen bekommen hatte. August Reindel wurde noch 1900 aktenkundig, als er berichtete, dass er einen mäßigenden Einfluss auf seinen Neffen Wilhelm ausgeübt habe, als diesem am 7. Februar 1900 untersagt wurde, im alkoholisierten Zustand Hinrichtungen zu vollziehen.[21]

August Ludwig Reindel ist als Witwer in Lüchow am 24. November 1914 gestorben und am 27. November des Jahres beerdigt worden. Der Eintrag findet sich im Verzeichnis der Begrabenen 1909-1930 auf Seite 67, Nr. 53.[22]

9. Marie Luise Friederike Reindel, das einzige Mädchen, das der Reindelschen Ehe geschenkt wurde, starb wenige Tage nach ihrer Geburt in Werben am 18. März 1828, nämlich am 24. März des Jahres.

Thomas Reindels Ehefrau Marie Dorothee starb elf Jahre später, am 5. Juni 1839, im Alter von 47 Jahren. Er heiratete daraufhin am 31. Dezember 1840 die um 1815 geborene Eleonore Ernestine Meyer, die ebenfalls aus einem Scharfrichtergeschlecht stammte. Sie schenkte ihrem Mann noch zwei weitere Kinder, beides Töchter, und zwar:

10. Pauline Louise Amalie, die am 26. November 1841 in Werben zur Welt kam und dort am 5. Dezember des Jahres getauft wurde, und

11. Christiane Charlotte Dorothea, die am 4. Februar 1843 in Werben das Licht der Welt erblickte und dort bereits am 19. März 1843 starb.[23]

Aus der nachfolgenden Generation blieben vor allem die Nachkommen von Friedrich Reindel, dem späteren Scharfrichter und Abdeckereibesitzer in Magdeburg, dem Abdeckerei- und Scharfrichtergewerbe treu.

Die Abdeckerei in Werben, wo der Vater der elf Kinder mit seinen Ehefrauen bis zu seinem Tod (am 1. März 1843) lebte, scheint nach dem Tod der Witwe Johanne Louise Reindel am 25. November 1899 für die Familie keine Rolle mehr gespielt zu haben. Ernst Christoph Franz Reindel, am 15. März 1848 in Werben geborener Sohn von Friedrich Christian Ludwig und Minna Reindel, scheint der letzte Abdeckereibesitzer aus der Sippe Reindel in Werben gewesen zu sein. Er heiratete Friederike Lindstedt und starb in Werben am 12. September 1886.[24]

Dafür widmeten sich drei seiner Cousins, Nachkommen des 1824 geborenen Friedrich Reindel, entweder dem Scharfrichter- oder ausschließlich dem Abdeckereigewerbe. Sie waren in Magdeburg und Gommern, Bezirk Magdeburg, tätig.

Wilhelm Reindel war der Erstgeborene aus der Ehe von Friedrich und Auguste Amalie Reindel. Er war um 1870 bis 1889 Scharfrichterknecht zunächst in Berlin, dann in Lüchow und zuletzt Scharfrichtergehilfe in Magdeburg, Steinkuhlenstr. 3. Von 1899 bis 1901 war er als Nachfolger seines Vaters preußischer Scharfrichter. Reindel wurde am 8. April 1847 geboren, er heiratete in Berlin am 28. August 1872 Caroline Wilhelmine Louise Meinike, in Berlin am 28. September 1845 geborene Tochter von Carl Heinrich Franz Ferdinand Meinike, eines Färbers in Berlin. Zwei Kinder waren zum Zeitpunkt der Eheschließung bereits vorhanden: Wilhelm Ewald Paul, geboren in Berlin am 9. März 1870, und Auguste Amanda Alma, geboren in Berlin am 5. September 1871. Als eheliches Kind folgte die am 7. August 1873 in Berlin geborene Tochter Luise Therese Emma.[25] Weitere Nachkommen Wilhelm Reindels waren Marie Martha Elise und die um 1878/79 geborene Agnes.[26] Im Berliner Adressbuch wurde diese Familie Reindel nicht gesondert aufgeführt, da dort nur alle selbstständigen Einwohner mit Ausschluss der Handwerksgesellen und Tagelöhner genannt wurden. Reindels alkoholisiertes Auftreten bei Hinrichtungen führte 1901 zu seiner Entfernung aus dem Staatsdienst. Er wurde dann Inhaber der Abdeckerei Schmölln, Crimmitschauer Str. 537 (obere Chemnitz).[27] Wilhelm Reindel erblindete.[28]

Ernst August Carl Heinrich Reindel kam fünf Jahre nach Wilhelm zur Welt, und zwar am 10. Februar 1852 in Berlin. Er heiratete Marie Günther. Um 1902 wurde er als Abdeckereibesitzer in Gommern genannt und um 1911/14 als Abdeckereipächter in Magdeburg. Sie wohnten wie Reindels Bruder Wilhelm, der nun Inhaber der Abdeckerei Schmölln war, und zuvor der Vater im Haus Steinkuhlenstr. 3. Ihnen wurde am 30. November 1899 im eigenen Hause Wilhelm Ernst

Reindel geboren (auf der Geburtsurkunde wurde der Vater als „Privatmann"
ausgegeben), der 1937 zum Hauptscharfrichter des Deutschen Reichs ernannt
wurde. In Gommern kam dann am 8. Mai 1902 die gemeinsame Tochter Auguste zur Welt, die am 6. Oktober 1923 in Magdeburg den 1888 in Leipzig geborenen Handlungsgehilfen Georg Spielhagen heiratete.[29]

Emil Albert Carl Reindel war der jüngste Sohn von Friedrich und Auguste Amalie Reindel. Er wurde in Berlin am 8. August 1853 geboren und heiratete Ida
Clara Henriette Rißmann, Tochter von Friedrich Rißmann, Barbier in Magdeburg, und Eleonora, geborene Schertzinger. Emil Albert Carl Reindel wurde als
Scharfrichter in Magdeburg angegeben. Er starb mit 39 Jahren am 20. Mai 1893
in Magdeburg. Seine hinterlassene Witwe heiratete daraufhin am 5. März 1898
in Magdeburg Friedrich Gustav Schmidt, einen pensionierten Lokführer in Magdeburg.[30]

Bleibt weiterhin eine Person zu nennen, nämlich Alwin Engelhardt, der in die
Sippe einheiratete und im Frühjahr 1900 selbst die Scharfrichterprüfung bestand.
Wilhelm Alwin Engelhardt, geboren am 17. Mai 1875 in Nordhausen, war ein
Sohn von Theodor Engelhardt, Aufseher in Nordhausen, und Mathilde, geborene
Weißenborn. Er heiratete Marie Martha Elise Reindel. In einem Zeugnis vom 5.
Juli 1901 heißt es: „Dem geprüften Scharfrichter Alwin Engelhardt aus Magde-
burg bescheinige ich, daß derselbe heute bei der von seinem Schwiegervater,
dem Scharfrichter Wilhelm Reindel aus Magdeburg, vollzogenen Hinrichtung
..." Engelhardt erlernte das Fleischerhandwerk, kellnerte in Osterburg und betrieb um 1907-09 in Magdeburg die Gastwirtschaft „Zum Prälaten", in der auch
des Öfteren der dortige Scharfrichter Wilhelm Reindel als Gast weilte. Die
Scharfrichterprüfungsurkunde hing er stolz über seine Theke. Engelhardts Adresse in Magdeburg lautete Kl. Schulstraße 30/31. 1910 nannte ihn das Adressbuch der Stadt Schmölln als Geschäftsführer der Abdeckerei von Wilhelm Reindel. Über 100 Delinquenten soll Alwin Engelhardt vom Leben zum Tode befördert haben. Angeblich soll er sich nach jeder Hinrichtung betrunken haben. Am
10. Oktober 1940 erlag Engelhardt einem Herzleiden.[31]

Interessant ist bei dieser Betrachtung schließlich Karl Reindel, geboren am 20.
August 1899 zu Magdeburg im Krankenhaus als Kind des unverheirateten
Dienstmädchens Alma Schulz, wohnhaft im Hause Steinkuhlenstraße 3 in Mag-
deburg. Jener Karl wurde am 13. Februar 1913 von Emma Daun, Tochter von
Friedrich Reindel und Witwe des Abdeckereibesitzers Wilhelm Ernst Daun zu
Osterburg, an Kindesstatt angenommen und führte künftig den Familiennamen
Reindel. Durch Verfügung des Volkspolizeiamtes in Osterburg vom 28. Juni
1949 führte *das Kind* anstelle des bisherigen Vornamens den Vornamen Ernst-
Karl. Vielleicht nannte sich Karl Reindel viel früher selbst Ernst Reindel; so lie-
ße sich erklären, warum im Einwohnerbuch des Kreises Osterburg 1936 auf Seite 51 „Reindel, Ernst, Abdeckerei, Bismarker Straße 64, Fernruf 408." eingetragen ist. Karl-Ernst Reindel starb verheiratet am 6. Dezember 1965 in Osterburg.[32]

Wilhelm Reindel

Wilhelm Reindel zählt zu den berühmten Scharfrichtern Deutschlands. In den 30 Jahren vor seinem Tode (1872) nahm er insgesamt 40 Hinrichtungen vor allem in Berlin (Moabit) und Mecklenburg-Vorpommern vor.

Friedrich Reindel assistierte seinem Bruder Wilhelm 1844 bei der Hinrichtung des (erfolglosen) Königs-Attentäters Heinrich Ludwig Tschech (1789-1844), eines gescheiterten Bürgermeisters der Stadt Storkow (Mark). Tschech wurde am 14. Dezember 1844 um 7.30 Uhr in aller Stille in Spandau mit dem Beil hingerichtet. Die Gnade bestand darin, dass er vorher nicht noch gerädert wurde. Noch in der Nacht vor der Hinrichtung waren eigens zwei Lokomotiven in Spandau unter Dampf gehalten worden, um ein etwaiges Gnadengesuch noch rechtzeitig zum König nach Potsdam zu bringen, der es sehr wahrscheinlich positiv beantwortet hätte.[33]

Heinrich Ludwig Tschech (nach der Daguerreotypie vom Vortag des Attentats). Aus: Leben und Tod des Bürgermeisters Tschech, welcher am 26. Juli 1844 auf den König von Preußen schoß und den 14. Dezember 1844 in Spandau hingerichtet wurde, herausgegeben von seiner Tochter Elisabeth Tschech, Bern 1849

Der Schriftsteller und Publizist Ernst Dronke (1822-1891) berichtet über den letzten Gang Tschechs:[34]

Nachdem spät Abends eine Schwadron Cavallerie consignirt worden war, wurde dieselbe gegen 3 Uhr Morgens durch verschiedene Straßen geführt, bis sie am Hausvogteiplatz ankamen. Von hier begleiteten sie mehrere vierspännige Wagen bis Charlottenburg ohne daß es ihnen bekannt gewesen, wer der Transportirte sei. In Charlottenburg stand eine andere Schwadron, welche die Wagen weiter nach Spandau eskortirte. *Tschech zeigte unterwegs große Ruhe und machte selbst auf den ihn begleitenden Polizeidirector durch seine Fassung den tiefsten Eindruck. Kurz vor Spandau sagte Tschech, der fortwährend eine Cigarre geraucht, „es ist seltsam bei vollen Kräften sich sagen zu können, in sechs Minuten bist Du nicht mehr." Die Hinrichtung wurde mit großer Schnelligkeit nur im Beisein von etwa Hundert zufällig vorüberkommenden Landleuten vollzogen. Auf dem Schaffot wurde Tschech von dem Criminalbeamten im Auftrag des Königs gesagt: „der König schenke ihm übrigens seine Verzeihung."*

Die Hinrichtung war so geheim gehalten worden, dass niemand etwas vorher wusste. Ein einziger alter Mann aus Berlin war nach Spandau auf den Richtplatz gekommen. Als Tschech unerschrocken auf dem Schafott erschien, nahm dieser Berliner, der dicht daran stand, die Zigarre aus dem Mund und rief: „Bravo Tschech!" Dieser blickte freundlich hinab, nickte und sagte: „Ich danke Ihnen!" Als Tschech reden wollte, wurden die Trommeln gerührt.

Die Namen des Scharfrichters und weiterer seiner Gehilfen tauchen in den zeitgenössischen Darstellungen nicht auf.[35]

Tschechs Tochter Elisabeth berichtet später:[36]

Mein Vater befand sich in Gesellschaft seines Inquirenten, des Polizeiraths Dunker und des Pfarrers in einem Wagen auf dem Wege nach Spandau. Er unterhielt sich dabei noch viel mit den ihn umgebenden Personen und besonders mit Herrn Dunker, wobei man seine verschiedenen Ansichten noch gegenseitig aussprach. Der Weg führte die Linden entlang zum Brandenburgerthor hinaus durch den Thiergarten und Charlottenburg. Wie oft waren wir an diesen Stellen und Plätzen in vergangenen Tagen heiter gewesen; – und jetzt der Weg zum Tode.

In Spandau angelangt, fand man das Schaffot noch nicht vollendet und mein Vater hatte Zeit, seine Todesinstrumente, Sarg und Grabstätte zu betrachten.

Den Richtplatz besetzte eine starke Militärmasse, worunter auch eine aus Berlin herbeorderte Abtheilung war, doch, weder alle diese und der Scharfrichter, noch jemand aus dem wenigen Volke, das anwesend war, wußten, wer der Verurtheilte sei, und erfuhren es erst, als mein Vater eine Leiche war.

Oben angelangt, wollte er noch zu dem versammelten Volke reden; jedoch in diesem Augenblick trat der Präsident von Kleist an ihn heran mit den Worten: „Das dürfe nicht geschehen."

Jahrzehnte nach der Hinrichtung verkaufte Friedrich Reindel das damals gebrauchte Richtbeil an das „Gruselkabinett" von Castans Panoptikum an der Friedrichstraße in Berlin, um sein Gehalt aufzubessern.[37]

Die Reindelschen Brüder gingen sich, wie Zeitungsberichten belegen, hilfreich zur Hand. So verlautete am 13. Mai 1868: „wo sich auch der Scharfrichter Reindel mit seinen drei Brüdern, als dessen Gehülfen, ersterer in schwarzem Anzuge, befanden".

20

Vornamen der Scharfrichter tauchen insbesondere in den älteren Berichten nicht auf. Der agierende Scharfrichter war am 14. Oktober 1853 (Wolfenbüttel), wie der „Neue Pitaval" 1861 angab, Reindel aus Berlin, bei der Hinrichtung Franz Schalls laut „Morgenblatt für gebildete Leser" *der Scharfrichter von Berlin*. Die Ortsangabe Werben spielt letztmalig 1870 im Zusammenhang mit dem Amt des Scharfrichters eine Rolle. Damals wurde als Adresse des „Scharfrichter(s) des norddeutschen Bundes, Herrn Reindel" Werben an der Elbe angegeben.[38]

Johann Christoph Reindel, der spätere Schankwirt, hat in der kurzen Zeit, in der er sich im Adressbuch mit der Berufsbezeichnung „Scharfrichter" präsentierte, manche Veränderungen im Scharfrichter- und Abdeckergewerbe erfahren. In seiner Zeit wechselte der Standort der Scharfrichterei. In den lokalpolizeilichen Bestimmungen für Berlin wurde unterm 12. August 1852 festgelegt:[39]

Die Abdeckerei des Polizeibezirks von Berlin ist verpachtet, und sind die Abdecker zu Nachstehendem verpflichtet. (...)

Er ist verpflichtet die in den sub 1 aufgeführten Bezirken, den darin gelegenen Vorwerken, Schäfereien und Mühlen oder dazu gehörigen Städten und Aemtern vorkommenden gerichtlichen Executionen des Nachrichters ohne Unterschied der Jurisdiction und des Gerichtsstandes des Delinquenten zu vollziehen oder zu diesem Behufe einen, ein für alle Mal geprüften und dazu für qualifizirt erachteten Stellvertreter zu gestellen, dagegen aber berechtigt, für dergleichen Executionen die taxmäßigen Gebühren zu fordern.

Der Zuständigkeitsbereich erstreckte sich über folgende Bezirke (Nr. 1): Berlin, Charlottenburg, Teltow, Tegel, Heiligensee, Reinickendorf, Dahldorf, Glienicke, Schönfließ, Mühlenbeck, Hermsdorf, Liebars, Schilde, Blankenfelde, Rosenthal, Nieder-Schönhausen, Pankow, Heinersdorf, Franz. Buchholz, Schönerlinde, Curow, Blankenburg, Lindenberg, Malchow, Weißensee, Wartenberg, Faltenberg, Ahrensfelde, Marzahn, Hohen-Schönhausen, Lichtenberg, Friedrichsfelde, Stralow, Wilmersdorf, Schöneberg, Schmargendorf, Dahlem, Zehlendorf, Steglitz, Lichterfelde, Giesendorf, Schönow, Marienfelde, Langwitz, Tempelhof, Rixdorf, Britz, Bukow, Lichtenrade, Bergholz, Schulzendorf, Valentinswerder. Saatwinkel, Mariendorf und Friedrikenhof, ferner alle in diesen Bezirken gelegenen Vorwerke, Schäfereien und Mühlen, ebenfalls die zu diesen Bezirken gehörenden Städte und Ämter, Spandau, Straußberg, Köpnick, Trebbin; Amt Liebenwalde, Joachimsthal, Gumnitz, Rüdersdorf und Alt-Landsberg.

Damals wurde auch erneut auf die Verpflichtung der Abdecker zum Aufgreifen umherlaufender herrenloser Hunde hingewiesen. In einer Bekanntmachung des Magistrats zu Berlin vom 10. Januar 1853 wurde festgelegt: „Künftighin werden daher nur solche Personen zum Auffangen der Hunde zugelassen werden, gegen deren Zuverlässigkeit keine Bedenken obwalten. Dieselben werden auch allgemein kenntlich mit einem Abzeichen versehen sein, indem dieselben ein messingenes Schild mit der Aufschrift: Scharfrichtern-Gehülfe No. 1 bis 6 an der Mütze tragen werden."

Der Standort Neue Scharfrichterei/Chausseestraße 42, nicht weit von der Lokomotivwerkstatt von August Borsig entfernt, war erst 1842 bezogen worden. Das drei Morgen große Scharfrichterei-Grundstück Chausseestraße Nr. 42 „wurde von der Stettiner-Eisenbahn-Gesellschaft mit den vorhandenen Baulichkeiten ausgestattet, der Stadt übergeben, da das bisher bestandene Scharfrichterei-Grundstück in der Invalidenstraße zur Anlage des Stettiner Eisenbahnhofes erforderlich, und an die Gesellschaft abgetreten wurde".[40] „Allen Protestrufen der neuen Nachbarn zum Trotz wanderte das gefürchtete, rot ummauerte Gebäude nach der Chausseestraße."[41] Letzter Scharfrichterpächter im Scharfrichtergebäude Invalidenstraße 28 (Rosenthaler Vorstadt) war der Scharfrichter Krafft. 1845 finden wir den ungewöhnlichen Hinweis im Berliner Adressbuch:

Krafft, *A. W., Thierarzt und Scharfrichtereipächter, Chausseestr. 32a. E. v. 8–9.*

Krafft hatte zuvor einen Kursus an der *Thierarzneyschule* absolviert. Sein Vater, der ab 1808 amtierende Scharfrichter Christian Friedrich Krafft, war 1819 gestorben, und dessen Witwe hatte sich wegen der Minderjährigkeit ihres Sohnes den Scharfrichter Gottfried August Hellriegel aus Brandenburg an der Havel nach Berlin geholt (an dessen Stelle Krafft jun. 1834 trat).[42] Krafft führte die besagte Berufsbezeichung im Berliner Adressbuch, Chausseestr. 42, bis 1855; ab 1856 schimpfte er sich Rentier und wohnte neuerdings im Haus Chausseestraße 83 (dafür F. Krafft, *Thierarzt*, im Haus Chausseestr. 43).[43]

Die Straßenbezeichnung „Neue Hochstraße", wo Johann Christoph Reindel ab 1855/56 lebte, war damals noch ausgesprochen jung; erst unterm 7. März 1845 wurde im Amtsblatt der Regierung der Potsdam bekannt gemacht (S. 96): „Die Verbindungsstraße zwischen der Liesen- und Grenzstraße vor dem Hamburger Thore zu Berlin soll künftig den Namen ‚Neue Hochstraße' führen."

Ein Hinweis auf die Abdeckerarbeit Reindels findet sich im „Archiv für Preußisches Strafrecht":[44]

§. 241. Strafgesetzbuch. Identität des Getäuschten und des Beschädigten beim Betruge.

Die beiden Scharfrichtereiknechte Reindel und Stahn hatten den mit vorschriftsmäßiger Steuermarke versehenen Hund des Kaufmann Paul aufgegriffen, ihm die Steuermarke abgenommen und ihn demnächst dem Scharfrichter Kraft mit der Anzeige abgeliefert, der Hund sei ohne Marke gewesen.

Der Eigentümer Paul hatte hiernächst für die Einlösung 1 Rthlr. bezahlt und die Angeklagten haben davon das Fanggeld erhalten.

Der erste Richter hatte nur versuchten Betrug angenommen, da der Getäuschte, der Scharfrichter Kraft, nicht beschädigt sei, und nicht habe beschädigt werden sollen und können. Durch das Urtel des Kammergerichts vom 22. September 1852 ist indeß vollendeter Betrug angenommen, da die Fassung des §. 241. ergebe, daß die Identität des Getäuschten und des Beschädigten nicht Voraussetzung des Gesetzes sei.

In den „Wöchentlichen Anzeigen für das Fürstenthum Ratzeburg" verlautete zu Schönberg am 22. Mai 1863: „In Berlin fing dieser Tage ein Scharfrichterknecht einen Hund ab, der ohne Maulkorb umherlief. Der Hund hatte aber einen treuen Freund in der Person eines Affen. Der Vierhänder Damon wollte seinen vierfüßigen Pythias nicht im Stiche lassen, schlich sich hinter den gemeinschaftlichen Feind und biß ihn so grimmig ins Bein, daß der Mann im Schreck den Hund fahren ließ. Affe und Hund nahmen glücklich Reißaus."

In der „Deutschen Industrie-Zeitung – Organ der Handelskammern zu Chemnitz, Dresden, Plauen und Zittau" verlautete 1867 über den Hundefängerdienst in Berlin (S. 60):

In Berlin wurden vom Scharfrichter Hunde

	eingefangen	ausgelöst	getötet
1865	2596	1100	1496
1866	2689	888	1801

Am Ende ergibt sich hieraus, dass Mitglieder der weit verzweigten Scharfrichtersippe Reindel in einem überschaubaren Zeitraum mehrfach ihre Wohnsitze veränderten; stets blieb man allerdings im gleichen Bezirk: Ackerstraße, Chausseestraße, Gerichtstraße und Neue Hochstraße befinden sich alle in unmittelbarer Nachbarschaft zueinander in Berlin-Wedding.

Hinweise auf in den östlichen Ländern und Berlin vollzogene Hinrichtungen sind in den vierziger Jahren des 19. Jahrhunderts eher rar. Bei einer Hinrichtung im Juli 1841 in Breslau waren nach Angaben der Polizei zwischen 12- bis 15000 Menschen anwesend. Am 10. August 1841 verlautete in der „Neuen Würzburger Zeitung": „Posen, 31. Juli. In diesen Tagen wird auch in unserer Provinz, und zwar in Kozmin, die Hinrichtung eines Mörders durch das Rad erfolgen." Am 9. Februar 1843 wurde der Invalide August Samuel Döring wegen Mordes auf der Hochgerichtsstelle zu Spandau enthauptet. „Gegen den Inquisiten Döring ist rechtskräftig erkannt worden: daß er wegen Mordes mit dem Rade von oben herab vom Leben zum Tode zu bringen, welche Strafe durch die Allerhöchste Kabinetsordre vom 24. Januar d. J. in die des Beils verwandelt worden ist", heißt es in der Bekanntmachung im Amtsblatt der Regierung in Potsdam 1843 auf Seite 37. Am 27. Februar 1844 wurden die Brüder Christian und August Dressler aus Donndorf in Sangerhausen öffentlich hingerichtet, Bürgermeister Tschech am 14. Dezember 1844 in Spandau. Franz Lieber stellte damals (1846) fest:[45]

Meist wird die Hinrichtung nur als ein Schauspiel, der Schauder nur als ein Reizmittel für leere rohe Seelen gesucht, es wird gezecht, geschrieen und getobt; oder der Haß des Volkes gibt sich auf gemeine Weise gegen den Verbrecher, oder gar gegen den Scharfrichter zu erkennen; oder endlich es wird gar Theilnahme an dem muthigen, jungen, braven Kerl oder der hübschen Frau erregt. In Preußen, Frankreich etc. hat man praktisch die Oeffentlichkeit zu mindern gesucht durch Verlegung der Hinrichtungen von Berlin nach Potsdam und von da nach Spandau, in Paris durch äußerst schnelle Vornahme auf von dem Volk nicht erwarteter Stelle etc.

Durch *Cabinets-Ordre* vom 24. April 1841 war bestimmt, dass die in Berlin und Potsdam zum Tode verurteilten Verbrecher fortan auf der Richtstätte bei Spandau hingerichtet werden sollten.[46] Dort rechnete man mit einem geringeren Andrang von Menschen.

Am 27. August 1847 fand auf dem Breslauer Hochgericht um Punkt 6 Uhr früh die Hinrichtung der 59 Jahre alten Giftmischerin Maria Dastig aus Hundsfeld durch das Beil statt, wohin die rechtskräftig erkannte Todesstrafe des Rades durch die Gnade Seiner Majestät des Königs – unter Beibehaltung der Schärfung durch Schleifung zur Richtstätte – abgeändert worden war. Maria Hastig, geborene Klamont, hatte ihren Ehemann, den Stellmacher Dastig, mit Arsenik vergiftet. „Einige Tausend Personen" wohnten dem Schauspiel bei.[47]

Am 12. Oktober 1850 fand in Perleberg die letzte öffentliche Hinrichtung in Preußen statt. Scharfrichter Wilhelm Reindel beförderte den Brauereibesitzer Braun vom Leben zum Tode, sein Bruder Friedrich assistierte ihm dabei. Das Amtsblatt der Regierung in Potsdam veröffentlichte danach eine „Warnung":[48]

Vermischte Nachrichten.

Warnung.

Johann Christian Braun kaufte im Jahre 1827 von dem Kossäthen Heinrich Dohrmann den Hof desselben zu Wulckow bei Sandau, für 5575 Thlr., und lebte mit ihm, der das Altentheil erhielt, in Eintracht, auch sonst in glücklichen Familien=Verhältnissen.

Nach einigen Jahren fing er jedoch an, Prozesse zu führen, fand bald einen Gefallen daran, war nie zu bedeuten und ergriff alle Instanzen, die vom Gesetze nur zugelassen werden.

Statt seiner Wirthschaft vorzustehen, befand er sich auf Reisen zu Rechts=Anwalten und Terminen, ergab sich dabei dem Trünke, kam in seinen Vermögens=Verhältnissen zurück, so daß auf Andringen der Gläubiger sein Hof am 3. Januar 1848 meistbietend verlauft wurde.

Was er selbst durch seine Prozeßsucht verschuldet, legte er Anderen zur Last und warf besonders seinen Haß auf den Altsitzer Dohrmann, einen Mann, der mit allen Bewohnern des Dorfes in Eintracht lebte, weil dieser wegen seiner rechtmäßigen Forderung dem Antrage auf den Verkauf des Hofes beigetreten war.

Er beschimpfte ihn, ohne Veranlagung und stieß wiederholt die Drohung aus, ihn ermorden zu wollen.

Am 17. Juli 1849 wurde der 71 Jahre alte Dohrmann in der Nähe seines, ½ Meile vom Dorfe Wulckow liegenden Bienenschauers todt gefunden und die Obduction stellte fest, daß er durch einen Schuß verwundet, aus Mangel an rechtzeitiger Hülfe gestorben war.

Der Verdacht des Mordes traf sofort den Braun, die Untersuchung wurde wider ihn eingeleitet, es sprachen die Geschworen in der Sitzung vom 26. November 1849 das Schuldig aus und der unterzeichnete Gerichtshof erkannte, daß der vormalige Kossäth Johann Christian Braun wegen des Verbrechens des Mordes mit dem Beile hinzurichten.

Dies Urtel ist heute hierselbst vollstreckt worden.

Perleberg, am 12. October 1850.   *Königl. Schwurgericht. Baath.*

Die Vermutung, dass die Hinrichtung des Bauern August Heinrich Lamm wegen Verwandtenmordes am 19. August 1852, übrigens die erste nichtöffentliche Hinrichtung in Berlin, von Wilhelm Reindel vollzogen wurde, liegt nahe. So berichtete die „Augsburger Postzeitung" in ihrer Ausgabe vom 21. August 1852:[49]

Heute früh fand hier die erste, nach den Vorschriften des neuen Strafgesetzbuches ausgeführte Hinrichtung statt. Der Verurtheilte, ein Bauer, Lamm, der seinen 73jährigen Oheim, dem er ein Leibgedinge zu geben verpflichtet war, was er gern ersparen wollte, erschlagen hatte, wurde heute gegen 6 Uhr in einer Kutsche, ohne weitere Begleitung als der von drei Polizeibeamten, aus dem Stadtvogteigefängniß nach dem dicht vor der Stadt belegenen Moabiter Zellengefängniß gefahren und dann in einen der Höfe des Gefängnisses geführt, wo der Hinrichtungsblock auf dem ebenen Boden aufgestellt war, und außer den Gerichtsbeamten nur noch zwölf gewählte Gemeindeglieder als Zeugen und etwa zehn andere Personen (Berichterstatter für hiesige und auswärtige Blätter) zugegen waren. Als der Verbrecher den Hof betrat, begann das Läuten mit der Armensünderglocke, das in dem Augenblicke schwieg, als der Scharfrichter mit einem sicheren Beilhiebe das Haupt vom Rumpfe getrennt hatte. Es schlug in diesem Augenblicke die Gefängnißuhr gerade sechs. Der Verurtheilte, der schon bei der Schwurgerichtssitzung seine Sehnsucht nach dem Tode aussprach („Mein Oheim läßt mir Tag und Nacht nicht Ruhe; ich bitte um schnelle Hinrichtung!" so bat er damals), starb mit bewundernswürdiger Fassung, indem er beim Niederknien noch recht freudig ausrief: „Gott sey Dank, daß ich erlöst werde!" Die Art und Weise der Hinrichtung, von der nur Gerüchte ins größere Publikum gedrungen sind, macht auf unsere Bevölkerung dem Anscheine nach einen tieferen Eindruck, als die früheren öffentlichen Hinrichtungen, die zu einem skandalösen Volksspectakel auszuarten pflegten.

Wie genau Hinrichtungen damals abzulaufen hatten, wurde im Preußischen Straf-Gesetzbuch vom 14. April 1851 genau geregelt. Da heißt es im Paragraphen 8:

Die Vollstreckung der Todesstrafe soll in einem umschlossenen Raume, entweder auf einem Platze innerhalb der Mauern der Gefangenanstalt, oder auf einem anderen abgeschlossenen Platze stattfinden.

Bei der Hinrichtung sollen zugegen sein: mindestens zwei Mitglieder des Gerichts erster Instanz, ein Beamter der Staats-Anwaltschaft, ein Gerichtsschreiber und ein oberer Gefängniß-Beamter. Von der Hinrichtung ist dem Gemeinde-Vorstande des Orts, in welchem solche stattfindet, Nachricht zu ertheilen; derselbe hat zwölf Personell aus den Vertretern der Gemeinde oder aus anderen achtbaren Mitgliedern der Gemeinde abzuordnen, um der Hinrichtung beizuwohnen.

Außerdem ist einem Geistlichen von der Konfession des Verurtheilten der Zutritt zu gestatten.

Auch ist dem Vertheidiger und aus besonderen Gründen anderen Personen der Zutritt zu gewähren.

Die Vollstreckung des Todesurtheils wird durch das Läuten einer Glocke angekündigt, welches bis zum Schlusse der Hinrichtung andauert.

Am 11. September 1852 wurde in Dresden „unter Zuströmung von Tausenden" die Kindesmörderin Rehn mit dem Schwert enthauptet. Hierzu schrieb die „Donau-Zeitung – Vereinigte Blätter des Kourier und der Passavia" in Passau am 18. September: „Dem Scharfrichter, der bisher 26 Exekutionen glücklich vollzog, gelang es dießmal erst auf den zweiten Streich das Haupt zu trennen." Das war ein Missgeschick. „Der Scharfrichter [Fritzsche aus Dresden] trennte beim ersten Hiebe das Haupt vom Rumpfe der Verbrecherin. Nur ein leichtes Hängenbleiben des Kopfes an dem fleischigen Halsrande machte ein zweimaliges Nachschlagen nöthig", berichteten die Zeitungen damals. Rehn, Mutter dreier außerehelicher Kinder, hatte ihr knapp 2 ½ Jahre altes Mädchen lebendig in den Abtritt geworfen. Am 10. Dezember 1852 wurde in Altenburg der 32 Jahre alte Raubmörder Franz Julius Rothe in Altenburg enthauptet.

Im Januar 1853 fand in Posen eine Hinrichtung statt. Enthauptet wurde eine junge Polin wegen Kindsmordes, der Name des Scharfrichters ist nicht genannt. In „Der Erzähler: ein Unterhaltungsblatt für Jedermann" verlautete damals: „Der Scharfrichter mit seinen unheimlich aussehenden Gehülfen – er war nicht von hier, sondern aus einer kleineren Stadt der Provinz herbeigeholt worden – trat in den Hintergrund zurück."[50]

Am 26. Januar 1853 wurde im Königreich Sachsen erstmals das Fallschwert eingesetzt. Hingerichtet wurde auf diese Weise laut Mitteilungen des „Kuriers für Niederbayern" (Landshut) vom 31. Januar 1853 der Kindsmörder Christian Friedrich Fischer, Strumpfwirkermeister aus Leukersdorf. Der Hingerichtete hatte in der Nacht des 3. Januar 1852 seinem außerehelichen Kinde unverdünnte Schwefelsäure in den Mund gegossen, woran es nach viertägigen qualvollen Leiden gestorben war. Die Exekution vollzog der als „absolut zuverlässig" bekannte Scharfrichter Fritzsche aus Dresden. „Es hatten sich zu diesem Akte eine ungeheure Volksmenge zum Theil viele Stunden weit eingefunden. Man schätzt die Volksmenge auf 30,000", schrieb die „Aschaffenburger Zeitung" am 1. Februar 1853. Der „Würzburger Stadt- und Landbote" berichtete am 31. Januar 1853 kurz: „In Chemnitz in Sachsen wurde am 26. d. erste Hinrichtung mit dem Fallschwerte vollzogen; sie wurde mit Schnelligkeit und Sicherheit ausgeführt." „Die am 26. Jan. stattgefundene Hinrichtung des Mörders Christ. Friedr. Fischer aus Leukersdorf durch das Fallbeil (Anschnallen und Abschneiden des Kopfes) währte kaum eine Minute", so der „Fränkische Kurier (Mittelfränkische Zeitung)" in Nürnberg am 3. Februar 1853. Die „Aschaffenburger Zeitung" hatte am 27. Januar 1853 angekündigt: „In der nächsten Zeit werden in Freiberg und Chemnitz Hinrichtungen durch das neue Fallschwert stattfinden."

In Sachsen war das Fallschwert – als neuere Konstruktion des Fallbeils – durch Gesetz vom 1. Dezember 1852 eingeführt worden. Im „Fürther Tagblatt" vom 6. Januar 1853 heißt es über das neue Gerät:

Dresden. Das Fallschwert oder die sächsische Guillotine, welche vom Mechanikus Kleber, am Löbtauer Schlage, gebaut wurde, ist eine mit einer Gallerie umgebene Tribüne (oder Schaffot), 3 Ellen 4 Zoll hoch und hat 7 Quadratellen im Umfang. Darauf befindet sich die 8 Ellen hohe Maschine, welche im Wesentlichen der französischen Guillotine ähnlich ist. Das aus einer Höhe von 6 Ellen senkrecht herabfallende Beil wiegt 6 Pfund. Es zeichnet sich von allen anderen Fallbeilen durch seine schräge Schneide aus.

Am 11. Februar 1853 wurde der Raubmörder Franz Schall im Zellengefängnis zu Moabit, im südlichen Teil der Jungfernheide, enthauptet, weil er den ehemaligen Viehhändler Gottlob Ebermann aus Lychen mit Vorsatz getötet haben soll. Der Scharfrichter, hier namentlich nicht näher bezeichnet, war, wie der „Neue Pitaval" später angab, Reindel aus Berlin. Der Scharfrichter hatte seinen neunjährigen Knaben mitgebracht. „Sollte er Muth oder Geschicklichkeit erlernen?", fragte das „Morgenblatt für gebildete Leser" in seiner Ausgabe vom 3. April des Jahres.

Über das gesamte Verfahren gegen Franz Schall (1849-1853) und das traurige Ende liegen ausführliche Darstellungen vor.[51] Anton Vollert berichtet:

Freitag am 11. Februar um 8 Uhr ertönte das Armesünderglöcklein auf dem Thurme des ungeheuern burgartigen Zellengefängnisses zu Moabit bei Berlin.

Der Verurtheilte trat, vom Probst Peldram begleitet, aus der Thüre, sprang hurtig die Treppe hinunter und trat auf den ihm angewiesenen Platz. Nachdem der Untersuchungsrichter das Urtheil und die königliche Bestätigung verlesen hatte, sprach Schall mit lauter, vernehmlicher Stimme:

„Ich bekenne es frei und offen, ich habe den Ebermann mit bester Ueberzeugung und kaltem Blut ermordet. Ich mußte mich seiner entledigen; es ist aus Neid geschehen. Ich danke für die gerechte Strafe, und wenn ich jemand beleidigt haben sollte, so bitte ich um Verzeihung."

Er küßte das Crucifix, das ihm der Propst übergab und schüttelte diesem und dem Untersuchungsrichter die Hand, dann stieg er mit raschen Schritten auf das Schaffot, warf den Paletot und das Hemd ab, kniete nieder und betete. Gleich darauf erhob er sich, die Henkersknechte ergriffen ihn und banden ihn fest. Das Beil des Scharfrichters zischte durch die Luft und der Kopf war vom Rumpfe getrennt.

Der „Nürnberger Beobachter" berichtete am 19. Februar 1853 über Schalls Ende:

Berlin, 11. Febr. Mit dem Schlage 8 von der Thurmuhr der neuen Strafanstalt in Moabit ertönte heut von derselben das Geläute der Glocke; es war das alte Armesünderglöcklein. Nach 5 Minuten war es schon verstummt, und in dieser kurzen Zwischenzeit war der weitgenannte Raubmörder, gewöhnlich Franz Schall, auch Schaal, richtiger Zimbal genannt, aus dem Gefängniß geführt, hatte auf dem Hof sein Todesurtheil und die königliche Bestätigung desselben vor dem Gericht angehört, ein letztes freies Bekenntniß abgelegt, war auf das Schaffott gestiegen, hatte sich entkleidet, ein letztes Gebet kniend verrichtet, seinen Kopf auf den Block gelegt, den Todesstreich mit dem Beil empfangen; sein Kopf rollte im hingestreuten Sande, der Körper war losgeschnallt, in den Sarg gelegt und fortgetragen. Alles in Zeit von 5 Minuten! Eine große Zahl juristischer, medicinischer, polizeilicher Notabilitäten, auch Militärs und Schriftsteller wohnten, mit Einlaßkarten, dem furchtbaren Schauspiel bei.

„Reindel aus Berlin" war hier offensichtlich Wilhelm Ludwig Carl Reindel aus Werben, dessen Sohn allerdings inzwischen zehn Jahre alt gewesen war. Dies wird bestätigt durch den zugehörigen Beitrag in der „Allgemeinen Zeitung", München, vom 11. April 1853:

*Preußen. ** **Berlin**, 5. April. Von den Gerichten in Münster ist eine Aufforderung an den hiesigen Scharfrichter ergangen, behufs einer dort bevorstehenden Hinrichtung, weil in ganz Westfalen kein dazu befähigter Mann aufzutreiben sey! Spricht dieß nicht deutlich genug aus daß die Sitte sich gegen das Gesetz sträubt; wäre es auch nicht gegen die Todesstrafe selbst, so doch dagegen daß Menschenhände sich mit der Schlächterarbeit besudeln sollen. Die außerordentliche Geschicklichkeit und Schnelligkeit mit welcher Schalls Hinrichtung erfolgte, hat dem Executor seine traurige Berühmtheit und seinen Ruf verschafft; aber alle die sie gesehen und gerühmt, waren zugleich einstimmig: weßhalb mußte das ein Mensch thun, wo eine Maschine dasselbe that, noch dazu wo der Mensch der das Werk übernahm nur die Maschine, deren Namen man fürchtet, nachahmte? Das sollten die Vertheidiger des „Blut um Blut", des romantischen Schreckens, wenn der letzte menschliche Richter das furchtbare Beil schwingt, doch auch bedenken daß er das Beil gar nicht schwingt, daß der Mann selbst nichtsweniger als schrecklich aussieht, daß er eben nur wie ein geschickter Fleischerknecht, der seinen Kunden die Pfunde Fleisch mit den Augen vorher abwiegt, zuhackt, und daß der Eindruck dießmal, wie früher, nur der war: wie geschickt hat er es gemacht, fast ganz wie die Guillotine! Das ist nicht die Stimme Einzelner, es ist die Stimme im ganzen Publicum. Ihr gilt das Fallbeil für das Vollkommene, und der Mensch kann eben nur, wenn er selbst vollkommen wird, es ihr ähnlich thun. Liegt nicht eine fürchterliche Satire darin! Der hiesige Scharfrichter Kraft hat übrigens, wie bekannt, nicht selbst den Raubmörder Schall hingerichtet, wie überhaupt nie jemanden. Auch unter seinen zugezogenen Knechten hat keiner sich dazu hergegeben, noch will er sich dazu anlernen lassen; Kraft hat vielmehr zu dieser wie zu früheren Hinrichtungen den Scharfrichter Reindel aus Werben requirirt, welcher, wenn ich recht hörte, bereits durch vierzehn Executionen seine Geschicklichkeit bewährt hat. Dieser Reindel hat wieder einen Gehülfen, welcher das schwierigste Amt mit einem besondern Geschick versieht, nämlich den Kopf des Delinquenten in der Art auf dem Block zu befestigen daß kein Fehlschlag eintreten kann. Aber trotz dem ist auch dieser Knecht nicht dazu zu bewegen einmal selbst das Beil in die Hand zu nehmen. Philosophie, Presse, und Volksschriften haben zu diesem Schauder nichts gethan. — Bei den Gerichten steht nächstens die Frage zur Erörterung ob sie die Wiedereinführung der Prügelstrafe gut heißen? Noch haben wir ein leises Vertrauen daß in diesem Punkt der alte Geist der Humanität und Intelligenz in unsrer Justiz aufleuchten werde; aber wenn die Prügel wieder eingeführt würden, ist die ernsthafte Frage ob man Executoren aller Orten finden würde. Im Volke herrscht darin ein gar nicht romantischer Sinn, und das Geschlecht der* *alten Unterofficiere welche zu den Unterbedienungen der Gerichte genommen werden, ist längst schon ausgestorben.*

Im „Fränkischen Kurier (Mittelfränkische Zeitung)" (Nürnberg) verlautete am 7. April 1853: „* **Sachsen** In Döbeln wurde der Mörder und Brandstifter Wohllebe durch das Fallschwert hingerichtet."

Am 13. Mai 1853 wurde Christian Weberling, ein Schneidergeselle aus Altenweddingen, Kreis Wanzleben (ein Ortsteil der Einheitsgemeinde Sülzetal im Landkreis Börde in Sachsen-Anhalt), enthauptet. Er war wegen Mordes an dem Sonnenmeyer zum Tode verurteilt, hatte aber zwei bis dahin unbescholtene Männer als Urheber desselben und Haupttäter mit großer Hartnäckigkeit beschuldigt.[52]

In der „Augsburger Postzeitung" verlautete am 19. Mai 1853: „**Magdeburg**, 13. Mai. Heute ward der Schneidergeselle Weberling aus dem nahen Dorfe Langenweddingen, welcher einen Müller aus einem nahen Orte ermordet hatte und von dem Schwurgerichte zum Tode verurtheilt war, auf dem Hofe des hiesigen Criminalgerichtsgebäudes hingerichtet. Erst am Abend vor der Hinrichtung bekannte sich der Mörder als schuldig. (Frkfr. J.)"

Der Friseur Ernst Eduard Dombrowsky, Bürger und Perückenmachermeister in Wolfenbüttel, wurde am 14. Oktober 1853 im Alter von 41 Jahren auf dem Gefängnishof hinter der alten Straf- und Gefangenenanstalt in Wolfenbüttel wegen Giftmordes mittels Beil hingerichtet.[53] Es waren inzwischen bereits Jahrzehnte vergangen seit der letzten Enthauptung des aus Hessen stammenden dreifachen Raubmörders Heinrich Valentin Lüders, genannt Scheller, am 19. Februar 1836 auf dem Stadtmarkt in Wolfenbüttel.[54]

Dieses Mal, 1853, kam der Scharfrichter Reindel „aus Berlin - Rheinsberg" [Der neue Pitaval, 1861],[55] der kurz zuvor Franz Schall vom Leben zum Tode gebracht hatte, mit einer Handvoll Gehilfen. Etwa 1200 Menschen hatten Einlass bekommen und warteten auf ein Geständnis des Todgeweihten. Das blieb aber aus.

Vielleicht war der Verurteilte einem Justizirrtum zum Opfer gefallen. Heinrich Sandvoß aus Destedt, der als Soldat das Karree mitgebildet hatte, erzählte noch oft Jahrzehnte später, dass er genau gehört habe, wie der Delinquent noch am Richtblock seine Unschuld hoch und heilig beteuert habe.

In „Der neue Pitaval", Band 22 (1861), heißt es zudem: „Dagegen sprach sich der Oberscharrichter am Ort sehr misfällig und bedauernd darüber aus, daß man dem Delinquenten eine so starke Quantität Spirituosa zum Trinken gegeben. Daher sein letztes Benehmen auf dem Schaffot, welches nicht mehr Muth, sondern Aufregung und Frechheit gewesen sei."[56]

Die Hinrichtung Dombrowskys war, wenn auch in einem umschlossenen Hofraum vollzogen, die letzte öffentliche im Lande Braunschweig.

Zur Vorgeschichte im Falle Dombrowsky verlautete 1854 im „Ausführlichen Lehrbuch der Chemie" von Friedrich Julius Otto (S. 551):

In dem Dombrowsky'schen Vergiftungs-Processe, einer *cause celèbre,* welche auch in dem neuen Pitaval aufgenommen ist, entschied die chemische Untersuchung einer Stelle auf einem eisernen Ofen über Leben und Tod eines Verbrechers. Es war durch die gerichtliche Untersuchung bis zur moralischen Gewissheit erwiesen, dass Dombrowsky seiner Frau am Montage fein zerriebenen Fliegenstein auf Leberwurst und Brot gegeben; die Frau hatte die vergiftete Speise ausgebrochen, war heftig erkrankt, von dem Arzte als am Magen leidend behandelt und am Freitage als Reconvalescent entlassen worden. Am Sonnabend starb die Frau; in dem Magen wurden beträchtliche Mengen Fliegenstein gefunden und in den Taschen von Dombrowsky's Schlafrocke fanden sich Spuren desselben fein gepulverten Fliegensteins. Unmöglich konnte aber das in dem Körper gefundene Gift von dem am Montage gegebenen Gifte herrühren, seit dem Montage in dem Körper geblieben sein. Die Frau musste in der Nacht vom Freitage zum Sonnabende nochmals Arsenik erhalten haben. Sie hatte in dieser Nacht, auf Vorschrift des Arztes, als Getränk Sagoschleim mit Rothwein genossen; der Mann hatte den Trank bereitet, ihn von der Krankenwärterin versuchen lassen und dann im Nebenzimmer in ein Trinkglas gegossen. Die Krankenwärterin deponirte, dass das Getränk von der Frau, nachdem sie davon genossen, zurückgewiesen worden sei, weil es ihr Brennen verursache, dass deshalb das Glas nicht geleert worden. Am anderen Morgen habe Dombrowsky der Frau dringend empfohlen, den Rest des schönen Tranks zu nehmen, und da derselbe kalt geworden, habe er das Glas auf den geheizten Ofen gestellt. Das Glas sei aber zersprungen und der Ofen von Dombrowsky mit Papier ausgewischt worden. (...)

Am 2. Dezember 1853 wurde in Magdeburg der Kaufmann Otto Bernhard Hartung enthauptet. Er war in der Verhandlung am 3. und 4. März 1853 vor dem königlichen Schwurgericht zu Magdeburg wegen Giftmordes in mehreren Fällen zum Tode verurteilt worden. Der damals 33 Jahre alte und musikalisch begabte Hartung, der in Magdeburg als wohlhabender Mann von Verstand und nicht gewöhnlicher Bildung galt, hatte seine Ehefrau mit Arsen vergiftet, als in Magdeburg die Cholera herrschte und das Verbrechen hinsichtlich der bei der Ehefrau gezeigten Symptome dadurch zunächst vertuscht war. Auch seine Tante hatte er vergiftet. Hartungs Beichtvater Dr. Friedrich Crusius, Divisionsprediger der königlichen siebenten Division und Seelsorger der Gefangenen des königlichen Stadt- und Kreisgerichts zu Magdeburg, legte 1854 eine Benefiz-Publikation über „die letzten Lebenstage eines Giftmischers" auf.[57]

In Breslau fand die erste intramurane Hinrichtung am 9. Dezember 1853 statt.[58]

Am Morgen des 5. Mai 1854 fand in der neuen Strafanstalt bei Moabit die Doppelhinrichtung der Mörder des Klempnermeisters Bontoux und des Seidenwarenfabrikanten Friedrich Carl Adolf Schulz, nämlich des Zeugschmiedegesellen Lücke und des Hausknechts Johann Gottfried Holland, statt, berichtete tags darauf die „Volkszeitung – Organ für Jedermann aus dem Volke" in Berlin. „Der Scharfrichter Reindel vollzog auch diesmal wieder das Todesurtheil. Das Schaffot ward demnächst von Blut gereinigt und eine Stunde später, um 7 Uhr, traf der zweite Delinquent, Holland, in der Strafanstalt ein."

Berliner Gerichts-Zeitung vom 6. Mai 1854. Repro: Blazek
Siehe den ausführlichen Beitrag im Anhang.

Die „Volkszeitung – Organ für Jedermann aus dem Volke" berichtete am 6. Mai 1854:

— Heute Morgen fand in der neuen Strafanstalt bei Moabit die Doppelhin-richtung der Mörder des Klempnermeisters Bontoux und des Seidenwaaren-fabricanten Schulz, nämlich des Zeugschmiedegesellen Lücke und des Haus-knechts Holland, statt. Es hatten sich zu dem Ende auf dem Hofe der gedachten Anstalt der Untersuchungsrichter, der Staatsanwalt, eine Deputation des Ma-gistrats und der Stadtverordneten, so wie das mit Billets versehene Publikum eingefunden. Um 6 Uhr ertönte die Glocke und als das Zeichen zum Beginn des traurigen Aktes. Lücke, der erst wenige Minuten vorher aus der Stadtvoigtei eingetroffen war, wurde vor das Schaffot geführt, ihm zur Seite schritt der Pre-diger der Stadtvoigtei, Steudner, der dem Deliquenten geistlichen Trost gespen-det hatte. Hiernächst wurde dem Letzteren von dem Untersuchungsrichter nochmals das Urtheil und die Allerhöchste Bestätigungsordre publizirt und er sodann dem Nachrichter feierlich übergeben. Lücke war im höchsten Grade er-schlafft, kaum vermochte er die Stufen des Schaffots zu ersteigen. Der Scharf-richter Reindel vollzog auch diesmal wieder das Todesurtheil. Das Schaffot ward demnächst von Blut gereinigt und eine Stunde später, um 7 Uhr, traf der zweite Delinquent, Holland, in der Strafanstalt ein. Der Vater des ermordeten Kaufmanns Schulz hatte sich in der Anstalt eingefunden und wurde auf sein Ver-langen dazu verstattet, dem Mörder seines Sohnes mündlich zu verzeihen, Hol-land trat ruhiger und gefaßter als sein Vorgänger an die Stufen des Schaffots und vernahm mit sichtlicher Ergebung in sein Schicksal das Urtheil. Festen Schrittes betrat er das Schaffot, entkleidete ich selbst und betete, mit lauter Stimme. Eine Sekunde darauf war das Urtheil an ihm vollstreckt. — Seit dem Jahre 1846, wo die Mörder Fritz und Markendorff hingerichtet wurden, hat kei-ne Doppelhinrichtung hier stattgefunden. Dem Akt wohnten Militärs und Zivil-beamten sowie außerdem noch etwa 200 Personen bei. Bald darauf gaben die Warnungsanzeigen an den Straßenecken dem größeren Publicum Kunde von der Vollstreckung der beiden Todesurtheile.

Die 1853 und 1854 in Moabit hingerichteten Verbrecher finden noch einmal Erwähnung am Rande in einer Darstellung der Strafanstalt in der „Volks-Zeitung – Organ für Jedermann aus dem Volke" in Berlin vom 13. Oktober 1854:

In der neuen Strafanstalt bei Moabit befinden sich gegenwärtig 798 Sträflinge, die mit 44 verschiedenen Arbeiten beschäftigt werden. Von allen Verbrechern zeigt der 20jährige Haube, der Mörder des Schneidermeisters Nolte, die größte Widerspenstigkeit und sind bei demselben, da er die Arbeit verweigert, schon die strengsten Mittel zur Anwendung gekommen. In kurzer Zeit soll wegen wirklich exemplarischer Führung während einer Dauer von 30 Jahren ein zu lebenswierigem Gefängniß verurtheilt gewesener Sträfling der Welt wiedergegeben werden. Derselbe ist 68 Jahre alt. Auf dem Kirchhofe befinden sich jetzt gerade 100 Grabhügel, darunter die der Mörder Lamm, Schall, Lücke und Holland. — Diese Strafanstalt hat jetzt auch ihre eigene Feuerwehr. Die dazu gehörigen Sträflinge führen alle Exerzitien mit der Präzision aus, die an der berliner Feuerwehr gerühmt wird.

Der dreifache Raubmörder und Brandstifter Carl August Ebert aus Drossen im Königreich Preußen wurde am 16. Juni 1854 auf den Gerberwiesen nördlich der Stadt Leipzig enthauptet. Seine Hinrichtung war der letzte öffentliche Vollzug der Todesstrafe in Leipzig. Der Name des handelnden Scharfrichters ist nicht angegeben. Der Prozess gegen Ebert hatte bereits 1848 begonnen. „Der Eilbote" in Landau in der Pfalz berichtete am 22. Juni 1854: „Leipzig, 16. Juni. Heute früh wurde der seit längerer Zeit hier in Haft sitzende dreifache Mörder und Brandstifter, Namens Ebert aus Drossen, auf den Richtplatz gebracht und dort mit dem Fallschwert hingerichtet. Trotz des strömenden Regens hatte sich eine zahlreiche Menschenmenge eingefunden."[59]

Charlotte Catherine Lemmermann wurde 1854 wegen Mordes an ihrem Kind mit dem Beil in Bützow in Mecklenburg hingerichtet. Sie war in drei Instanzen zum Tode verurteilt worden. Nach einem Schreiben des Staatsministeriums in Schwerin an das Kriminalkollegium vom 1. August 1854 sollte die Vollstreckung des Urteils nicht durch das Schwert geschehen. Diese gemäß der Kriminalgerichtsordnung mittelalterliche Art der Hinrichtung sollte nun nicht mehr passieren. Man schlug vor, genau nach dem Protokoll 1852 bei der Hinrichtung des Musketiers Joh. J. Christ. Schwank aus Raduhn[60] zu verfahren und das „Geschäft" dem Scharfrichter Reindel aus Werben mit dem Beil ausführen zu lassen. Der Großherzog bestätigte das Urteil.[61]

In der Rubrik „Mecklenburgische Nachrichten" der „Mecklenburger Zeitung" vom 23. September 1854 verlautete:

Vor beinahe 2 Jahren, am 17. October, brachten wir eine Meldung von der Hinrichtung eines Verbrechers, nämlich des Raubmörders Schwank, dessen Haupt Tags zuvor durch das Beil des Nachrichters gefallen war. Seitdem hat im Publicum von Zeit zu Zeit ein voreiliges Gerücht die Execution an einer zum Tode verurtheilten Kindesmörderin als nahe bevorstehend oder gar schon im Geheimen vorgenommen besprochen. Die tausendzüngige Fama mag auch heute das

Ihrige thun, das zu bestätigen, was wir nun wirklich selbst erlebt haben. Die unverehelichte Charlotte Lemmermann, eine elternlose Waise, einzige Tochter eines vor Jahren in Rostock verstorbenen Schuhmachers, jetzt 26 Jahre alt, beging in demselben Jahre wie jener Raubmörder (1849) ein todeswürdiges Verbrechen an ihrem unehelichen, schon 3 Wochen alten, lebenskräftigen Kinde, indem sie es, ihrem eigenen Geständnisse zufolge, vorsätzlich erstickte durch Auflegen mehrerer schwerer Betten auf den Kopf desselben und Liegenlassen dieser Bettstücke während zweier Tage und einer Nacht zur Hemmung der Respiration und folgeweisen Erstickung des Kindes. Die kleine Leiche legte sie sodann geständlich in ihren Stuben-Ofen und verbrannte den Körper durch Anzünden des herbeigeholten Ofenholzes bis auf einen kleinen Rest eines vorgefundenen fast verkohlten Knochens. Diese Geständnisse stimmten mit den durch die Untersuchung erhobenen Umständen überein und obgleich die Inquisitin im Laufe derselben, nach Anhörung des ersten auf Schwertstrafe lautenden Erkenntnisses jene Geständnisse widerrief und zu ihrer allerersten Angabe: „daß ihr Kind durch eine alte unbekannte Frau für wohlhabende kinderlose Eltern von ihr abgeholt worden, also noch lebe", ihre Zuflucht nahm, so kehrte sie doch endlich zu dem, wenn auch modificirten Geständnisse der Tödtung zurück, wonach sie vorsätzlich Handlungen begann, welche den Tod ihres Kindes zur Folge hatten, Handlungen, welche durch nichts motivirt sein konnten als durch den Wunsch, das Kind, welches ihrer Freiheit in Führung ihres leichtsinniges Lebens gewisse Schranken setzte, aus dem Wege zu schaffen. Dieser grenzenlose Leichtsinn war vorherrschend bei der Unglücklichen, sie hat ihn auch noch während der Untersuchung documentirt und dadurch schwerlich einen vortheilhaften Eindruck auf ihre Richter machen können. – Wir wollen hoffen, daß sie der hiesigen Religionslehre wirklich innerlich zugänglich geworden sei. Der Richterspruch lautete dreimal auf Hinrichtung durch das Schwert. Se. Königl. Hoheit der Großherzog haben die Todesstrafe landesherrlich gerechtest bestätigt und nur zu befehlen geruhet, daß die Execution zur größeren Sicherung nicht mit dem Schwerte, sondern mit dem Beile geschehen solle. In Gemäßheit dieser Allerhöchsten Anordnung ist denn heute früh 6 Uhr durch denselben Scharfrichter, der Schwank hinrichtete (Reindel aus Werben in der Altmark), die Enthauptung der armen Sünderin vor dem Großherzoglichen Criminalgerichte hieselbst und etwa 200 Zuschauern auf dem Platze hinter dem neuen Criminalgebäude allhier executirt und der Leichnam sofort nach Rostock auf das dortige anatomische Theater geschafft worden.

Kurze Zeit später fand eine weitere Hinrichtung in Preußen statt: Karoline Schaumann, trotz ihrer standhaften Weigerung, ein Geständnis abzulegen, am 20. April 1854 zum Tode verurteilt, wurde enthauptet, nachdem ihre Begnadigung am 23. September abgelehnt worden war.[62]

Am 21. April 1855 wurde der 59 Jahre alte Schneider Johann Joachim Lorenz im Garten des Stralsunder Stadtgefängnisses im Beisein von zwölf ehrbaren Stralsunder Bürgern durch Scharfrichter Reindel aus Berlin enthauptet. Lorenz war wegen Mordes nach drei Tagen Verhandlungsdauer am 30. September 1854 vor dem Schwurgericht des Königlichen Kreisgerichtes Stralsund zum Tode verurteilt worden.[63]

Die „Stralsundische Zeitung" schilderte am Tag nach der Enthauptung den letzten Gang des Todgeweihten:

Gleich nach 6 Uhr erschien in seiner grauen Sträflings-Kleidung, baarhaupt, der Delinquent. Geführt von seinem Seelsorger und einem Wächter schritt er langsam vor bis zur Stelle, wo der Untersuchungsrichter ihn erwartete. Dort angekommen, wurde ihm unterlautloser Stille von diesem noch einmal die Sentenz des Stralsunder Kreis-Gerichtes, die ihn zum Tode verurtheilt hatte, und die Cabinetsordre vom 8. März d. J., welche die Bestätigung des Todesurtheils enthielt, vorgelesen. Während der Verlesung zitterte der Unglückliche heftig in den Knien und suchte, anscheinend unfähig sich zu halten, den Arm des Predigers, den er losgelassen hatte. Er suchte und fand die Hand, und so gestützt horchte er mit seinem fahlen, finstern Gesichte, dessen starre Ruhe sich während der ganzen Haftzeit fast niemals verändert hatte, stumm auf die Worte des Richters. Seine Augen, tief und stechend, hafteten mit Spannung und unausgesetzt an dem Munde des Lesenden, als ob er aus jedem Worte desselben das Erlösung Bringende: Gnade heraus hören wollte, - - - der Richter las zu Ende und Lorenz hatte sein Todesurtheil vernommen. Allein selbst in diesem bangen Momente, der unerbittlich und unwiderruflich all seine Hoffnungen mit einem Schlage vernichtete, verließ den Mörder die bisherige Hartnäckigkeit nicht: – denn befragt, ob er jetzt, nur noch wenige Minuten vor seinem Austritt aus dieser Welt, die Last seines schweren Verbrechens durch ein offenes Geständniß erleichtern wolle, antwortete er mit einer Erzählung, deren Sicherheit man ansah, daß sie wohlüberlegt für diesen entscheidenden Augenblick ausgedacht war, und deren Schluß in klaren Worten immer nur seine eigene Unschuld und die alleinige Schuld der Frau Rösner (der Frau des Erdrosselten) aussprach.

Mit dieser letzten Lüge auf der Seele trat der Mörder zum Block; ruhig, nur bleicher noch wie gewöhnlich, kniete er, nachdem er eigenhändig bei seiner Entkleidung noch mitgeholfen hatte, nieder – und mit einer Schnelligkeit, die kaum dem speciellen Gedanken Zeit zum Folgen gestattete, war die nothwendige, blutige Handlung vollbracht.

Scharfrichter Reindel hatte für diese Handlung einen Gehilfen mitgebracht. Die mitangeklagte Witwe, Marie Rösner, war zu lebenslänglichem Zuchthaus verurteilt worden.[64]

Die 50 Jahre alte Maria Warszawska aus Omulle in Westpreußen wurde am 4. Juli 1855 wegen Mordes, begangen an ihrem 1851 von der Bildfläche verschwundenen zweiten Ehemann, Joseph Warszawski, hingerichtet. Sie war am 24. Oktober 1854 zum Tode verurteilt worden, die Allerhöchste Konfirmation des Todesurteils datiert vom 9. Juni 1855.[65]

Das „Augsburger Tagblatt" berichtete – wohl als eine von wenigen Zeitungen – am 17. Mai 1856 über eine Kuriosität des Berliner Scharfrichterwesens, das damals ja in den Händen der Familie Reindel lag. Der Berliner Scharfrichter weigerte sich, einen Delinquenten, der eigens in die Strafanstalt Moabit verlegt worden war, hinzurichten:

Berlin. *Dem Vernehmen nach liegt folgender kuriose Fall der betr. Behörde zur Entscheidung vor, nämlich die Weigerung des Scharfrichters, den ihm ertheilten Befehl zur Vollstreckung einer Hinrichtung auszuführen. Ein in Potsdam vor Kurzem gefälltes Todesurtheil sollte vollstreckt werden, nachdem dasselbe von Sr. Maj. dem Könige bestätigt worden ist; aufgrund eines der Stadt Potsdam bewilligten Privilegiums aber, wonach in der Stadt und ihrem Weichbilde keine Hinrichtung vollzogen werden darf, war die Vollstreckung dieses Todesurtheils auf dem Hofe des Zellengefängnisses in Moabit angeordnet und der Delinquent dorthin gebracht worden. Dort sitzt er nun schon mehrere Wochen, seines Todes gewärtig, indem der berliner Scharfrichter erklärt haben soll, auf Grund seiner Bestallung und Dienstinstruction könne er sich nicht für befugt und verpflichtet erachten, eine in Potsdam erkannte Todesstrafe zu vollstrecken.*

Im „Fränkischen Kurier (Mittelfränkische Zeitung)" (Nürnberg) verlautete am 20. Mai 1856: „Berlin. Am 16. d. sollte die Hinrichtung des Arbeitsmanns Helmrich aus Potsdam stattfinden, welcher durch den Ausspruch des Schwurgerichts zu Potsdam des an der Wittwe Spiller verübten Mordes schuldig erklärt und zum Tode verurtheilt worden ist. Das Urtheil hatte auch die allerh. Bestätigung erhalten, dennoch hat die Hinrichtung nicht stattgefunden. Es sollen sich erhebliche Zweifel an der Schuld des Helmrich herausgestellt haben, die einen sofortigen Bericht an Se. Maj. veranlaßten, so daß befohlen worden sei, die Hinrichtung bis auf Weiteres auszusetzen."

Der Chronist Karl August Varnhagen von Ense (1785-1858) schreibt am 16. Mai 1856 in einem Brief: „Im Zellengefängniß bei Moabit sollte heute früh ein Potsdamer hingerichtet werden, wegen entstandenen Zweifels über die Schuld des Mannes wurde die Hinrichtung in der Nacht abbestellt."[66]

Am 25. Mai 1856 wurde der vom Kreis-Schwurgericht zu Berlin in seiner Sitzung vom 3. Juli 1855 zum Tode verurteilte Lithograph Carl Biermann aus Berlin im Hof der Strafanstalt in Moabit enthauptet.[67] Biermann hatte seine vier kleinen leiblichen und ehelichen Kinder in einem Korb vom Haus weggetragen und im neuen Kanal ins Wasser geworfen und dadurch getötet, wie er beteuerte, ohne die Absicht, sie zu töten. Offensichtlich hatte Biermann die Tat verübt, weil er die Kinder nicht mehr ernähren konnte. Drei der ins Wasser geworfenen Kinder wurden bald darauf, das vierte und älteste aber erst nach vier Monaten aufgefunden. Alle vier waren von dem Gerichtsmediziner Johann Ludwig Casper in Berlin obduziert worden.[68] Biermann war von Anfang an geständig.

Die „Neuigkeiten", Brünn, vom 29. Mai 1856 schildern eindrucksvoll das Szenario, und zwar in einer Ausführlichkeit und Präzision, wie sie aus damaliger Zeit kaum bekannt sein dürfte. Hier spielt auch bereits die Vorbereitung auf den Akt eine Rolle, und ausnahmsweise findet sich dort eine Personenbeschreibung des damaligen Scharfrichters:

Die letzten hundert Athemzüge eines Verurtheilten.

Die „Berliner Feuerspritze" bringt in ihrer letzten Nummer eine interessante Beschreibung, welche den Vorgang bei Hinrichtungen, wie solche in dem Strafhause zu Moabit in Berlin vollzogen werden, von Minute zu Minute schildert, und die letzten Momente eines Verurtheilten nach „Athemzügen" berechnet. Anlaß hiezu fand das genannte Blatt durch die kürzlich erfolgte Hinrichtung des Lithografen Biermann. Wir lassen die ergreifende Schilderung hier folgen:

NEUIGKEITEN, 29. Mai 1856. Repro: Blazek

Hundert Athemzüge, fünf kurze Minuten sind es, die dem Verurtheilten noch vergönnt bleiben, sobald er die Freitreppe hinab vor den Tisch der Richter geführt ist.

Die Vorbereitungen zur Hinrichtung, wie sie jetzt vollzogen zu werden pflegen, sind peinlicher als der blutige Akt selbst.

Etwa zehn Minuten vor sechs Uhr erscheint, von seinen Gesellen und Knechten umgeben, der Vollstrecker des Bluturtels, in schwarzem Frack und eleganter Wäsche. Hinter ihm trägt ein Diener ein großes Etui, in dessen rothsammetnem Ausschlage das Beil ruht. – Der Scharfrichter R e i n d e l, welcher seit Jahren in Berlin das traurige Amt des Kopfabschlagens versieht, ist eine kurze, gedrungene Gestalt mit scharf ausgeprägter Physiognomie. Kurzes, hochrothes Haar und ein dichter, rother Backenbart heben die Farbe des etwas grauen Gesichtes, aus dem ein Paar kleine, blaue, über Kreuz blickende Augen unheimlich hervorblinzeln. Man würde, auch ohne Physiognomik studirt zu haben, aus dem dichtesten Menschenkreise diesen Einen herausgreifen, wenn man gefragt würde, wen man für den Nachrichter halte. Er gleicht aufs Haar jenem Konterfei, das uns aus unzähligen Schauer-Romanen, die wir in der Jugend gelesen, noch in frischer Erinnerung ist.

Das Etui wird aufgeklappt, das Beil sorgfältig abgewischt und wieder in das Futteral, mit der Schneide nach den Zuschauern hin auf einen an der linken Seite des Schaffots stehenden Tisch gelegt. – Aus einem Häuschen in der Mitte des Hofes wird der Block herbeigeschleppt und auf dem Schaffot festgeschraubt. Der Halsriemen wird befestigt, die Stricke zum Fesseln der Beine und Hände des Delinquenten werden bereit gelegt und einige Hände voll Sand auf den Raum der Diele zwischen dem Block und dem Tische gestreut – es fehlt nichts mehr als das Opfer, das hier bluten soll.

Die Uhr schlägt sechs, und ehe sie noch ausgeklungen, öffnet sich die Thür über der Freitreppe gerade über dem Gerüste, die Richter steigen langsam und feierlich herab, und stellen sich an den Stufen des Schaffots auf. Die Thüre öffnet sich zum zweiten Male; an der Hand des Geistlichen und in Begleitung des Ker-

kermeisters erscheint der Unglückliche. Lautlose Stille. Er steigt die Stufen hinab – jede Stufe ein Athemzug von den wenigen, die ihm noch gestattet – das Urtel wird verlesen – die Bestätigungs=Ordre desgleichen – ein tiefer Schauer überläuft die Hörer – noch fünfzig Athemzüge! – er wird entkleidet, der nackte Hals wird sichtbar, noch ist er das feste Band des Lebens, das diesen Menschen mit den Lebendigen verbindet. Sie schleppen ihn näher an den Block. Niederknien! ruft ihm einer der Henker zu. – Noch zehn Athemzüge! – Er kniet nieder, hebt noch einmal sein Haupt zum Gebet, die Augen der Knechte haften lauernden Blickes auf seinen Lippen – es währt ihnen zu lange, bis sie zum letzten Amen sich bebend schließen. – Noch drei Athemzüge! – Kopf nieder! kommandirt der zu Häupten Stehende, und in demselben Momente ist das Opfer an Hals, Händen und Füßen geknebelt, der Scharfrichter entkleidet sich seines Fracks, die Armensünderglocke beginnt zu läuten, und begleitet mit furchtbarer Musik die blutige Handlung. Noch ein Athemzug! Und der Kopf rollt polternd nieder auf das Parquet.

Das Amtsblatt der Regierung in Potsdam verkündete danach (1856, S. 177):

Vermischte Nachrichten.

Warnungs=Anzeige.

Der ehemalige Lithograph

Carl Wilhelm Albert Biermann,

am 26. Juli 1820 zu Berlin geboren, ebendaselbst ortsangehörig, verließ am 7. November 1854, nach 5 Uhr Nachmittags, seine unweit des großen Georgen-Kirchhofs belegene Wohnung, seine beiden jüngsten Kinder, Georg, ¼ Jahr, Herrmann, 2½ Jahr alt, in einem Waschkorbe tragend, während er die beiden ältesten, Paul, 4 Jahr, und Antonie, 6 Jahr alt, mit sich führte. Als er in die Nähe der vor dem Schlesischen Thore befindlichen Schleusenbrücke über den Fluthgraben gelangt war, setzte er die beiden ältesten Kinder unten in den mitgenommenen Waschkorb, die beiden jüngsten aber auf dieselben, band eine Leine darüber und warf dann den Korb mit den Kindern in den etwa 6 Fuß tiefen Fluthgraben.

Die Obduction der späterhin sämmtlich im Wasser aufgefundenen Leichen der vier Kindre (sic!) bestätigt es, daß ihr Tod im Wasser durch Ertrinken erfolgt war.

Nachdem der Biermann wegen Mordes in Anklagestand versetzt worden, hat das KreisSchwurgericht zu Berlin in seiner Sitzung vom 3. Juli 1855 für Recht erkannt:

> *„daß der ehemalige Lithograph Carl Wilhelm Albert Biermann des Mordes schuldig, demgemäß der bürgerlichen Ehre für verlustig zu erklären und mit dem Tode zu bestrafen."*

Dieses Erkenntniß ist, nachdem die dagegen eingelegte Nichtigkeitsbeschwerde vom Königl. Ober-Tribunal in der Sitzung vom 12. September 1855 zurückgewiesen, durch das Allerhöchst vollzogene Confirmations-Reskript vom 6. Mai

1856 bestätigt, und die Todesstrafe heute in der neuen Strafanstalt bei Berlin durch Enthauptung vollstreckt worden.

Berlin, den 22. Mai 1856. Königl. Kreisgericht. Erste (Criminal-) Abtheilung.

Und „Der Grenzbote" in Salzburg schrieb am 5. Juni 1856:

Der Lithograph Biermann, der am 7. Nov. 1854 seine vier Kinder ertränkt hatte, ist am 22. v. M. Morgens um 6 Uhr in Berlin hingerichtet worden. Die Hinrichtung erfolgte im Hofe der neuen Strafanstalt zu Moabit. Außer den ex officio Anwesenden wohnten der Hinrichtung etwa 200 Personen bei, welche Eintrittskarten erhallen hatten, darunter hohe Justizbeamte, Aerzte, Vertreter der Zeitungspresse etc. Bevor Biermann das Haupt auf den Block streckte, um den Todesstreich zu empfangen, wollte er noch eine Anrede an die Anwesenden halten, was jedoch nicht gestattet wurde. Der Scharfrichter, dem die Execution aufgetragen worden, vollzog bereits die 14. Hinrichtung; mit einem einzigen Streiche war der Kopf vom Rumpfe gelöst. Bierman starb mir dem Anscheine der Fassung, doch wich er mit eigenthümlicher Schau dem Anblick des Schaffotes aus.

Von Geheimhaltung war bei der Hinrichtung Biermanns im Übrigen nichts zu spüren gewesen. Im Vorfeld hatte der „Fränkische Kurier (Mittelfränkische Zeitung)" in Nürnberg am 21. Mai berichtet: „Berlin. 21. Mai. Morgen früh um 6 Uhr findet auf dem Hofe der neuen Strafanstalt bei Moabit die Hinrichtung des Lithographen Biermann, der wegen Ermordung seiner vier Kinder vom hiesigen Kreisschwurgericht zum Tode verurteilt ist, statt. Es sind über 100 Einlaßkarten dazu ausgegeben worden."

Der „Fränkische Kurier (Mittelfränkische Zeitung)" war es auch, der sich wenig später mit einem weiteren Vollzug einer Hinrichtung befasste, und zwar in seiner Ausgabe vom 21. September 1856:

Gestern Morgen wurde in der neuen Strafanstalt zu Moabit das Todesurtheil gegen wegen zweifachen Mordes von dem k. Schwurgericht zu Potsdam verurtheilte verwittwete Wundarzt Eleonore Metzger aus Ketzin bei Potsdam vollzogen. Dieselbe hatte nach dem Ableben ihres Ehemannes mit einem verheiratheten Ehemann ein vertrautes Verhältnis und ist außer mehren andern nicht klar erwiesenen Mordversuchen durch den Wahrspruch der Geschworenen für überführt und schuldig erachtet worden, sowohl Ehefrau als auch ein Kind ihres Liebhabers mordet zu haben. Sie empfing die Nachr. ihres nahe bevorstehenden Todes, obwohl bewältigt von dem erschütterten Eindruck, doch mit Fassung und Ergebung, erbat sich den Superintendenten zu Potsdam zu ihrem seelsorgerischen Beistände und wurde vorgestern Abend in einer verschlossenen Chaise nach der neuen Strafanstalt gebracht. Dort wurde auf ihren Wunsch ihr Kind, ein etwa 9jähriger Knabe, zu ihr geführt, von dem sie unter Thränen Abschied nahm. Die Hinrichtung selbst erfolgte in der gewöhnlichen Weise, Nach einigen Worten, welche noch der Superintendent an sie richtete und einem kaum hörbaren Dank an denselben, reichte sie zweien Scharfrichtergehilfen, die bei ihr standen, die Hände und in deren Geleit bestieg sie gefaßt und ruhig das verhängnisvolle Gerüst. Hier faltete sie, stehend vor dem Block, einen Moment lang die Hände, betete halblaut, und sich selbst das Tuch von dem Halse nehmend, sonst aber in vollständiger Bekleidung, kniete sie nieder, legte das Haupt auf den Block, und einen Moment später war dasselbe durch den das Nachrichteramt versehenden Scharfrichter Reindel gefallen. Die ganze Exekution war das Werk von nicht vollen drei Minuten. Seit etwa 20 Jahren ist in unserer Gegend kein Frauenzimmer hingerichtet worden.

Im Jahre 1856 sind noch weitere Todesurteile in Berlin und Umgebung vollstreckt worden. Am 11. Juni 1856 machte das Schwurgericht zu Perleberg die soeben vollzogene Hinrichtung des Arbeitsmanns Joachim Friedrich Voigt aus Schönhagen bekannt.[69] Am 24. Juni 1856 wurde der Jäger Georg Curt Dietrich Puttlitz, 1829 in Gollnow in Pommern geboren, laut Mitteilung des Königlichen Stadtgerichts Berlin, Abteilung für Untersuchungssachen, enthauptet (im Hof des Gefängnisses zu Moabit, siehe dazu den ausführlichen Bericht in „Neuigkeiten", Brünn, vom 28. Juni 1856) und am 8. Juli 1856 die Todesstrafe an dem 1819 geborenen Arbeitsmann Johann Friedrich Helmrich aus Potsdam „in der neuen Straf-Anstalt bei Berlin" durch Enthauptung (Scharfrichter Müller aus Schwedt a. O.) vollstreckt (Bekanntmachung des Königlichen Kreisgerichts zu Berlin, I. (Kriminal-) Abteilung). Am 12. September 1856 machte das Königliche Kreisgericht in Brandenburg die am gleichen Tag erfolgte Hinrichtung des Maurergesellen August Wiedecke aus Rädel und des Mühlenmeisters Johann Carl Gustav Solle aus Canin bekannt. Der Scharfrichter ist in diesen Bekanntmachungen nicht genannt.[70]

Margarethe Hübenthal aus der preußischen Provinz Sachsen wurde hingerichtet wegen Ermordung ihres Schwiegersohnes Lorenz Koch. Die Tat hatte sie gemeinsam mit ihrer Tochter am 24. März 1855 begangen. Die Tochter wurde wegen Totschlags zu lebenslanger Haft verurteilt, die Begnadigung der Mutter am 11. November 1856 abgelehnt.[71]

Über eine weitere Hinrichtung in der neuen Strafanstalt von Moabit berichtet die „Aschaffenburger Zeitung" in ihrer Ausgabe vom 20. Juni 1857:

Berlin, 20. Juni. Heute Früh hat im Zellengefängnisse zu Moabit (Vorstadt von Berlin) die Hinrichtung des Mörders Pfad stattgefunden, welcher die unverehelichte Bunge, Wirthschafterin des Geh. Bauraths Andres, ermordet hatte. Derselbe starb sehr reuig. Der Knabe Schultze, welcher ihm bei dieser scheußlichen That hülfreiche Hand geleistet hatte, ist zu 12 Jahren Zuchthaus verurtheilt.

Die „Königlich privilegirte Berlinische Zeitung von Staats- und gelehrten Sachen" (Vossische Zeitung) berichtete tags darauf:

Gestern früh gleich nach 6 Uhr fand auf dem ein für allemal dazu bestimmten Hofe der neuen Strafanstalt bei Moabit die Hinrichtung des wegen Mordes der Wirthschafterin Bunge durch Erkenntniß des hiesigen Stadtschwurgerichts zum Tode verurtheilten Tischler=Gesellen Pfab statt. Derselbe hatte bekanntlich nach anfänglichem Leugnen ein offenes Geständniß abgelegt und war hierbei auch bis zum letzten Augenblicke geblieben. Er hatte sich im Gefängniß den Tröstungen der Religion zugewendet und tiefe Reue über sein Verbrechen an den Tag gelegt, weshalb er denn auch dem Tode mit großer Ruhe entgegensah. Nachdem die das Todesurtheil bestätigende Allerhöchste Ordre eingegangen *war, wurde solche am Freitag Morgen dem Delinquenten publicirt und ihm die Vollstreckung des Urtheils auf gestern früh früh verkündet. Er nahm die Nachricht davon mit seltener Ruhe auf und äußerte durchaus keinen Wunsch mehr. Nachdem er vom Augenblick der Publication der Kabinets=Ordre an im Gefängniß durch zwei Gerichtsdiener bewacht worden war, wurde er gegen Abend in einem verschlossenen Wagen nach der neuen Strafanstalt transportirt. Er hatte Mittags nur wenig Suppe genossen und trank Abends eine Tasse schwarzen Kaffee. Die meiste Zeit widmete er dem Gebet und schrieb außerdem einen langen Brief an seinen Vater. In der Nacht soll er nicht geschlafen haben. Der Stadtvoigtei=Prediger Sigel, dessen Ermahnungen wohl zunächst die Sinnesänderung des Pfab zuzuschreiben ist, spendete ihm dann auch in den letzten Stunden geistlichen Trost und geleitete ihn bis zur Hochgerichtsstätte. Auf höhere Anordnung war diesmal die Zahl der auszugebenden Einlaßkarten zu dem Hofe der neuen Strafanstalt noch mehr beschränkt als früher, so daß nur höchstens 30 und einige Personen anwesend waren, um dem Akte der Hinrichtung beizuwohnen, der wenige Sekunden nach 6 Uhr in der üblichen Weise begann und den der Untersuchungsrichter, Stadtgerichtsrath Krüger leitete, als dessen event. Stellvertreter der Stadtrichter Wollweber und der Assessor Steinhausen anwesend waren. Ebenso war ein Vertreter der Staats=Anwaltschaft anwesend. Pfab wurde unter Vortritt des Geistlichen und Direktors der Anstalt vor das Schaffot geführt. Er sah angegriffen, sonst aber überaus ruhig und gefaßt aus. Er trug seine eigene Kleidung. Nachdem ihm durch den Untersuchungsrichter Krüger noch einmal Erkenntniß und Allerhöchste Ordre publicirt worden waren, reichte er den Umstehenden die Hand, erklärte auf die an ihn gerichtete Frage, daß er nichts mehr anzuführen habe und ging festen Schrittes die Stufen zum Schaffot hinauf. Hier angekommen, sank er dicht an dem Block nieder, betete lange und wie es schien inbrünstig, entkleidete sich und wurde nun von den Leuten des Scharfrichters auf den Block geschnallt. Im nächsten Augenblick schon hatte der Scharfrichter das Todesurtheil an Pfab vollstreckt. Der Akt schloß mit Einsargung und Beerdigung des Körpers und Rumpfes.*

Das am 27. Mai 1857 gegen den 24-jährigen Tagelöhner August Manns aus Berlin ausgesprochene Todesurteil wurde am 7. Oktober 1858 in eine lebenslange Freiheitsstrafe umgewandelt. Manns hatte am 21. Januar 1857 aus Eifersucht seine Geliebte, die 26 Jahre alte unverheiratete Louise Brandt, erschossen.[72]

Die „Neuigkeiten", Brünn, berichteten in ihrer Ausgabe vom 11. Januar 1860 vom Selbstmord des Prager Scharfrichters. Diese Notiz scheint sonst kaum Beachtung gefunden zu haben. Es scheint sich dabei um Vinzenz Nessel, den Vater des Stomatologen (Zahnarztes) Franz Nessel (1803-1876), gehandelt zu haben:

= Selbstmord eines Scharfrichters. Am 5. Früh fand man den Prager Scharfrichter in seiner Wohnung entseelt. Seit einiger Zeit kränklich und in Folge dessen trübsinnig geworden und vielleicht auch von andern Sorgen gedrückt, hatte sich der in den Jahren vorgerückte Mann, wie die „Boh." meldet, ein sehr feines Messer in das Herz gestochen.

Jahr.	Todes- strafen.	Hinrich- tungen.	Begna- digungen.	Jahr.	Todes- strafen.	Hinrich- tungen.	Begna- digungen.
1832	28	2	26	1847	28	4	7
1833	30	2	28	1848	26	—	16
1834	21	2	19	1849	26	3	12
1835	36	7	29	1850	42	14	18
1836	22	4	18	1851	60	19	33
1837	34	4	27	1852	89	14	15
1838	18	7	9	1853	40	23	7
1839	24	8	16	1854	87	20	6
1840	23	—	13	1855	54	28	11
1841	14	3	10	1856	48	26	8
1842	39	8	28	1857	56	24	18
1843	29	5	17	1858			
1844	25	8	9	1859	101	11	77
1845	27	6	9	1860			
1846	23	6	12				

Der Preußische Staat, 1864, S. 383. Repro: Blazek

Am 21. November 1861 verlautete im „Bayerischen Kurier": „In Berlin hat am 18. Nov. eine Zusammenkunft der preuß. Scharfrichter stattgefunden, welche tagen wollten, um sich über ihre Interessen zu beraten." Die „Landshuter Zeitung" kündigte irrtümlicherweise unterm gleichen Datum die bereits gewesene Zusammenkunft an.

„Von 1818 bis 1854 incl. sind unter 988 zum Tode Verurtheilten 286 hingerichtet", besagt 1861 das „Handbuch der Länder- und Staatenkunde von Europa" des Professors an der städtischen Gewerbeschule zu Berlin Dr. phil. Gustav Adolph von Kloeden (1814-1885) im Kapitel „Justiz" (des Preußischen Staates) auf Seite 844. Und: „1851 wurden Untersuchungen eingeleitet wegen 64,128 Verbrechen und Vergehen, z. B. 26,983 wegen Diebstahls, 1196 wegen Betruges, 944 gegen die Sittlichkeit begangene, 286 wegen Todtschlages und Mordes, 261 wegen Brandstiftung, 191 wegen Raubes etc. 1852 wurden 14 hingerichtet (8 Mörder, 2 Kindesmörderinnen, 4 Raubmörder) und 12 zum Tode Verurtheilte wurden begnadigt. Es kam 1 todeswürdiges Verbrechen auf 434,244 Menschen."

In den Jahren 1852 bis 1865 wurden in Preußen Todesurteile[73]

	gefällt		bestätigt	im Gnadenwege umgewandelt
wegen Elternmordes	7	davon	5	2
wegen Elterntotschlages	4	davon	2	2
wegen Gattenmordes	51	davon	28	23

In die Jahre von 1858 bis 1865 fallen hiervon:

	gefällt		bestätigt	im Gnadenwege umgewandelt
wegen Elternmord	5	davon	3	2
wegen Elterntotschlag	2	davon	–	2
wegen Gattenmord	26	davon	7	19

„In Preußen z. B. hätten in den 3 Reaktionsjahren 1855–57 bei seinen damals 17 Millionen Einwohnern statt der 78 Hinrichtungen, oder in den Jahren freisinnigerer Regierung 1858–60 statt der 11, nicht weniger als 59,000 stattfinden müssen", schreibt 1881 der Lyriker und Verfasser von Prosaschriften Fritz Schütz (1833-1888).

Die „Schlesischen Provinzialblätter" berichten im Jahre 1863 (*Schlesische Chronik. 1862. August/September.*):

Verbrechen und Bestrafungen. In dem Gerichts=Gefängnisse zu Brieg ist der Miethsgärtner Ernst Kille aus Baumgarten, Kr. Ohlau, d. 12. Sept. wegen „Mord unter erschwerenden Umständen" hingerichtet worden. Er hatte seinen eigenen Sohn, einen Knaben v. 7 J., erschlagen u. in s. Schlafkammer verscharrt. Die königl. Gnade hatte der Kindesmörder vergebens angerufen. Seit mehren Jahren war das wieder die erste Hinrichtung in Brieg, und die erste, seitdem die Vollstreckung innerhalb der Mauern des Gefängnisses stattfindet. – In Ratibor wurde den 19. September der Tagearbeiter Stephan Liczka aus Ludgerzowitz hingerichtet; er war erst 24 J. alt und hatte bis zu s. 16 J. schon wegen mehrfachen Diebstahls viele Freiheitstrafen erhalten. Zuletzt aus der Strafanstalt zu Antonienhütte entsprungen, setzte er s. verbrecherische Laufbahn fort, um bald als Mörder zu enden. Er brach in der Nacht z. 30. Oct. 1860 beim Gastwirth Müller in Hruschau (östr. Schlesien) ein, um zu rauben, und ermordete die Müllerschen Eheleute auf schauderhafte Weise durch Messerstiche etc. Bald war der Thäter entdeckt u. verurtheilt. Als psychologisch zur Beachtung wird von ihm berichtet: zum Geständniß der schwarzen That wurde der Verbrecher lediglich durch seine Schwester, die ihn am Tage vor seiner Hinrichtung besuchte, bewegt; sie äußerte zu ihm: „Ich hobt schon deinen Sarg gesehen, deine verstorbene Mutter wird sich im Grabe umdrehen, wenn dein Kopf fallen wird." Liczka war heftig erschüttert, und nun erst gestand er seine That. – In Tannhausen hat eine Dienstmagd ihr neugebornes Kind gelobtet, indem sie es in den Mühlgraben warf.

„Am 25. Sept. 1863 wurde der Arbeitsmann Klein auf dem Hofe der neuen Strafanstalt zu Moabit, wegen Ermordung des Gefangenen-Aufsehers Gross am 17. Mai 1861, durch das Beil hingerichtet." So lautet der knappe Eintrag in der „Zeitschrift des Königlich Preußischen statistischen Bureaus" im Jahre 1864.

Dass das Urteil durch Scharfrichter Reindel vollstreckt worden ist, erläutert „Der Sammler" im gleichen Jahr oder auch die Donau-Zeitung Passau am 5. Oktober 1863 in einer Randnotiz:

Ein Mörder: Klein, welcher am Freitag Früh in B e r l i n hingerichtet wurde, soll, wie der „Publicist" berichtet, auf seinen Antrag am Donnerstag Nachmittag noch eine Unterredung mit zwei Ministerial=Beamten gehabt haben. Er hatte sich vielfach gerühmt, im Besitze von Geheimnissen auf dem Gebiete der Mechanik zu seyn, wollte auf diesem Felde viel und Außerordentliches leisten können und drang nach Publikation der königl. Bestätigungs-Ordre auf die Unterredung, welche ihm denn auch gestattet worden ist. Seine Hoffnungen, durch diesen Zwischenfall die Vollstreckung des Urtheils zu verhindern, sind, wie der

Erfolg gelehrt, trügerisch gewesen. Die Beamten fanden ihn nach einstündiger Unterredung nicht im Besitze eines dem Staate nützlichen Geheimnisses. Uebrigens hat Klein sich in der That im Gefängniß mit Herstellung mechanischer Gegenstände zuweilen beschäftigt, Maschinen gezeichnet und aus Brod und Pappe dergleichen zusammengestellt. Ein Mühlwerk, welches durch Sand getrieben wird und ein anderes Werk hat er den Gerichtsdienern, welche ihn am Donnerstag in der Stadtvogtei bewachten, geschenkt. Der Verurtheilte benahm sich bei der Hinrichtung mit ausnehmender Rohheit. Zur Zeit der Hinrichtung hatten sich etwa 50 Personen um das Schaffot eingefunden. Klein erschien rauchend an der Seite des Geistlichen, mit dem er jedoch nicht sprach. Erst, als er das Gerichtspersonal sah, warf er den Zigarrenrest zur Erde. Als dem zur Hinrichtung berufenen Scharfrichter R e i n d e l die allerhöchste Bestätigungsordre vorgezeigt wurde, besah sich während dessen Klein den Reindel vom Kopf bis zu den Füßen. Unter verächtlichen Gebärden folgte er demselben auf das Schaffot, zog sich dort ohne Hilfe aus, ja wehrte sogar die ihn umringenden Scharfrichter von sich ab. Als er gefragt wurde, ob er nicht noch beten wolle, rief er laut unter wahrhaft gräßlichem Hohnlachen: „Na, auch noch beten!" dann besah er sich den Klotz und die daran befindlichen Gurte und Stricke ganz genau und kniete hin. Kaum berührten ihn jedoch die Scharfrichter, so sprang Klein wieder auf, wehrte sie von sich ab, und schien andeuten zu wollen, daß er sich nicht fesseln lassen wolle, er wurde aber jetzt mit aller Energie auf die Knie gebracht, sah sich nun noch genau an, wie er an Händen und Füßen gefesselt wurde, und legte dann sehr widerstrebend den Kopf nieder. Einen Augenblick später hatte der Scharfrichter die Exekution vollstreckt.

Am 29. Juli 1864 hatte Scharfrichter Reindel im Hof des Zellengefängnisses von Moabit eine Doppelhinrichtung zu vollziehen, bei der einige ungewöhnliche Beobachtungen gemacht wurden. Ungewöhnlich war zunächst, dass weit mehr Menschen Zutritt gewährt bekamen als zulässig – der Untersuchungsrichter hatte nur 60 Billets ausgegeben – und dass die Scharfrichterknechte sich mit blutgetränkten Taschentüchern ein Zubrot verdienten.

Knapp drei Jahrzehnte war es damals bereits her gewesen, dass die preußische Hauptstadt mit dem Rädern der Gattenmörderin Charlotte Sophie Henriette Meyer am 2. März 1837 die letzte öffentliche Hinrichtung erlebt hatte.[74]

Diese Hinrichtung war also am Ende in irgendeiner Weise ebenfalls öffentlich geworden. Sachlich stellten die „Allgemeine Zeitung" (Augsburg) und das „Augsburger Tagblatt" (am 31. Juli beziehungsweise 2. August) fest: „In dem Hofraum des Moabiter Zellengefängnisses wurden heute früh die Giftmischer Wittwe Knothe und der Geselle Steinmann durch das Beil enthauptet. Beide hatten den Mann der ersteren, einen Farbwaaren-Fabricanten, durch Arsenik vergiftet, und waren nach abgelegtem Geständniß von dem Schwurgerichtshof zum Tode verurtheilt. Nach der Aussage der Hingerichteten, die noch bei Lebzeiten ihres Opfers in einem ehebrecherischen Umgang verkehrt hatten, haben sie den Mann deßhalb beseitigt, weil er der zwischen ihnen beabsichtigten Ehe hindernd entgegenstand. Das Weib war einige 40 und ihr Zuhälter noch nicht 30 Jahre alt. Ihre Hinrichtung mußte bis heute verschoben werden, weil der Nachrichter, der

bekanntlich erst vor wenigen Tagen sein schreckliches Amt an dem Hutmacher-
gesellen Schneider vollzogen hatte, zu einer neuen Exekution nicht früher gerüs-
tet war."

Die Berliner Gerichts-Zeitung berichtete ausführlich in ihrer Ausgabe vom 30.
Juli 1864:

Polizei= und Tages=Chronik.

*Gestern früh ist das Todesurtheil, welches das Stadtschwurgericht gegen die
Wittwe Knothe und den Maurergesellen Steinmann erlassen hat, durch die Hand
des Scharfrichters Reindel vollstreckt worden. Die beiden nunmehr vor ihrem
höheren Richter stehenden Personen hatten in der raffinirtesten, heimtückischs-
ten Weise den Farbenfabricanten Knothe, den Ehemann der Hingerichteten,
durch Gift ums Leben gebracht. Sinnlichkeit eines alten häßlichen Weibes war
das Motiv zur That gewesen. Die Knothe, eine im Jahre 1815 geborene, kleine
halbverwachsene mit einem großen Kropf verunzierte Person, hatte den bei ihrem Mann in Schlafstelle liegenden und im Jahre 1836 geborenen Maurergesellen Steinmann, durch ihre Begierden angestachelt zum Ehebruch, und demnächst zur Theilnahme an der Ermordung ihres Mannes verführt, sie hatte, nach
dem allerhand kindische Sympathien den Tod desselben nicht herbeigeführt hatten, monatelang mit ihrem Geliebten nach Giftkrämern vor den Thoren Berlins
umhergesucht und diese ihrem arglosen Manne eingegeben; als dies Alles aber
nichts half, zu Arsenik, das ihr Gatte zur Farbebereitung gebrauchte, gegriffen
und dies Gift durch Steinmann dem unglücklichen verrathenen Manne beibrin-
gen lassen, der am 9. November 1862 gestorben war. Erst eine anonyme De-
nunciation brachte die scheußliche That ans Tageslicht. Als die Criminalpolizei
durch den Arzt, der den Todtenschein ausgestellt hatte, auf das Verbrechen aufmerksam wurde und in die Wohnung der Wittwe eindrang, fand sie dort den
Steinmann in Gemächlichkeit auf dem Sopha beim Frühstück sitzend. Er
erbleichte sichtlich, man verhaftete ihn und gestand er auch alsbald ein, daß er,
um die seinen Verhältnissen gegenüber wohlhabende Frau Knothe zu heirathen
– er der sechsundzwanzigjährige Mensch das 50jährige Weib – an dem Morde
des Knothe in der wesentlichsten Weise sich betheiligt habe. Später legte auch
die Knothe ein Geständniß ab. Das wohlverdiente Urtheil gegen diese beiden
Personen lautete auf Tod durchs Beil, es wurde dasselbe durch S. M. den König
in Karlsbad bestätigt und die Vollstreckung desselben auf gestern anberaumt.
Die Todesstunde wurde den Delinquenten vorgestern Vormittag angezeigt. Die
Wittwe Knothe, die bisher im Gefängniß stets sehr lebhaft gewesen war, ver-
leugnete auch bei dieser schweren Verhandlung ihren Charakter nicht. Sie
schwatzte nach wie vor, wie man ihr jedoch deutlich ansah, nur um sich zu be-
täuben, Steinmann, der schon seit dem gegen ihn ergangenen Erkenntniß theil-
nahmlos gegen alle Welt sich benommen hatte, war bei der Publikation seines
Geschickes ganz ungerührt. Man kann sagen, daß er seit langer Zeit schon halb
todt war. Die Knothe war bereits vor über acht Tagen dem Untersuchungsrichter vorgeführt worden, weil der Scharfrichter Reindel sie sehen wollte. Sie war
damals gefragt worden, wo ihre Schwester wohne, auf dem Flur der Gefängnisse hatte sie jedoch, wie sie später erklärt hat, im Vorübergehen gehört, daß ihre*

Hinrichtung nahe bevorstehe und deshalb beschlossen, diesem Act zuvorzu-
kommen. Vor längerer Zeit hatte sie im Essen einen Knochen gefunden und aufbewahrt. Mit diesem, den sie möglichst zu schärfen versucht, hatte sie sich darauf am linken Ober= und Unterarm die Adern zu öffnen versucht und tiefe Ein-
schnitte gemacht, die Adern hatte sie jedoch nicht getroffen, so daß ihre Absicht
nicht gelang. Wegen dieser Wunden war sie zum Lazareth der Stadtvoigtei gebracht worden. Selbstverständlich konnten diese Verletzungen die Urtels-
vollstreckung nicht aufhalten. Bis zu ihrer Abführung zum Moabiter Zellengefängniß und auch später bis zu ihrem Tode sind die beiden Mörder sich gleich
geblieben. Steinmann stierte jeden, der sich ihm nahete und mit ihm sprach,
groß an und antwortete nicht. Auch nicht ein Wort haben die ihn begleitenden
Beamten von ihm gehört. Ganz anders war die Knothe. Das Gerücht von ihrer
Hinrichtung war in Berlin vorher so weit verbreitet, daß sich Hunderte von
Menschen vorgestern Nachmittag um 6 Uhr auf dem Molkenmarkt versammelt
hatten, um der Abfahrt der Mörder beizuwohnen. Steinmann wurde zuerst abge-
führt. Als die Knothe die Menschenmenge sah, welche ihre Abfahrt erwartete,
verlor sie auf einen Moment die Fassung und knickte zusammen, aber es war
das auch nur einen Moment. Im Augenblick sprang sie in die Droschke, rief heiter dem Stadtvoigteidirektor von Drygalsky und den umstehenden Gefängniß-
beamten ein Lebewohl zu und brachte sich in die Ecke des Wagens, so daß sie
Niemand von außen sehen konnte. So blieb sie sitzen, bis der Wagen aus der
Menge war. Leider bestand diese nicht aus gebildeten Berlinern. Ein Hurrah
ertönte, als die Droschke sich blicken ließ und eine weite Strecke hin liefen ganz
anständig gekleidete Personen neben dem Wagen her, um die Mörderin zu sehen. Ihr Zweck ist, wie erwähnt, nicht erreicht worden. Auf dem Wege zum Zellengefängniß war die Knothe schwatzhaft, wie immer. Sie erzählte, daß sie zufrieden mit ihrem Schicksal sei und sich darauf freue, daß Morgen früh Alles
vorüber sei. Früher, als sie in ihrem 16. Jahre nach Berlin gekommen, sei sie
ein lebenslustiges Mädchen gewesen, seit den letzten zwei Jahren aber sei sie in
sich gegangen und habe aus der Bibel die Ueberzeugung geschöpft, daß nur der
schmale Weg zum Himmel führe. Dies habe sie auch ihrem Bruder, der den
breiten Weg der Verdammniß wandelte, geschrieben. Vor allem sei sie erfreut,
daß sie morgen wieder mit ihrem Sohne vereinigt sei, den sie sehr lieb gehabt
habe – die Knothe hat in ihrer Ehe mehrere Kinder gehabt, von denen nur noch
ein Knabe lebt. Mit großem Wohlgefallen erzählte die Knothe, daß sie zu Mittag
Schmorfleisch erhalten habe und langte dabei in ihre Tasche, aus der sie Kir-
schen hervorholte, die sie mit dem größten Appetit während der ganzen Fahrt
verzehrte. Ueber die Hinrichtung der Meyer – den alten Berlinern noch wohlbe-
kannt – der sie beigewohnt, ließ sie sich umständlich aus, wie diese Mörderin
auf der Kuhhaut einhergeschleift und wie sie die einzelnen Schläge mit dem Rade erhalten. Ihr gehe es, so sagte sie, doch besser, mit dem Halse werde der
Henker schon fertig werden, nur wegen ihres Kropfes sei sie bange. Ueber
Steinmann drückte sie sich höchst verächtlich aus – in der Nacht soll sie sich
jedoch noch gefreut haben, daß er mit ihr hingerichtet werde – fragte auch die
Beamten, wie man sich vor der Menge bei der Hinrichtung zu benehmen habe
und versprach allen ihr gewordenen Belehrungen Folge zu geben. Vor dem Thor

angelangt, besah sich die Knothe die Gegend und wunderte sich über die Veränderungen, die seit ihrer Verhaftung Berlin erfahren. Am Thor des Zellengefängnisses reichte sie den Beamten die Hände und bat sie, doch ja bei ihrer Hinrichtung zugegen zu sein, damit sie sich überzeugten, daß sie standhaft zum Tode gehe. – Morgen vor 6 Uhr hatten sich wenigstens 300 Personen auf dem Hinrichtungsplatz eingefunden, darunter leider eine Masse Menschen, die das Strafgesetzbuch, als es die Hinrichtungen hinter 4 Mauern anordnete, hat ausschließen wollen. 60 Billets hatte der Untersuchungsrichter nur ausgegeben, wie kam also eine solche Menschenmenge und so entsetzlich gemischt, an diesen Ort? Jedenfalls wird für die Zukunft einer solchen Zuschauerschaft, die zu ihrem größten Theile den Hinrichtungen zu Spandau Ehre gemacht haben würde, vorgebeugt werden. Punkt 6 Uhr erschien die Knothe, am Arm des Stadtvoigteipredigers Eichler, in der Thür des Zellengefängnisses. Sie war ganz ruhig, aber boshaft war ihr Blick, mit dem sie die Menge, durch welche sie schreiten mußte, ansah. Ebenso blickte sie den Scharfrichter Reindel von der Seite an, als dieser sie anfassen wollte. Sie wehrte ihn mit den Händen ab, kniete am Fuß des Schaffots nieder, betete mit dem Prediger, bestieg dann ohne Hülfe das Blutgerüst, nahm das Tuch, das sie um den Hals hatte – sie trug ein dunkelkarrirtes Kattunkleid und ein kleines buntes Tuch – ab, kniete nieder und übergab ihr Haupt dem Scharfrichter. Ein kurzes Wimmern, als sie auf den Block gedrückt wurde, ein krachender Hieb und ein Menschenleben war vernichtet. Kurze Zeit darauf war ein neuer Block aufgestellt und Steinmann, der sich fest an den Arm des Predigers klammerte, wurde hinausgeführt. Er war zwar blutroth im Gesicht, aber nur Maschine. Nach einem kurzen auf dem Schaffot abgehaltenen Gebet mußte er vom Prediger aufgehoben werden, dann entkleidete er sich selbst und war im nächsten Augenblick eine Leiche. Reindel hatte bei ihm so scharf zugeschlagen, daß der Block mitten zersprang. Die beiden Mörder sind neben einander begraben worden. Eine Stunde später wurde ganz Berlin durch Warnungsanzeigen, die uns, offen gestanden, nicht mehr an der Zeit zu sein scheinen, weil sie wohl warnen aber nicht bessern, von der Doppelhinrichtung in Kenntniß gesetzt.

Und die „Donau-Zeitung", Passau, am 3. August 1864:

*Preußen. **Berlin**, 29. Juli. In dem Hofraum des Moabiter Zellengefängnisses wurden heute Früh die Giftmischer Wittwe Knothe und der Geselle Steinmann durch das Beil enthauptet. Das Verbrechen, wegen dessen dieselben hingerichtet wurden, gehört zu den psychologisch merkwürdigsten, die seit langer Zeit vorgekommen. Der Arzt, welcher am Sterbelager (9. November 1862) des Farbefabrikanten Knothe von dessen Frau war gerufen worden, hatte die Krankheitserscheinungen für natürlich gehalten und danach auch den Todtenschein ausgestellt. Am 11. Nov. erhielt er jedoch einen anonymen Brief, der den Verdacht aussprach, daß Knothe an Gift gestorben sei. Diesen Brief reichte er der Staatsanwaltschaft ein, welche die Beerdigung verhindern ließ. Die Leichenöffnung ergab, daß Knothe durch weißen Arsenik vergiftet worden war. Aus der Ehe des Verstorbenen waren vier Kinder entsprungen, von denen noch ein Knabe am Leben ist. Diese Ehe war keine glückliche, obgleich Knothe's Verhältnis-*

se derartig waren, daß er und seine Familie sorgenfrei leben konnten. Im Früh-jahr 1861 war der Maurer-Geselle Steinmann zu den Knothe'schen Eheleuten in Schlafstelle gezogen. In der bereits fünfzigjährigen Frau regte sich alsbald eine heftige Neigung zu dem erst 27 Jahre zählenden Steinmann. Sie verfolgte den jungen Mann mit ihren Liebeserklärungen und fragte ihn eines Tages, nachdem ihr gegenseitiges Verhältniß bereits ein ganz vertrautes geworden war, ob er sie wohl heirathen würde, wenn ihr Mann todt sei. Dieser bejahte die Frage, und die Frau Knothe gab nun ihrem Liebhaber den Entschluß kund, ihren Ehemann durch Gift aus der Welt zu schaffen. Steinmann gab hierzu seine Zustimmung und nun wurden mit einer wahrhaft höllischen Konsequenz lange Zeit Versuche gemacht, um den Ehemann Knothe zu vergiften. Einem Aberglauben folgend, hatten die Frau Knothe und Steinmann zunächst einen Nagel aus einem Sarge sich verschafft, Sand auf die Dielen der Stube gestreut, und den Nagel durch die in dem Sande abgedrückte Fußspur Knothe's geschlagen. Sie hatte geglaubt, daß in Folge dessen der letztere bald sterben werde. Als er jedoch weiter lebte, haben sie alle möglichen Gifte des Pflanzen- und Mineralreiches sich zu dem beabsichtigten Morde zu verschaffen gesucht. Sie gingen zusammen Stunden lang vor den Thoren um Schierling und Stechapfel zu suchen, Phospor (sic!) von Streichhölzern, Quecksilber, Merkurialsalbe wurde dem gequälten Manne an das Essen gethan, bis es endlich gelang, Arsenik zu erhalten und das unglückli-che Opfer in einer Biersuppe zu vergiften. Bei dem ganzen Verbrechen erscheint die Knothe als die von der Leidenschaft zu dem jungen Manne entbrannte Ver-führerin, Alter und Häßlichkeit hatten das Begehren nicht von ihr zu entfernen vermocht, Steinmann scheint durch die Aussicht, nach der Verheirathung mit der Witwe ein sorgenloses Leben führen zu können, hauptsächlich verleitet wor-den zu sein. Derselbe hat sich während seiner Haft ruhig und gefaßt gezeigt, während die Knothe stets große Liebe zum Leben bekundete. So äußerte sie ei-nes Tages nach ihrer Verurtheilung zu einem Gerichtsbeamten, ob denn keine Möglichkeit vorhanden sei, die ganze Sache mit Geld abzumachen, 500 Thaler könne und wolle sie gerne ausbringen. Die Knothe hat am Halse einen Kropf, weßhalb sie der Scharfrichter Reindel behufs einer Vorkehrung bei der Hinrich-tung im Zimmer des Untersuchungsrichters, wohin sie geführt wurde, in Augen-schein nahm. Welche Bewandtniß es mit dieser Konfrontation halte, davon er-fuhr sie zwar nichts, doch scheint ihr trotzdem in letzterer Zeit eine Ahnung des ihr bevorstehenden Schicksals aufgegangen zu sein.

Und Scharfrichter Reindel hatte nach dem Bericht in der „Berliner Gerichts-Zeitung" vom 30. Juli 1864 bei der zweiten Enthauptung, der des Maurergesel-len Steinmann, wie oben zitiert, „so scharf zugeschlagen", dass der Block zer-sprungen sei.

Allerdings wollte ein Berichterstatter der „Kreuzzeitung" bei der Gelegenheit die Wahrnehmung gehabt haben, „daß sich die Menschen nicht blos in einer die Gerichtsbeamten belästigenden Weise zum Schaffot gedrängt hätten, sondern daß auch der Kümmelflasche dort stark zugesprochen worden, und daß es selbst an unzeitigen Spaßen bei diesem ernsten Act nicht gefehlt habe".[75] So verlautete im „Morgenblatt für gebildete Leser", Band 58 (1864) auf Seite 883:

In zwei Monaten wird der Proceß Gregy zur öffentlichen Verhandlung gelangen, und schon reißt man sich förmlich um die Einlaßkarten, obgleich das Stück nicht unter fünf Thalern zu haben ist. Ein ähnlicher Preis wurde von Liebhabern für Einlaßkarten zu den Hinrichtungen bezahlt, die neulich hier statt hatten; überdieß erhielt der Scharfrichter damals für jedes Taschentuch, welches er in das Blut der Enthaupteten tauchte, zwei Thaler, und man sagt, er habe sich aus diese Weise ein paar hundert Thaler erworben. Dem Blut von Hingerichteten wird auch hier zu Land die Eigenschaft zugeschrieben, allerlei Krankheiten zu heilen, die der Kunst des Arztes spotten. Welches Riesenwerk haben die ehrlichen Freunde des Fortschritts vor sich, wenn sie die „Civilisation" unseres Jahrhunderts zu einer Wahrheit machen wollen!

Gleich lautend der „Süddeutsche Geschäftsanzeiger" am 16. August 1864 auf Seite 304:

(Allerlei.) Berlin. Bei der letzten im Zellengefängniß zu Moabit erfolgten Hinrichtung hat man die Wahrnehmung gemacht, daß sich die Menschen nicht bloß in einer die Gerichtsbeamten belästigenden Weise zum Schaffot drängten, sondern daß auch der Kümmelflasche dort stark zugesprochen wurde, und daß es selbst an unzeitigen Späßen bei diesem ernsten Akt nicht fehlt. Ja selbst die zwei Gefängnißwärterinnen haben nach der Hinrichtung ihre Tücher ins Blut getaucht, und Scharfrichtergehilfen haben dasselbe mit einer großen Anzahl Tücher gethan, die sie, nach ihrer eigenen Aussage, das Stück für 2 Thaler verkaufen, weil der Aberglaube bestehe, daß derartige Tücher Glück bringen, sowohl zu guten als zu schlechten Thaten.

Es handelte sich um die Hinrichtung der 49-jährigen Johanna Karoline Knothe und des 28-jährigen Maurergesellen Johann Friedrich Steinmann, die den Ehemann der Knothe vergiftet hatten (gestorben am 10. November 1862). Am 29. Juli 1864 wurden die beiden Täter im Zellengefängnis Moabit hingerichtet; dabei musste der Block für die Hinrichtung der Knothe eigens wegen ihres starken Kropfes angefertigt werden.[76]

Das Bluttrinken von Dekollierten hatte als Mittel gegen Epilepsie gegolten. „Sobald das warme Blut eines in der größten Todesangst Enthaupteten getrunken sei, soll der furchtsame archaeus, so in des Sünders warmem Blute gewesen, mit dem rasenden archaeo des epileptici einen Streit anfangen und ihn besiegen", war damals die Meinung.[77] Alternativ zum Bluttrinken hatte es auch die Möglichkeit gegeben, ein Tüchlein mit Armsünderblut bei sich zu tragen, um sich vor Anfällen zu schützen. Henker verkauften diese „Armsündertüchlein" gewinnbringend an heilsuchende Epilepsiekranke: „Als 1864 in Berlin zwei Mörder hingerichtet wurden, tauchten die Scharfrichtergehilfen ganze Massen von weißen Schnupftüchern in das Blut u. erhielten für jedes zwei Thaler", bestätigt 1869 der Professor der Theologie in Halle Dr. Adolf Wuttke.[78]

Der Scharfrichter wurde ermahnt, dergleichen nicht noch einmal zuzulassen.

Überhaupt hatten 1864 nur wenige Missetäter ihr Haupt auf den Block legen müssen, so der 20-jährige Gärtner und Vatermörder Franz Winkler,[79] der bereits genannte Hutmachergeselle Franz Joseph Schneider aus Werne im Kreis Lüdinghausen wegen Ermordung des Mannes seiner Geliebten,[80] Ludwig Hilberg von Ockenhausen am 14. Oktober 1864 auf dem Rabenstein bei Marburg und ganz zuletzt am 21. Oktober 1864 in Greiz die Thüringer Mörderin Marie Rosine, geschiedene Strauß, geborene Hemmann von Leiningen.

Karl Friedrich Masch, „Der schrecklichste Raubmörder im Königreich Preußen", geboren am 8. April 1824 als jüngster Sohn des Tagelöhners Martin Masch zu Forsthaus Brunken bei Berlinchen, Kreis Soldien, wurde wegen mehrfacher in Pommern begangener Sexualmorde und Raubmord am 18. Juli 1864 in Küstrin hingerichtet. Man hatte ihm sechs Morde und drei Mordversuche zur Last gelegt. „Der Neue Pitaval" schreibt 1867: „Karl Masch schritt in der Frühe des 18. Juli allein zum Richtblock, er war gebeugt, aber ergeben in sein Geschick. Ohne Zaudern stieg er auf das Schaffot und wurde dort festgebunden; das Beil siel und das schuldbeladene Haupt rollte in den Sand. Die Bevölkerung athmete auf, als der entmenschte Räuber gerichtet war, es wurde nicht Eine Stimme laut, welche sich in diesem Falle gegen die Anwendung der Todesstrafe auszusprechen gewagt hätte, vielmehr waren alle durchdrungen von der Ueberzeugung, daß es die heilige Pflicht der Obrigkeit sei, einen Verbrecher, der so wie Masch an der Menschheit gefrevelt hatte, am Leben zu strafen." Maschs Bruder Martin hingegen wurde am 9. September 1864 zu lebenslangem Zuchthaus begnadigt.[81]

In einer Tabelle mit der Überschrift „Die Berliner Sterblichkeit in den Jahren 1864 und 1865", abgedruckt 1866 in der „Berliner Klinischen Wochenschrift, Organ für practische Ärzte" (S. 171), wird Hinrichtung bei drei Verstorbenen in 1864 als Todesursache angegeben (1865 keine Hinrichtung).

Im Großherzogtum Mecklenburg-Schwerin wurde im Zeitraum 1824-1859 zwölf Mal auf Todesstrafe erkannt, davon wurden drei Todesurteile vollstreckt. Darunter war auch die bereits beschriebene letzte Hinrichtung wegen Kindesmordes in Mecklenburg 1854.[82] Erst zehn Jahre später, 1864, wurde wieder jemand auf dem Gebiet des Großherzogtums hingerichtet. Scharfrichter Reindel hatte diesmal sein Geschick unter Beweis zu stellen. Im „Archiv für Landeskunde in den Großherzogthümern Mecklenburg und Revüen der Landwirthschaft" verlautete über die Besonderheit der Hinrichtung:[83]

Bei der diesjährigen Visitation befanden sich zu Bützow nur 23 Untersuchungsgefangene in Haft, davon 6 wegen Mordes, 4 wegen Kindesmordes, 1 wegen Tödtung, 1 wegen Raubes, 2 wegen Nothzucht, 1 wegen Meineides, 6 wegen Diebstahls, und wurden in dem Geschäftsjahr 1863–64 an neuen Untersuchungen im Ganzen 56 übernommen. – Sessionen des Collegii fanden das Jahr über 205 statt, im Deputationsbetriebe wurden 333 Verhöre gehalten. Schlußverhandlungen kamen 56 vor, und wurden 29 Untersuchungssachen an höhere Instanzen zum Spruch versandt. Besonders ist noch in dem Berichte bemerkt, daß nach 10jähriger Pause in diesem Jahre wieder zuerst Hinrichtungen stattgehabt haben (zwei, an dem Mörder Schäfer Niemann und Raubmörder Bobzin).

Die „Mecklenburger Zeitung" berichtete in der Rubrik „Mecklenburgische Nachrichten" am 17. August 1864:[84]

Der Scharfrichter Reindel aus Werben passirte gestern mit 4 Gehülfen unseren Bahnhof (Schwerin), um sich nach Bützow zu begeben, wo, wie es heißt, heute die Hinrichtung des Raubmörders Bobzin, der vor einigen Jahren bei Boizenburg einen Viehhändler ermordete, stattfinden soll.

Am 20. August 1864 hieß es an gleicher Stelle:

Über die gestern Morgen zu Bützow stattgefundene Hinrichtung des Knechts Friedr. Wilh. Bobzin aus Granzin bei Boizenburg, welcher am 22. Juni 1862 unweit des Vierkruges bei Boizenburg einen Raubmord an dem Viehhändler Bergmann aus Dalldorf im Lauenburgischen begangen, befindet sich die amtliche Bekanntmachung unter den heutigen Anzeigen dieser Zeitung.

Am 25. August 1864 wurde ausführlich berichtet:

Die am 19. d. M., Morgens 4 Uhr, in Bützow stattgehabte Hinrichtung des Raubmörders Bobzin wird dem „R. T." wie folgt geschildert. Nachdem am genannten Tage zur angegebenen Zeit der Schloßhof durch Militär abgesperrt worden war, erschien der Criminalrath v. Schöpffer, traf mit dem Scharfrichter Reindel aus Werben bei Magdeburg die nöthigen Vorkehrungen, und wies demselben den Platz zur Execution an. Dieser Platz war hinter der Mauer des neuen Criminalgebäudes. Reindel ließ nun seine 4 Gehülfen drei Pfähle in die Erde schlagen und den Block darauf stellen, daneben wurde eine Kiste placirt und auf dieser ein mit rothem Sammet aufgeschlagener Kasten, worin sich das Beil befand. Als nun das Gericht versammelt war, wurde der Delinquent vorgeführt, ihm vom Criminalrath sein Verbrechen vorgelesen (Mord des Viehhändlers Bergmann bei Boizenburg), darauf das Urtheil der drei Gerichte und endlich die Bestätigung dieser Urtheile durch S. Königl. Hoheit den Großherzog. Der Bobzin war ein kleiner gedrungener Mensch und klag in seinem Gesichte nichts Angenehmes. Während das Urtheil verlesen wurde, zitterte der Delinquent so bedeutend, daß er von dem Pastor und seinem Lehrer gehalten werden mußte. Nach dieser Urtheils-Publication wurde der Stab über seinem Haupte zerbrochen und er dem Nachrichter überwiesen.

Hierauf betete der Pastor mit ihm, welches Gebet Bobzin halblaut mitsprach. Als er geendigt, wandte er sich an den Criminalrath, den Pastor und seinen Lehrer, gab ihnen die Hand und fragte Ersteren, ob er ihm etwas zu Leide gethan, dann zog er sich den Rock und das Hemde aus und in diesem Moment waren die vier Henkersknechte um ihn beschäftigt.

Der eine ergriff seine Arme und band die Hände um den Block zusammen, der zweite legte eine lederne Binde um den Hinterkopf und befestigte sie an beiden Seiten des Blockes, der dritte und vierte nahmen die Beine, legten Schlingen um dieselben und zogen sie nach rückwärts fest an.

Jetzt trat Reindel heran, nahm seinen Hut ab und zog seinen Frack aus, ergriff das Beil und trat an den Block und trennte den Kopf vom Körper.

Der Leichnam wurde rasch in die Kiste gelegt und abgefahren, worauf Alles wieder beseitigt ward.

Am 26. August 1864 schließt sich der Reigen der Berichte über das Ereignis:

Das Justizministerium hat, wie uns von zuverlässiger Seite mitgetheilt wird, von dem in Nr. 195 dieser Zeitung (196 der „Mecklbg. Ztg.") besprochenen Artikel des „Rostocker Tageblatts" wegen der Hinrichtung des Raubmörders Bobzin in Veranlassung genommen, den Bericht des Criminal-Collegiums über die in diesem Artikel behaupteten Thatsachen zu erfordern. Dieser Bericht hat ergeben, daß der Referent des „Rost. Tagebl." den wahren Sachverhalt nicht allein in dem bereits in Nr. 195 von uns berichtigten Punkte, sondern auch in seinen übrigen Angaben gänzlich entstellt hat. Das Criminal-Collegium hat auch in diesem Falle nur ein kleines Publicum zugelassen und unter diesem haben die anwesenden Mitglieder des Gerichts kein einziges Frauenzimmer wahrgenommen. Was der Referent von der Anwesenheit „vieler Neugieriger – unter denen auch die alten Weiber und sonstigen Frauenzimmer stark vertreten waren -" berichtet hat, ist daher thatsächlich nicht begründet. Nicht besser verhält es sich mit der Angabe: „ferner sind demselben (dem Delinquenten) das Beinkleid und Hemde vom Oberkörper gefallen, so daß er fast nackt in einer gekrümmten Haltung vor dem Blocke soll gestanden haben." Das Wahre besteht vielmehr darin, daß der Delinquent sich selbst entkleidet und dabei sein Hemd bis unter die Achselhöhlen hinuntergeschoben hatte. Eine irgendwie das Schamgefühl verletzende Entblößung des Körpers hat aber dabei nicht stattgefunden, namentlich ist das Beinkleid nicht herabgefallen.

Vom 20. bis 26. Oktober 1864 fanden in Berlin die Schwurgerichtsverhandlungen gegen die mutmaßlichen Mörder des Lehrers der italienischen Sprache Professor R. Gregy (zuletzt wohnhaft im Haus Leipzigerstraße 135 in Berlin) statt. Gregy war in seiner Kellerwohnung am Oranienplatz ermordet und beraubt worden. Auf der Anklagebank saßen der Zuhälter Louis Grothe, die unverehelichte Marie Fischer, die Dachdeckerswitwe Marie Friederike Wilhelmine Quinche, geb. Grothe, und der Fuhrherr Heinrich Otto Roßkamm.[85]

Porträt der Personen auf der Anklagebank. Links sitzt Louis Grothe.
Berliner Gerichts-Zeitung vom 25. Oktober 1864. Repro: Blazek

Die Presse witterte wieder eine Sensation und erinnerte an sonderbare Begebenheiten bei der vorangegangenen Hinrichtung im Zellengefängnis zu Moabit. Der Fall scheint überhaupt ein großes öffentliches Interesse auf sich gezogen zu haben. Im „Augsburger Tagblatt" vom 10. Mai 1865 heißt es:

Louis Grothe verweigert im Gefängnisse seit drei Tagen alle und jede Nahrung zu sich zu nehmen, und wird man sich genöthigt sehen müssen, ihm dieselbe mit Gewalt einzuflößen. Aus dem Umstände, daß man gestern den Scharfrichter Reindel aus dem Zimmer des betreffenden Untersuchungsrichters kommen sah, will man übrigens schließen, daß die königliche Bestätigung des gegen Louis Grothe ergangenen Todesurtheils erfolgt sei.

Die „Neuigkeiten" in Brünn berichteten in ihrer Ausgabe vom 10. Juli 1865, wie ein Zimmergeselle im Vorfeld aus Grothes Hinrichtung Profit schlagen wollte:

Vermischtes. – (Verunglückte Spekulation.) Eine eigenthümliche Spekulation wurde dieser Tage in Berlin versucht. In einem Schanklokale erzählte ein junger Mann den Gästen, daß am nächsten Morgen die Hinrichtung des Mörders Louis Grothe erfolgen solle und daß er ein aus Wien durch den Telegrafen berufener Scharfrichter sei, der die Hinrichtung vollziehen werde. Er versprach den Leichtgläubigen, ihnen gegen 1 Thaler Eintrittskarten in den Gefängnißhof zu verschaffen (in Preußen werden die Hinrichtungen bekanntlich im Innern der Gefängnißräume vollzogen), ließ sich von ihnen traktiren und war eben daran das Geld einzuschaffen, als ein Zimmergeselle eintrat, worauf der angebliche Scharfrichter schnell das Weite suchte. Derselbe war nämlich ein Nebengeselle des Eingetretenen, und seine ganze Geschichte erlogen.

Am 14. März 1866 wurde Louis Grothe in Moabit durch den Scharfrichter Reindel hingerichtet. Auch hier berichtete das „Augsburger Tagblatt", und zwar bereits am Tag des Ereignisses:

Berlin, *14. März. Der Mörder des Prof. Gregy, Louis Grothe, wurde heute früh im Moabiter Zellengefängniß enthauptet. Personen, welche der Execution beiwohnten, sprechen mit Entrüstung von dem frechen Benehmen des Delinquenten noch in dem letzten Augenblick seines Lebens. Ueber die letzten Augenblicke Grothe's gehen der Nordd. Allg. Ztg. nachfolgende Notizen zu: Grothe hat jeden geistlichen Zuspruch zwar nicht abgelehnt, aber auch in keiner Weise auf sich wirken lassen und sich nur kühl von seinen aus Stettin und Charlottenburg nach Berlin gekommenen Schwestern verabschiedet. In der Nacht, welche er im Zellengefängnisse zubrachte, hat er 4 Stunden durch ruhig geschlafen. Beim Gang zum Schaffot legte er nur auf Zureden des Geistlichen die Cigarre aus dem Munde. Unmittelbar nach der Verlesung des Urtheils drehte er sich um, ging mit festem Tritt auf den Block zu und begann sich zu entkleiden, wobei er jede Beihilfe der Scharfrichtergehilfen ablehnte. Er legte sodann selbst 5 sein Haupt auf den Block, wurde an denselben festgeschnallt und empfing den Todesstreich, welchen der Scharfrichter Reindel mit sicherer Hand führte. Ueber Grothe'n Benehmen am Tage zuvor berichtet noch der „Publicist": Mit den ihn bewachenden Beamten soll er viel über gleichgültige Dinge gesprochen haben. Anlangende seine letzten Wünsche, so soll er Cigarren, Bier, Kaffee und Kuchen*

verlangt und auf seinen fernern Wunsch neben diesen Gegenständen auch Bra-
ten empfangen haben.

In der „Augsburger Postzeitung" verlautete auf Seite 440:

- Berlin, 15. März. Die Hinrichtung des Mörders L. Grothe hat gestern Morgen
7 Uhr im Hofe des Moabiter Zellengefängnisses stattgefunden. Die Ankündigung
seiner bevorstehenden Hinrichtung hat er mit Gleichgiltigkeit, oder richtiger
gesagt, mit Frechheit aufgenommen. Als seine letzten Wünsche erbat er sich Ci-
garren. Bier, Braten, Kaffee und Kuchen. Geistlichen Zuspruch hat er nicht ge-
rade verbeten, jedoch unbeachtet gelassen. Ohne Zeichen der Reue und nach
kühlem Abschiede von seinen Schwestern betrat er den Richtplatz, nach, dem er
in der Nacht zuvor noch 4 Stunden fest geschlafen hatte. Nach Verlesung der
betreffenden Akten, während welcher Zeit er seine Miene verzog, drehte er sich
selbst um und ging freiwillig dem Schaffot zu, wo er sich selbst entkleidete. Er
legte sodann selbst sein Haupt auf den Block, wurde an denselben festgeschnallt
und empfing den Todesstreich, welchen der Scharfrichter Reindel mit sicherer
Hand führte. Der Zeitraum von Beendigung des Verlesens der Urkunden bis zum
Fallen des Kopfes betrug nur drei Minuten. Das Benehmen des Delinquenten
scheint nicht erheuchelt, sondern aus vollkommener Rohheit hervorgegangen zu
sein. Jedenfalls hat dasselbe den Zuschauern das traurige Schauspiel sehr er-
leichtert.

Die „Warnungs-Anzeige" wurde im Amtsblatt der Regierung in Potsdam 1866,
S. 112, abgedruckt:

Warnungs-Anzeige!

Am 19. April 1864 Morgens wurde in der Spree unter der Oberbaumsbrücke der
verstümmelte Leichnam des Lehrers der französischen Sprache, Professor
Grégy, nur mit Oberhemde und Unterziehjacke bekleidet, in einem zugenähten
Strohsacke vorgefunden. Die gerichtliche Obduction hat das Vorhandensein vie-
ler Wunden, namentlich am Kopfe des Leichnams ergeben, von denen drei abso-
lut tödlich waren und mit einem scharfen gewichtigen Instrumente beigebracht
sein mußten.

Jeder Verdacht für die Thäterschaft des hier unzweifelhaft vorliegenden Verbre-
chens fehlte, bis derselbe Anfangs Mai desselben Jahres durch eine Anzeige auf
die Bewohner des Kellerlocale, Oranienplatz Nr. 2V, nämlich die Wittwe Quin-
che, deren Sohn, den Arbeiter Grothe und dessen Geliebte, Marie Fischer, ge-
lenkt wurde. Eine in jenem Locale veranstaltete polizeiliche Recherche bestätig-
te den Verdacht; es wurden sogar Blutspuren an Meubles, Wänden und Fußbo-
den aufgefunden.

In der wider die genannten drei Personen geführten Voruntersuchung ist ermit-
telt, daß Grégy in dem bezeichneten Kellerlocale am Abend des 17. April 1864
ermordet worden ist, und daß die Angeschuldigten sich sodann die Grégy-
schen Sachen und Gelder angeeignet haben. Grothe hat nach anfänglichem
Leugnen eingeräumt, mit Grégy handgemein geworden zu sein. Ueber den Ver-
lauf der Thätlichkeiten will er wegen angeblicher Trunkenheit nichts wissen,

dagegen wird er durch die Fischer, sowie durch eine, wenngleich später modificirte, Auslassung der Quinche bezüchtigt, dem Grégv die Kopfverletzungen durch Schläge mit einem Hackemesser beigebracht zu haben.

Auf erhobene Anklage ist der

Arbeiter Louis Eduard Jacob Grothe,

(am 1. März 1840 hierselbst geboren, evangelischer Religion und mehrfach wegen Diebstahls bestraft,) durch den Wahrspruch der Geschworenen für schuldig erklärt worden:

„zu Berlin am 17. April 1864 den Professor Grégy vorsätzlich getödtet zu haben, und zwar:

a) in Gemeinschaft mit einer oder zwei anderen Personen,
b) mit Ueberlegung"

und es ist demgemäß durch Urtel des hiesigen Stadt=Schwurgerichts vom 26. Oktober 1864 erkannt worden:

> *daß der Arbeiter Louis Eduard Jacob Grothe des Mordes schuldig und deshalb mit dem Tode zu bestrafen.*

Dieses Erkenntniß ist in Rechtskraft übergegangen und, nachdem Se. Majestät der König durch Allerhöchste Ordre vom 28. Februar 1866 bestimmt hat, der Gerechtigkeit freien Lauf lassen zu wollen, heute früh durch Enthauptung des Grothe vorschriftsmäßig vollstreckt worden.

Berlin, den 14. März 1866. Königl. Stadtgericht. Abtheilung für Untersuchungs-Sachen

Das „Augsburger Tagblatt" berichtete später erneut über die Hinrichtung, und zwar am 20. März 1866:

*(Grothe's Hinrichtung.) Man schreibt über diesen traurigen Akt aus **Berlin:** Bei der Publikation will man eine leise Bewegung in Grothe nicht verkannt haben; aber dieser erste Eindruck war schnell verwischt und der wilde Trotz, welcher seinen Charakter zeichnet, trat wieder in seiner ganzen Stärke hervor. Diesen Trotz hat er allen Personen gegenüber gezeigt, die an dem letzten Tage seines Lebens mit ihm in Berührung kamen. Den beiden Gerichtsdienern gegenüber, welche sich in seiner Zelle befanden, zeigte er sich ziemlich verschlossen; was er sprach, betraf gleichgültige Dinge, namentlich das Essen. Er gab den Wunsch zu erkennen, daß ihm ein Huhn mit Klößen und eine Flasche Wein gebracht werden möge; dieß war nicht sofort zu beschaffen, jedoch wurde ihm Braten und ein Seidel bayerisches Bier gewährt, ebenso Nachmittags Kaffee und Kuchen. Zugleich trug er eine große Todesverachtung zur Schau; so äußerte er, indem er von seiner Zelle aus die Uhr auf dem Stadtvogteihofe betrachtete: „Nun, du könntest heute auch wohl etwas schneller gehen, damit es mit mir bald alle ist." Im übrigen trugen seine Aeußerungen größtentheils den Stempel der Frivolität, ja der Rohheit. Besondere Freude schien ihm das Rauchen der ihm gewährten Cigarren zu machen, die er so lange hatte entbehren müssen. – Gegen Mittag hatte er eine Zusammenkunft mit seiner Mutter, der Wittwe Quinche;*

es war kein erhebender Anblick, als diese beiden Personen zum letztenmal sich einander gegenüberstanden, die nicht bloß durch die Bande des Bluts, sondern auch durch das Band des Verbrechens aneinander gekettet waren. Die Wittwe Quinche, welche von der bevorstehenden Hinrichtung nichts wußte, brach übrigens ihrem Sohne gegenüber in Wehklagen, Thränen und Bibelsprüche aus; auch suchte sie ihn damit zu trösten, daß er ja auch im Zuchthause noch mit der Anfertigung seiner schönen Brodfiguren fortfahren könne; Grothe schien jedoch namentlich von ihren biblischen Zusprächen eben nicht sehr erbaut zu sein; er äußerte unter anderem: „Mit Deiner Frömmigkeit, Mutter, wirst Du mich noch ganz verrückt machen." – Während es bei den früheren Hinrichtungen ein Kutschwagen war, der die dem Tode Verfallenen nach der Moabiter Anstalt führte, harrte auf Grothe ein Zellenwagen von gelber Farbe, der so eingerichtet ist, daß die darin Sitzenden vom Publikum nicht können gesehen werden, ebensowenig kann der Insasse sehen, was draußen vorgeht. Auf diese Weise wurden Auftritte verhindert, wie sie bei den letzten Hinrichtungen auf dem Molkenmarkt vorkamen, als ein großer Volkshaufe, sobald er der Gefangenen ansichtig wurde, mit lautem Geschrei dieselben begrüßte und den Wagen verfolgte. – Grothe schien übrigens mit dem Wagen, der zu seiner Aufnahme bestimmt war, nicht zufrieden, er äußerte: „In diesen Ochsenkopfswagen also!" Im Moabiter Zellengefängniß angekommen äußerte Grothe mit Bezug darauf, daß er dort eine vierjährige Zuchthausstrafe früher verbüßt hatte: „Da wäre ich ja wieder auf meinem alten Fleck, hier bin ich bekannt." Im Gefängniß harrte seiner noch eine traurige Zusammenkunft. Eine Verwandte Grothe's aus Charlottenburg und seine Schwester aus Stettin, die Letztere in rauschender Seide, waren angelangt, um ihm das letzte Lebewohl zu sagen. Ihren Thränen gegenüber behauptete Grothe seine trotzige Haltung. „Was ist denn weiter los," äußerte er, „der Kopf fällt herunter und es ist Alles aus." Die Verwandten hatten ihm Apfelsinen mitgebracht, von denen er einige sofort, die übrigen später verzehrte. In der Nacht selbst schlief er so fest und ruhig, daß er am Morgen der Hinrichtung geweckt werden mußte. – Am nächsten Morgen 7 Uhr fand die Exekution statt. Als Hinrichtungsstätte dient jetzt ein nördlicher Hof des Zellengefängnisses, derselbe, wo das zur Verhandlung des Polenprozesses bestimmte Gebäude errichtet war. Es hatten außer den Beamten und den Vertretern der Stadt etwa 50 Herren Eintritt erlangt. Grothe war der Mensch von ehedem, nicht im Geringsten alterirt; ungenirt, frech, gerade wie am Tage der Verurtheilung, auch körperlich um nichts umgeändert. Die Hände in den Seitentaschen des Rockes tragend, nach links und rechts auf das Publikum sehend, schritt er, gleich einem jugendlichen Helden auf der Schaubühne, dem Schaffot zu. — Mit derselben Ungenirtheit trat er vor den Tisch, an welchem der erste Untersuchungsrichter, die Akten in der Hand, stand. Während der Verlesung des Urtheils und der Kabinetsordre dieselbe Ruhe; nur schien es einige Male, als. mache sich eine gewisse Rührung an den Gesichtsmuskeln bemerkbar, auch war die Röthe gewichen, eine mähte Farbe bedeckte das ganze Gesicht. Nicht ein einziger reuevoller Blick zur Erde oder ein stiller Blick zum Himmel! Auf die Frage, ob er noch etwas anzuführen habe, antwortete er mit Bestimmtheit: „Ich habe nichts." – Ein Geistlicher hatte ihn bis zum Richter begleitet. Bei den meisten Hinrichtungsfällen besteigt der-

selbe mit dem Delinquenten das Schaffot, kniet mit ihm dort nieder und betet. Grothe aber ging allein hinauf, der Geistliche blieb zurück. Grothe kniete nicht, betete auch nicht. Mit fast künstlerischer Eleganz entledigte er sich des Rockes und in wahrhaft erregender Manier – so frech geschah es – warf er den Rock auf den Boden. Die übrige Auskleidung erfolgte gleichfalls ohne jede fremde Hilfe, und ohne irgendwelchen Beistand der vier um ihn stehenden Scharfrichterknechte, legte er sich vor den verhängnißvollen Block. Ein Moment und der Kopf war getrennt vom Rumpfe. Draußen, den Weg nach dem Kirchhofe entlang, hatte sich inzwischen eine große Menschenmenge eingefunden, darunter offenbar viel Gesindel und ehemalige Collegen des Hingerichteten. Aber nicht ein Ton wurde in dieser Menge laut.

In dem Monatsblatt „Brandenburgia" der Gesellschaft für Heimatkunde der Provinz Brandenburg aus dem Jahre 1908 wird über die Eigentümlichkeiten der früheren Hinrichtungen berichtet. Der Berliner Stadtrat Friedrich Romstädt hatte der Enthauptung des Raubmörders Louis Grothe beigewohnt und einige sonderbare Beobachtungen gemacht.[86]

Kleine Mitteilungen. / Märkische Scharfrichter-Praxis.

Nach unvordenklicher Henkersübung wird dem mit dem Schwert oder Beil Enthaupteten bei der Verscharrung in der Erde, der Kopf zwischen die Beine gelegt. Daher stammt zum Teil die Redensart, jemand den Kopf vor die Füße legen, welche sich nicht, wie man gewöhnlich meint, daraus ableitet, daß der Kopf dem Enthaupteten vor die Füße rollt. Dies letztere ist nur möglich, wenn der zu Enthauptende, auf dem Richtstuhl sitzend, mit dem Schwerte geköpft wird. Wird er knieend mit dem Schwert oder wird er auf dem Block mit dem Beil enthauptet, so fällt der Kopf selbstredend vor den Rumpf, nicht vor die Füße. Auf alten Richtstätten findet man die Gerippe der Enthaupteten der eingangs gegebenen Schilderung entsprechend vor, wie besonders die Funde auf dem Spitzen Berg am faulen See bei Müncheberg erwiesen haben. In Berlin ist diese Praxis von den Henkern, soweit mir bekannt, stets beobachtet worden; insbesondere bezeugt mir Herr Stadtrath Romstädt von hier, welcher bei der Enthauptung Louis Grothe's, des Mörders des Professors Georg Gregy, im Moabiter Zellengefängnis zugegen war, wie der Scharfrichter Reindel dem Grothe, nachdem er in den Sarg gelegt worden, den abgeschlagenen Kopf zwischen die Beine legte. Dies war die vorletzte Hinrichtung in Berlin. Bei der letzten Hinrichtung hierselbst, welche am Freitag den 16. August 1878, morgens 6 Uhr an gleicher Stelle vollzogen wurde, habe ich bemerkt, daß, nachdem der Leichnam in den Sargkasten gelegt worden, einer der Henkersknechte das Haupt des Hingerichteten wieder sorgfältig auf den Rumpf paßte. 1. Febr. 1879. E. Friedel.

Seit der Hinrichtung Grothes im Jahre 1866 weigerte sich König Wilhelm I., ein Todesurteil zu unterschreiben. Erst am Morgen des 16. August 1878 wurde in Preußen wieder eine Hinrichtung vollzogen (durch Scharfrichter Julius Krautz), und zwar an dem 21-jährigen Klempnergesellen Max Hödel (1857-1878) wegen des von ihm verübten (wenn auch misslungenen) Attentats auf Seine Majestät den Kaiser.

1868 nahm Scharfrichter Reindel aus Werben (Elbe) die Hinrichtung von Timm Thode, der gestanden hatte, seine ganze Familie getötet zu haben, vor. Offensichtlich hatte er das im Jahr zuvor eingerichtete Amtsgericht Glückstadt, immerhin 241 Kilometer vom Heimatort entfernt, überzeugt und daher die Aufgabe übertragen bekommen. In der Beilage zu Nr. 27 der „Wöchentlichen Anzeigen für das Fürstenthum Ratzeburg" verlautete zu Schönberg am 3. April 1868:[87] „In Itzehoe meint man, daß die Hinrichtung des berüchtigten Mörders Timm Thode noch lange auf sich warten lassen könne, denn es fehle an einem Scharfrichter. Das dortige Gericht habe sich deshalb schon mit dem Berliner Scharfrichter Reindel in Verbindung gesetzt; ob dieser den Auftrag annehmen wird, ist noch zweifelhaft."

In den „Wöchentlichen Anzeigen für das Fürstenthum Ratzeburg", Nr. 33, hieß es dann am 24. April 1868 (S. 1):

Nachdem die Bedingungen des Scharfrichters Reindel aus Werben in der Altmark, von der Glückstadter Gerichtsbehörde angenommen worden sind, wird die Hinrichtung des vielbesprochenen Timm Thode Ende dieser Woche, vermuthlich am Freitag, durch Reindel vollzogen werden. Es ist dies die vierzigste Hinrichtung, die Reindel verrichtet.

Und über den Akt selbst heißt es dann in den „Wöchentlichen Anzeigen für das Fürstenthum Ratzeburg", Nr. 40, Schönberg, den 19. Mai 1868, S. 1 und 2:

Die Hinrichtung des siebenfachen Mörders Timm Thode ist am 13. d. Morgens 6 Uhr auf dem Glückstadter Zuchthaushofe erfolgt. Der Deliquent hat die letzte Nacht unter geistlichem Zuspruch schlaflos zugebracht. Sein Benehmen war ruhig und gefaßt. Er aß und trank wie gewöhnlich und genoß noch in der Morgenstunde seinen Kaffee nebst Butterbrod. Seinen Wächtern und den ihn besuchenden Scharfrichtern erzählte er genau den ganzen Hergang der von ihm verübten Verbrechen. Der Gerichtshof, der Staatsanwalt, sowie 12 Glückstädter Bürger hatten sich um 6 Uhr im Hofe eingefunden, wo sich auch der Scharfrichter Reindel mit seinen drei Brüdern, als dessen Gehülfen, ersterer in schwarzem Anzuge, befanden. Der Block war in dem Steinpflaster des Hofes eingegraben, vor demselben war eine wollene Decke ausgebreitet. Mit dem Schlage 6 1/2 Uhr begann die sog. Armensünderglocke ihr schauerliches Geläute, und der Mörder wurde, begleitet von den beiden Geistlichen, ungefesselt vor die Richter geführt. Sein Schritt, sowie sein ganzes Benehmen war fest und sicher. Nachdem ihm das Urtheil vorgelesen war, wurde die übliche Frage an ihn gerichtet, ob er etwas dagegen einzuwenden habe, auf welche die mit fester und sicherer Stimme gegebene Antwort erfolgte: „Wat ick dahn heff, dat weet ick, ick heff de Wahrheit segt!" In knieender Stellung empfing er darauf den letzten Segen des Geistlichen und sprach ein Gebet. Von zwei Frohnknechten vor den Block geführt, öffnete Timm Thode seine Kleider und zog das Hemd, welches sich nicht herunterstreifen lassen wollte, aus. – Man konnte sehen, wie heftig ihm das Herz pochte. – Den Blick nach oben gerichtet und ein Gebet sprechend, sank er in die Kniee, wobei er etwas zitterte, und legte sich selbst in die erforderliche Lage auf den Block. Die Frohnknechte fesselten Hände und Füße und befestigten den Nacken mit einem rothen Riemen am Blocke. Dann sprach der Scharfrichter laut die Worte: „Im Namen des Gesetzes!" worauf der verhängnißvolle Streich mit dem Beile fiel. Durch einen Sprung rückwärts schützte der Scharfrichter sich vor dem hervorspritzenden Blute, ergriff dann den fortrollenden Kopf, welchen er neben dem Rumpf niederlegte. Im selben Moment wurde der Kopf von einem anwesenden Arzte erfaßt und untersucht; es schien, als ob die Augen sich hin und herbewegten; der Mund war wie zu einem lauten Schrei weit geöffnet. So endete ein Verbrecher, wie die Welt kaum je einen scheußlicheren gesehen hat.

Und in der „Deutschen Versicherungszeitung – Organ für d. gesamte Versicherungswesen", Band 9 (1868), heißt es auf Seite 258 über den traurigen Akt der Enthauptung:

Glückstadt, den 14. Mai. Das grauenvolle Drama, über das die „Deutsche Versicherungs-Zeitung in No. 44, Jahrgang 1867, ausführlich berichtete, hat gestern seinen Abschluss gefunden. Der Delinquent Timm Thode hat die letzte Nacht unter geistlichem Zuspruch (sic!) schlaflos zugebracht. Sein Benehmen war ruhig und gefasst. Um 6½ Uhr Morgens wurde er von dem Probst Versmann und dem Prediger des Zuchthauses auf den Richtplatz begleitet. Hier wurde ihm von dem Kreisrichter Rabe das Urtheil vorgelesen.*

Auf die übliche Frage ob er etwas dagegen einzuwenden habe, antwortete er: „Wat ick dahn heff, dat weet ick, ich heff de Wahrheit seggt." Nachdem er kniend von dem Geistlichen den Segen empfangen und mit den beiden Predigern ein Gebet gesprochen hatte, zeigte der Richter dem Frohn die Unterschrift des Königs unter dem Urtheil, worauf er demselben die Weisung gab, sein Pflicht zu thun. Timm Thode wurde vor den auf dem Hofe eingegrabenen Block geführt. Hier entkleidete er sich selbst, sank, ein Gebet sprechend, den Blick nach Oben gerichtet, vor dem Block in die Knie, wobei er etwas zitterte, und legte sich selbst auf dem Block zurecht. Der Scharfrichter sprach laut: „Im Namen", worauf der verhängnissvolle Streich fiel. Später wurde hier nachstehendes Placat angeschlagen: „Bekanntmachung. Nachdem der Hofbesitzersohn Timm Thode aus Gross-Campen, welcher am 7. August 1866 daselbst seine Eltern, seine vier Brüder, seine Schwester und die Dienstmagd ermordet und danach das seinem Vater gehörende Wohnhaus und die dazu gehörende Scheune in Brand gesteckt, auch schon früher, im Jahre 1864, zu Krummendieck vorsätzlich das dem Müller Lembke gehörige Wohnhaus eingeäschert hat, durch Erkenntniss des Königl. Schwurgerichts zu Itzehoe am 31. Januar 1868 wegen achtfachen Mordes und wiederholter Brandstiftung zum Tode verurtheilt worden ist, und nachdem Se. Majestät der König mittelst Allerhöchsten Approbations-Rescriptes vom 7. April 1868 geruht hat, der Gerechtigkeit freien Lauf zu lassen, ist heute Morgens um 6½ Uhr die Todesstrafe an dem Verurtheilten auf dem Hofe der Strafanstalt zu Glückstadt durch Enthauptung mittelst des Beiles vorschriftsmässig vollstreckt worden. Dieses wird hiermit zur öffentlichen Kunde gebracht. Itzehoe, den 13. Mai 1868. (gez.) Die Königl. Staatsanwaltschaft."

„The Sydney Morning Herald" zitierte in seiner Ausgabe vom 11. Januar 1869 den Scharfrichter Reindel, der des Hinrichtens offensichtlich inzwischen überdrüssig war:

Herr Leonhardt, der preußische Justizminister, hat mehrere aufstrebende Juristen beauftragt, Maßnahmen für die Abschaffung der Todesstrafe in Preußen zu treffen. Die Tatsache, dass nächsten Monat zahlreiche Hinrichtungen in Preußen stattfinden, und die vielen schrecklichen Szenen, die in den letzten Hinrichtungen zu sehen waren, haben die Regierung bewogen, sehr ernsthaft in Erwägung ziehen, ob̆ es nicht am besten wäre, kein Blut mehr mit der Scharfrichteraxt zu vergießen. Reindel, der preußische Henker, sagt, er sehne sich nach dem Tag, an dem die Todesstrafe in Preußen abgeschafft werde.

Recht wertvoll für die Beschreibung der Reindelschen Lebensgeschichte ist diese Mitteilung im „Zweibrücker Tagblatt" vom 3. Oktober 1869:

Preußen. Berlin. *Zu den seltensten Examen gehört das eines Scharfrichtes (sic!). Der Candidat muß dasselbe, nachdem er sich bei einem Scharfrichterei-Besitzer praktisch ausgebildet und ein Attest über seine Brauchbarkeit dem Obergericht eingereicht hat, vor einem Commissarius desselben ablegen. Der Examinandus braucht jetzt zwar nicht mehr alle Grade der Tortur zu kennen, dagegen wird er im Schreiben und Lesen examinirt und muß die ganze Handlung einer Hinrichtung beschreiben können, namentlich aber anzugeben wissen, welche Halswirbel bei einem Hinzurichtenden getroffen werden müssen, wenn derselbe gleich auf den ersten Schlag mit dem Beile getödtet werden soll. Ein Termin zur Ablegung einer solchen Prüfung stand am Freitag beim hiesigen Kammergericht an. Der Scharfrichter-Adspirant Reindel, ein Bruder des Scharfrichters Reindel, war erschienen; der Termin konnte jedoch wegen plötzlich eingetretener Krankheit des Prüfungscommissärs, des Kammergerichtsraths Leonhardt, nicht abgehalten werden.*

Der Scharfrichter-Aspirant könnte Friedrich Reindel gewesen sein, dessen 20 Jahre während Dienstzeit in der Armee inzwischen beendet war.

Das Strafgesetzbuch für den Norddeutschen Bund datiert vom 31. Mai 1870. Auf diesem Wege verabschiedete der Norddeutsche Bund ein allgemeines Strafrecht. Im Reichstag wurde sogleich über die Todesstrafe debattiert. Vor allem der SPD-Politiker und frühere radikaldemokratische Revolutionär Wilhelm Liebknecht (1826-1900) sprach sich gegen sie aus. „In der gestrigen Debatte des Reichstags über die Todesstrafe führte Justizminister Leonhardt aus, das Volk sei von der Verwerflichkeit der Todesstrafe keineswegs überzeugt; der Gesetzgeber müsse der Rechtsanschauung des Volkes folgen", verlautete 1871 in den „Blättern für Gefängnißkunde" zu den Verhandlungen am 22. Februar 1870 in Berlin. Die zweite Lesung folgte in der 11. und 12. Sitzung des Reichstages am 28. Februar beziehungsweise 1. März 1870. Nach Liebknechts Rede lehnte der Reichstag in zweiter Lesung mit einer Mehrheit von 118 gegen 81 Abgeordnete die Todesstrafe ab. Otto von Bismarck erreichte jedoch einen Umschwung, indem er die Einheit der Nation beschwor. Er erklärte in der dritten Lesung erklärte, an diesem Beschluss würde das Gesetz scheitern. Einige deutsche Länder würden dem Strafrechtsentwurf nur zustimmen, wenn die Todesstrafe darin beibehalten werde. Beim Beginn der dritten Lesung, am 11. Mai 1871, erklärte der preußische Justizminister Dr. Adolph Leonhardt (1815-1880) amtlich, dass die Bundesregierungen die Beibehaltung der Todesstrafe auf Mord und auf den Mordversuch gegen Bundesfürsten als unerlässliche Bedingung für die Annahme des Gesetzes stellten. Für die Beibehaltung der Todesstrafe stimmten in dritter Lesung 127 zu 119 Abgeordnete.[88]

In den „Erheiterungen", dem „Belletristischen Beiblatt zur Aschaffenburger Zeitung", vom 8. Juni 1870 heißt es in der Rubrik „Mannigfaltigkeiten":

Aus Berlin schreibt man: Ein nicht uninteressantes postalisches Quiproquo hat sich, wie die „Voss. Zeitung" berichtet, in diesen Tagen vollzogen. Der Scharfrichter Victor Emanuel's Herr Georgio, hat ein sehr schmeichelhaftes Anschreiben an seinen vermeintlichen norddeutschen Kollegen gerichtet; im eleganten toskanischen Dialekt bittet er dringend um Annahme und Beschäftigung seines Sohnes als Scharfrichtergehülfe. Dieses Gesuch erhält einen urkomischen Beigeschmack dadurch, daß die Adresse: al signor osocutore di giustitia, la persona, che esecute la pena capitale a Berolino, durch den promptnaiven Amtseifer mit dem bekannten blauen Vermerk ausgestattet worden ist: „An die königliche Exekutiv-Kommission zu Berlin." Von hier aus ist endlich dieses Schreiben durch königliches Stadtgerichtspräsidium an die vom Absender gemeinte Adresse, an den Scharfrichter des norddeutschen Bundes, Herrn Reindel in Werben an der Elbe, befördert worden.

Das ist der letzte Hinweis auf Wilhelm Reindel, der am 12. Dezember 1872 mit 59 Jahren in Werben starb. Nun beginnt die Ära Friedrich Reindel.

In den „Wöchentlichen Anzeigen für das Fürstenthum Ratzeburg", Nr. 55, verlautete zu Schönberg am 18. Juli 1876, nachdem soeben der Knecht Fritz Warnemünde aus Klütz wegen der von ihm im Oktober vorigen Jahres begangenen Ermordung der Ehefrau des Chausseewärters Joost in Rodüchelsdorf bei Rehna auf Grund der Indizien vom Großherzoglichen Kriminalkollegium zu Bützow zum Tode verurteilt worden war: „Unseres Wissens ist übrigens in Mecklenburg in den letzten 10 Jahren kein Todesurtheil vollzogen worden. (Die zuletzt in Mecklenburg vollzogenen Hinrichtungen waren die des Musketiers Schwanck (16. Oct. 1852), der Charlotte Lemmermann (22. Sept. 1854), des Schäferknechts Niemann (8. März 1864) und des Knechts Bobzin (19. Aug. 1864). Der Scharfrichter Reindel in Werben, welcher diese Executionen vollführte, starb am 12. Dec 1872.)"

Maximilian Schmidt stellte 1893 [89] noch einmal das Besondere an Wilhelm Reindel heraus:

Der verstorbene Reindel, des jetzt amtirenden Nachrichters Bruder und Krautz's Amtsvorgänger, gab sich in seiner äußeren Erscheinung recht behäbig, er war einer der Ersten seines Standes, der es durch sein gutes Benehmen und seine Gefälligkeit dahin gebracht hatte, daß ein, wenn auch kleiner Kreis von ihm befreundeten, den besseren Kreisen angehörenden Personen sich um ihn schaarte. In der That eine große Errungenschaft, zumal wenn man bedenkt, daß noch vor gar nicht so langer Zeit der Scharfrichter, und wenn er hundertmal in die Klasse der Amtspersonen gehörte, als ein Pavia der Gesellschaft betrachtet ward, und derjenige als „unehrlich" galt, der mit dem Scharfrichter einen Händedruck gewechselt hatte.

Friedrich Reindel

Friedrich Reindel nahm zwischen 1874 und 1898 zahlreiche Hinrichtungen in ganz Norddeutschland vor und hantierte noch bis in sein hohes Alter mit dem Handbeil, was ihm vermutlich den Spitznamen „Vater Reindel" einbrachte. In den letzten Jahrzehnten des 19. Jahrhunderts nahm er fast jede Hinrichtung im norddeutschen Raum vor.

1873 wurde Friedrich Reindel Scharfrichter und Abdeckereibesitzer in Magdeburg, Steinkuhlenstraße 3 im Stadtteil Wilhelmstadt, der heutigen Albert-Vater-Straße im Stadtteil Stadtfeld Ost.

Sein erster Einsatz als eigenverantwortlicher Scharfrichter datiert vom 27. März 1874. Damals waren die Befugnisse der Scharfrichter noch an die Bezirksgrenzen gebunden.

Friedrich Reindel amtierte am Ende volle 25 Jahre und vollzog 213 Hinrichtungen. In einem Tagebuch hat Reindel 196 Hinrichtungen aufgelistet.

Am Theater in Magdeburg hatte man im Vorjahr (1872) erst ein „höchst beliebtes Lokalstück", „Scharfrichter Reindel" („ein Schauspiel mit Ballett, in dem die Köpfe dutzendweise rollen"), aufgeführt.[90]

In der „Monatsschrift für Kriminalpsychologie und Strafrechtsreform" heißt es 1930 (S. 277): „Ein Vorgänger Gröplers war der bekannte verstorbene Scharfrichter Reindel in Magdeburg, der s. Zt. in der Steinkuhlenstraße eine Abdeckerei betrieb, in der auch *sein erblindeter Sohn* tätig war."

Solange er noch nicht als preußischer Scharfrichter bestellt war – das war zunächst von 1878 bis 1889 Julius Krautz – hatte Friedrich Reindel noch relativ wenige Einsätze als Scharfrichter: 27. März 1874 und 5. Februar 1875 Braunschweig (letzter Termin war eine Doppelhinrichtung), 17. März 1883 Holzminden und 17. April 1885 Braunschweig.

Im Folgenden werden unter anderem die Hinrichtungen beschrieben, zu denen sich Angaben in den damaligen Zeitungen finden ließen. Eine komplette Auflistung anhand der Angaben im Tagebuch folgt im Anschluss.

Erster Staatsanwalt Oberlandesgerichtsrat Paul Peßler beförderte im Braunschweigischen Magazin von Paul Zimmermann, Geschichtsverein für das Herzogtum Braunschweig, einige interessante Fakten zur Kriminalgerichtsbarkeit in Braunschweig ans Tageslicht.[91]

So stand beispielsweise der am 5. Juni 1851 geborene ledige Maler Louis Krage wegen an dem Braunschweiger Gastwirtehepaar Elisabeth und Gustav Mollfeld (Gasthaus „Zur Stadt Lüneburg") im Vorjahr begangenen Doppelmordes am 27. März 1874 in Braunschweig auf dem Schafott. In der vom 21. bis 23. Januar 1874 währenden Hauptverhandlung vor dem Herzoglichen Schwurgericht in Wolfenbüttel hatte Krage beim Leugnen beharrt. Diese Ruhe verließ ihn auch, wie das „Braunschweiger Tageblatt" berichtet, in den letzten Tagen seines Lebens nicht. Als ihm am 23. März 1874 eröffnet wurde, dass er am 27. März enthauptet werden sollte, war er demnach kühl und gefasst. „Dem am Frühmorgen des 27. März um 6¼ Uhr in seiner Zelle erscheinenden Geistlichen gegenüber blieb er bei der Versicherung seiner Unschuld ...“

Über den traurigen Akt der Enthauptung berichtete die Berliner Gerichts-Zeitung in ihrer Ausgabe vom 30. März 1874:

Vermischtes.

– Braunschweig. 27. März: Heute Morgen, präcise 7 Uhr, ist unter dem Beile des Nachrichters der Kopf des Doppelmörders Krage gefallen. Bis zum letzten Augenblick hat er seine Unschuld betheuert, nachdem er, wie man hörte, sein früheres Geständniß wieder zurückgenommen. Krage hat in letzter Nacht mehrere Stunden ruhig geschlafen; am Nachmittag zuvor war er von seinen Verwandten besucht worden. Kurz vor 7 Uhr wurde er, mit einem Leinenanzuge bekleidet, vor das Schaffot geführt und vom Staatsanwalt dem Nachrichter übergeben. Nachdem der Delinquent gebetet, stand er auf und ließ sich, ohne daß eine Muskel in seinem Gesicht gezuckt hätte, an den Richtblock fesseln. Noch einige Secunden und der Todesstreich, mit sicherer Hand von Herrn Reindel geführt, war gefallen. Still gingen die Zeugen von der Richtstätte. In der Nähe derselben harrte eine große Menschenmenge, welche auf den Kasten mit der Leiche wartete. Letztere aber blieb noch einige Stunden liegen und wurde erst später fortgeschafft. Die Neugierigen, größtentheils dem Arbeiterstande angehörig, zerstreuten sich nach und nach.

Ein gewisses Aufsehen hatte die von Friedrich Reindel am 5. Februar 1875 in Braunschwcig vorgenommene Doppelhinrichtung von Henriette Krebs und Wilhelm Brandes erregt.

Hierzu liegt interessanter Schriftverkehr vor.

Dieter Fettback in Osterburg, der bis 1990 im VEB (B) Projektierung Landbau Osterburg, Helmut Just Str. 64 (jetzt wieder Bismarker Str. 64), eines im Besitz der Familie Reindel befindlichen Anwesens, tätig war, erhielt seinerzeit Akten aus Reindelschem Familienbesitz. Wegen seines geschichtlichen Interesses erhielt er von einem Kollegen nach Entkernungsarbeiten eines Nebengebäudes zur Vorbereitung weiterer Büroräume ein kleines Bündel Papiere, Reste von einem Konvolut, das zuvor wohl unter mehreren Personen aufgeteilt worden war, die er noch heute verwahrt und die er bei Gelegenheit an das Museum Osterburg abgeben möchte. Es handelt sich unter anderem um Briefe von Staatsanwaltschaften, die an den Scharfrichter Reindel in Magdeburg gerichtet waren, aus dem Zeitraum 1875 bis 1898. Darunter ist auch ein Brief, der offensichtlich mit einem Decknamen versendet wurde, dessen Inhalt aber direkt an Herrn Reindel gerichtet war.

Der Schriftverkehr setzt bereits mit zwei Schreiben aus dem Jahre 1875 ein, als Reindel von der Staatsanwaltschaft Braunschweig herangezogen wurde. Die Anfrage datiert vom 19. Januar 1875:[92] „ (...) Für den Fall nun, daß das eine oder beide Gnadengesuche höchsten Orts abgeschlagen werden sollten, frage ich bei

Ihnen an: ob Sie im Stande sind: beide event. das eine oder andere Todesurtheil durch Enthauptung hier zu vollziehen? ...“[93]

Die Mühlen der Justiz mahlten weiter, das Urteil wurde am Ende bei beiden Delinquenten bestätigt. Neun Tage nach der Anfrage, und zwar am 28. Januar 1875, wandte sich Staatsanwalt Carl Koch erneut an den Scharfrichter in Magdeburg, und zwar per Einschreiben:

Nachdem durch Höchstes Rescript vom 26" dMts. die Begnadigungsgesuche des wegen Giftmordes zum Tode verurtheilten Schlachters Wilhelm Brandes hieselbst und der Wittwe des Bäckers Krebs, Henriette gebr. Voß von hier abgeschlagen sind, habe ich bestimmt, daß das Todesurtheil an Beiden

am Freitag, den 5<u>ten</u> Februar
Morgens 8 Uhr

im inneren Hofe der hiesigen Gefangenen=Anstalt vollzogen werden soll.

Ich fordere Sie deshalb auf, Sich

am 4<u>ten</u> Februar

Morgen auf meinem Büreau (Auguststraße im Gerichtshause) allhier behuf Empfangnahme der nöthigen Instructionen einzufinden, auch Ihre Gehülfen mitzubringen, möchte jedoch vorher von Ihnen Nachricht darüber haben, ob Sie nicht im Stande sind, die zweite Hinrichtung eine halbe Stunde nach der ersten zu vollziehen.

Braunschweig, den 28" Januar 1875.
Der Staatsanwalt.
C. Koch.

Bitte Antwort umgehend!

In der Celleschen Zeitung vom 6. Februar 1875 verlautete: „Braunschweig, 5. Febr., 8 Uhr 57 Min. Vorm. Die wegen Giftmordes zum Tode verurtheilten Frau Krebs und Schlachter Brandes sind soeben vom Scharfrichter Reindel mit dem Beil enthauptet. Beide starben, ihre Unschuld betheuernd.“

Braunschweig, 5. Febr., 8 Uhr 57 Min. Vorm. Die wegen Giftmordes zum Tode verurtheilten Frau Krebs und Schlachter Brandes sind soeben vom Scharfrichter Reindel mit dem Beil enthauptet. Beide starben, ihre Unschuld betheuernd.

Cellesche Zeitung, 06.02.1875. Repro: Blazek

„Die Gegenwart – Wochenschrift für Literatur, Kunst und öffentliches Leben“ berichtete ebenfalls zeitnah (1875):[94]

Eine Frau und ihr Zuhälter wurden in Braunschweig wegen an dem Gatten der ersteren verübten Giftmords hingerichtet. Bei der ersten Nachricht von dieser Thatsache fragte eine Braunschweiger Zeitung an, „ob wohl ähnliche Scheußlichkeiten wie bei der zuletzt vollzogenen Hinrichtung, wo eine abergläubische und verthierte Schaar sich auf die Opfer stürzte, um das warme Blut zu trinken, verhindert worden seien!"

„Die Mittäterin des Brandes, Ehefrau Henriette Krebs, hatte wenigstens ein teilweises Geständnis abgelegt", war 1905 im Braunschweigischen Magazin von Paul Zimmermann zu lesen.[95]

Die Berliner Gerichts-Zeitung brachte am 6. Februar 1875 eine ausführliche Meldung aus Braunschweig vom 3. Februar, in der es um die Mitteilung der bevorstehenden Hinrichtung gegenüber Henriette Krebs durch den Herzoglichen Staatsanwalt Lilly (Reskript vom 26. Januar 1875) und ihre Reaktionen darauf ging, Gleiches auch gegenüber Wilhelm Brandes, musste aber in einer Nachschrift am Schluss mitteilen: „Aus Braunschweig wird telegraphisch unter dem 5. Februar gemeldet: Die Hinrichtung der wegen Giftmordes zum Tode verurtheilten Wittwe Krebs und des Schlächters Brandes ist heute Morgen durch Enthauptung vollzogen worden."

Vor der Hinrichtung hatte es ein Vorkommnis gegeben, über das die „Wöchentlichen Anzeigen für das Fürstenthum Ratzeburg", Nr. 17, zu Schönberg am 26. Februar 1875 berichteten:

Der Mörder Brandes, der in Braunschweig hingerichtet wurde, machte noch am Morgen seines Hinrichtungstages den Versuch, den Geistlichen Moshagen, der im Amtskleid vor ihm stand und ihn zum Tode vorbereitete, mit einem Taschentuche, das er zusammengedreht hatte und plötzlich über ihn warf, zu erwürgen. Der Geistliche setzte sich zur Wehre und es war ein Glück, daß bei dem Lärm die Wache herbeikam und dem Skandal ein Ende machte.

Über den traurigen Akt verlautete in „Die Gegenwart":

Brandes wälzte die Schuld auf seine Mitschuldige und diese verwünschte Jenen als den Urheber ihrer Qualen. Zur letzten Trostspendung fanden sich am Freitag Morgen 6 Uhr abermals die betreffenden Geistlichen bei beiden Delinquenten ein, welche sich in einer fieberhaften Aufregung befanden, die sich ganz besonders bei B. äußerte. Er umfaßte krampfhaft die Knie des ihm in's Gewissen redenden Geistlichen; dann hob er die Hände öfters empor, um Gott als Zeugen seiner Unschuld anzurufen. Auch die Krebs ließ sich trotz der bittenden und flehenden Ermahnungen zu keinem Geständniß herbei. – Inzwischen hatte sich eine große Menschenmenge vor dem Kloster angesammelt, aus Männern, Frauen und Kindern aus den verschiedensten Schichten der Bevölkerung bestehend. Da kein Einlaß zum Richtplatz gewährt wurde, so konnte die Harrenden – die Ordnung wurde durch zahlreiche Polizeisergeanten aufrecht erhalten – nur den Scharfrichter, Meister Reindel, und schließlich die Holzkasten mit den Cadavern sehen wollen. R. ist ein stattlicher Mann mit bleichem Gesicht, aus dem weit eher Gutmüthigkeit als Hartherzigkeit spricht. Kurz vor 8 Uhr betrat er mit seinen Gehülfen und anderen zum Richterstande gehörenden Personen (im Ganzen 12) das Schaffot; dasselbe ist ein gegen 20 Fuß im Gevierte haltendes, aus eichenen schwarz angestrichenen Bohlen bestehendes, drei Fuß hohes Podium, auf welchem der rothe Kasten mit dem Beil und in der Mitte der circa zwei Fuß hohe, festgeschraubte, rothe Richtblock stand; daneben lagen die nöthigen Rie-

men zum Fesseln. Auf das Schaffot führen von einer Seite her drei Stufen. Die zwölf Zeugen, eine Anzahl Aerzte, Polizeibeamte und Landdragoner umstanden (im Ganzen ca. 40 Personen) das Schaffot. Um 8 Uhr kündigte der Staatsanwalt Koch der Delinquentin an, daß sie nunmehr die Vollziehung des Todesurtheils zu gewärtigen habe. Wenige Minuten nach 8 Uhr wurde dieselbe in den Hof geführt und veranlaßt, auf der untersten Stufe des Schaffots niederzuknien. Sie trug ein graues (angeblich von Brandes früher verfertigtes) Kleid, sowie ein weißes unter dem Kinn zugeknotetes Tuch über dem Kopfe und war scheinbar gefaßt. Pastor Dettmar, in voller Amtstracht neben ihr, sprach dreimal: „Christe, Du Lamm Gottes, erbarme Dich unser!" dem dritten Male fügte er noch die Worte hinzu: „und gib uns Deinen Frieden!" Daran schloß sich denn das Vaterunser. Mit fester Stimme wandte sich dann Staatsanwalt Koch an den Scharfrichter: „Kraft meines Amtes überweise ich Ihnen diese Frau, welche wegen Giftmordes, verübt an ihrem Manne, zum Tode verurtheilt ist". Die Henkersknechte führten jetzt die Delinquentin auf das Podium; hier sprach sie ziemlich laut die Worte: „Meine Herren, ich bin ja unschul – – o mein Gott im Himmel – Schluchzen und Jammer erstickte ihre Stimme; sie wurde (bei fortwährendem Sträuben) gebunden, bis über die Schultern entkleidet und an den Block gefesselt. ... Reindel – ein Blitzen des blanken Beiles – ein dumpfer Schlag – das Gesetz war gesühnt. ... Um 8 Uhr 20 Minuten trat auch Brandes — ebenfalls zuvor vom Staatsanwalt benachrichtigt — seinen letzten Gang an; an sein freiwilliges Fortgehen hatte Brandes die Bedingung geknüpft, daß ihn sein Seelsorger, Herr Moshagen, mit hinausführte, was dieser ihm zugesagt hatte und auch ausführte. Er wurde durch dieselbe Thür in den Hof geführt, die kurz zuvor seine Mitschuldige durchschritten hatte. Dicht neben ihm ging Herr Moshagen, seine Hand auf Brandes' Arm legend. Sein Schritt war zögernd, nur mit dem linken Kniee stützte er sich auf die unterste Stufe des Schaffots, den entsetzten Blick auf den Block geheftet. Herr Moshagen versuchte nun nochmals in Form eines Gebets auf das Gewissen des Mörders einzuwirken und sprach etwa: „Unbarmherziger Gott und Vater! Du allein weißt es, wie es in der Seele dieses Menschen aussieht; erwecke sein Herz noch jetzt im Angesicht des Todes zur Reue und Buße; Herr, Dir befehle ich dies arme Menschenkind — sei Du diesem armen Sünder gnädig!" Es folgte darauf das Vaterunser. Brandes erhob sich zögernd und wandte sich mit folgenden Worten an den Geistlichen: „Leben Sie wohl, Herr Pastor; ich sage Ihnen nochmals, daß hier ein Justizmord begangen". – Der Staatsanwalt schnitt ihm, um weiteren Tiraden vorzubeugen, das Wort ab und wandte sich zum Scharfrichter: „Kraft meines Amtes übergebe ich Ihnen diesen Delinquenten". Mit demselben wurde dann ganz wie mit der Krebs verfahren und es erübrigt nur noch zu bemerken, daß Brandes' letzte und einzige Worte auf dem Podium waren: „Herr Pastor, leben Sie wohl!" Um 8 Uhr 25 Minuten hatte Reindel auch an ihm sein trauriges Amt erfüllt. [96]

Zu beobachten waren aber auch auf den damaligen Aberglauben gründende Verhaltensweisen. „Bohemia" berichtete in ihrer Ausgabe vom 9. Februar 1875:

In Braunschweig wurden am 5. d. die wegen Giftmordes zum Todt verurtheilte Witwe Krebs und der Schlachter Brandes enthauptet. Die „Braunschw. Mor-

gen=Zeitung" schreibt bei dieser Gelegenheit: „Schon längst ist die öffentliche Vollziehung der Todesurtheile in eine intramurane umgewandelt, und zwar hauptsächlich um diese Vollziehung nicht zu einem öffentlichen Schauspiele zu gestalten und durch den grauenvollen Anblick die Leidenschaften der Masse nach der einen oder anderen Seite hin wachzurufen. Wie ist es aber mit einer solchen Maßregel zu vereinbaren, wenn man es immer noch wie früher duldet, daß Menschen zum Schaffot zugelassen werden, um einem gräßlichen Aberglauben zu huldigen und das Blut des Deliquenten als Heilmittel gegen Krankheiten zu trinken? Bei der Hinrichtung des Krage sahen wir einen Burschen, welcher diese Operation vorgenommen hatte, mit blutbeflektem Gesicht auf dem Tummelplatz umherlaufen, da der Aberglaube weiter verlangt, daß dem Genusse des Blutes ein rasches Laufen folgen müsse. Bei einer anderen Gelegenheit fand sogar der Cannibale – anders können wir den Bluttrinker nicht bezeichnen – seinen Tod dadurch, daß er, von einem Verwandten an das Pferd gebunden, einen Dauerlauf nach seinem Dorf machen mußte, wo er kurz nachher an der Lungenentzündung starb. Einem solch barbarischen Aberglauben und der durch denselben hervorgerufenen maßlosen Rohheit sollte man doch ein behördliches Zugeständniß in seiner Weise ertheilen.

Der Schriftsteller Wilhelm Raabe (1831-1910), seit 1875 in Braunschweig wohnhaft, teilte seinem befreundeten Schriftstellerkollegen Friedrich Notter in Stuttgart die damaligen lokalen Tagesaktualitäten, wie den Selbstmord des Historikers und Pädagogen Wilhelm Assmann (1800-1875) und die Hinrichtung des Mörderpaares Krebs und Brandes, mit. Er hatte allerdings von einem Delinquenten mit Namen „Schneidermeister Brandes" gehört.[97]

Die „Deutsche Revue" schrieb 1877: „Zwei Fälle, in welchen Begnadigung versagt wurde, haben in letzter Zeit von sich reden gemacht. Der erste ereignete sich im Herzogthum Braunschweig. Eine Ehefrau hatte mit Hülfe ihres Geliebten ihren Gatten mit Gift getödtet. Beide Thäter wurden hingerichtet, die Frau unter fortwährendem Sträuben. In dem zweiten Fall, welcher im Fürstenthum Neuß i. L. spielte, handelte es sich um einen gewerbsmäßigen Raubmörder."

Mithilfe von Gift hatte sich das Mörderpaar des Ehemanns der Krebs entledigt. Hierzu wurde im Verlaufe der Ermittlungen festgestellt:[98]

Diese kleine Unterlassungssünde sollte sich denn auch noch im Jahre 1874 rächen bei dem Process Krebs-Brandes,*) welcher im Herbste vor dem Braunschweiger Schwurgerichte verhandelt wurde. „Aus den Leichentheilen des unter verdächtigen Erscheinungen verstorbenen Bäckermeisters Krebs war von zwei Braunschweiger Chemikern nach der Stas'schen Methode (ausser Arsen) ein Alkaloïd dargestellt und für Coniin angesprochen." Otto hatte als Mitglied des Obersanitätscollegiums über das Gutachten der Chemiker ein Obergutachten abzugeben und fand nun bei genauer Prüfung des ihm übergebenen Alkaloïdes, das er mit Coniin und Nicotin verglich, „dass dasselbe, obwohl dem Nicotin resp. Coniin sehr ähnlich, dennoch weder mit dem einen noch mit dem anderen identisch sein könne." Es roch nicht coniinartig, es roch ähnlich wie die Siewert'schen Lupinenalkaloïde, die aus der Wolfsbohne (lupinus luteus) bereitet

werden; es hatte einen intensiv bitteren Geschmack. „Hinsichtlich seiner Lös-
lichkeit in Wasser (die Lösung trübte sich beim Erwärmen nicht), seiner Fäll-
barkeit durch Goldohlorid, Platinchlorid u. a. m. stellte es sich dem Nicotin an
die Seite, unterschied sich von diesem aber dadurch, dass sein salzsaures Salz
krystallinisch und doppelt brechend war. (...)"

Der Prozess Brandes-Krebs, eine *cause célèbre*, wurde im Herbst des Jahres
1874 vor dem Schwurgericht zu Braunschweig verhandelt und endete mit der
Verurteilung der beiden des Giftmordes angeklagten Personen zum Tode.[99]

Insbesondere mit den unterschiedlichen Ergebnissen der Gutachter hat sich die
gerichtsmedizinische Literatur des ausklingenden 19. Jahrhunderts nicht allein
in Deutschland eingehend befasst. In dem im Jahre 1874 vor den Assisen zu
Braunschweig verhandelten Giftmordprozess hatten zum ersten Mal im Deutschen Reich Ptomaïne eine Rolle gespielt. Das von den ersten Sachverständigen
aus den Eingeweiden des verstorbenen Bäckermeisters Krebs isolierte und für
Coniin erklärte Alkaloïd war am Ende offensichtlich doch nicht Coniin, was der
Braunschweiger Chemiker und Pharmazeut Robert Otto (1837-1907) durch
„einwandfreie Befunde" belegen konnte.[100]

Nach den beiden Amtshandlungen in Braunschweig wurde Friedrich Reindel
acht Jahre lang nicht eingesetzt.

In Bernau bei Berlin wurde 1874 gar noch ein neuer Scharfrichter, Friedrich
Schmidt, angestellt, der sein Amt bis 1877 bekleidete. Schmidt hatte allerdings
nur die dortige Scharfrichterei gekauft (nicht gepachtet) und war de facto nur
Abdecker. Nach Mitteilung des Direktors des dortigen Museums Henkerhaus,
Bernd Eccarius, fand in Bernau zuletzt 1804 eine Hinrichtung statt, die Scharf-
richterfunktion sei in Bernau durch die Preußischen Reformen von 1806 (Stein-
Hardenbergsche Reformen) hinfällig geworden.

Im März 1876 verkaufte Friedrich Reindel für 600 Reichsmark ein Richtschwert
und einen Richtblock, wie auch ein Richtrad, das vermutlich noch aus dem Besitz der Berliner Scharfrichterfamilie Krafft stammte und am 2. März 1837
letztmalig im Wedding (Berlin) im Einsatz gewesen war, an das Märkische Provinzial-Museum in Berlin. Bis Juni 1876 wurden die Gegenstände dort ausgestellt, zusammen mit dem Richtbeil, das Reindel allerdings noch benötigte und
deshalb nicht verkaufte.

Hinter dieser Sache, in der der Abdeckereiwerkführer Reindel im Namen des
Pächters Friedrich Wilhelm Vilter tätig geworden war, steckte übrigens ein
Skandal, der ein Jahr später als Baustein des Börsen- und Gründungs-
Schwindels in Berlin aufgedeckt wurde:[101]

Berliner Chemische Producten- und Dampfknochenmehlfabrik. *Dieselbe*
fabricirt namentlich chemischen Dünger und Leim; sie wurde dem Pächter der
Scharfrichterei, Commissionsrath F. W. Vilter für angeblich 606,000 Thaler (!),
die Vorräthe nicht miteingerechnet (!!), abgekauft, und September 1872 gegrün-
det von Felix Mamroth, Samuel Caro, Ignatz Hantke, Oscar Kohn, Gustav
Scheeffer, Rudolf Noack, Ingenieur Ewald Fr. Scholl. Actiencapital 600,000

Thaler und 175,000 Thaler Hypotheken. Die erste und einzige Dividende war 4/6 %. Seit Sommer 1875 betrieb eine Partei die Entgründung und setzte sie Februar 1876 durch, was die Actien vollends entwerthete. Liquidatoren: Adolf Löwe und Julius Hahlo. Einen Theil der Grundstücke kaufte der Berliner Magistrat, der eine besondere Neigung zu Geschäften mit nothleidenden Actiengesellschaften hat, etwas eilig und ziemlich theuer für 150,000 Thaler an, was ihm mancherlei Tadel zuzog, und nicht den Actionären, sondern nur den Entgründern zu Gute kam. Dafür verehrte Herr Vilter dem Märkischen Provinzial- Museum das Richtbeil und Richtschwert, womit 1720 die Räuber und Gauner ihren Lohn erhielten. In Betreff der sehr verdächtigen Gründung hat zwar der Staatsanwalt recherchirt, doch ist eine Anklage bisher nicht erhoben. Die Februar 1873 mit ca. 115 bezahlten Actien sind Maculatur.

Die Geschichte des Richtbeiles geht noch weiter. Am 18. August 1876 gelangte eine „genaue Copie" des Reindelschen Richtbeils in das Märkische Provinzial-Museum. Das Original war soeben vom Zeugschmied Großmann in Berlin für 33 Mark nachgebildet worden (Foto hierunter).[102]

Richtbeil aus der Sammlung der Stiftung Stadtmuseum Berlin,
Fotografie: Matthias Holfeld für Verlag M

Reichskanzler Otto Fürst von Bismarck fädelte – nach zehnjähriger Unterbrechung – 1878 die Wiedereinführung der Todesstrafe in Preußen ein. Es traf noch im gleichen Jahr den Kaiserattentäter Max Hödel und am 23. Dezember 1878 den 21-jährigen Matrosen Suhr im Gefängnishof von Bützow (über Suhr wurde nach Landesbrauch vor der Hinrichtung noch der Stab gebrochen).[103] Danach wurde erst wieder am 19. Februar 1881 eine Person in Preußen hingerichtet, und zwar Heinrich Gehrke, der am 27. Oktober des Vorjahres in Köslin wegen Mordes an seiner Frau zum Tode verurteilt worden war.[104]

Julius Krautz, auf den die Kleidung zurückgeht, die man gemeinhin mit dem Amt verbindet: Frack, weiße Handschuhe und Zylinder, enthauptete zwischen 1878 und 1889 insgesamt 54 Männer und eine Frau, davon acht in Berlin und der Mark Brandenburg, 36 in preußischen Provinzen und zehn in nichtpreußischen Ländern. Für die Hinrichtung des Kaiserattentäters Hödel lieh sich Krautz, „der noch kein Beil besass" (handschriftlicher Eintrag im Inventarbuch), die besagte „genaue Copie" des Reindelschen Richtbeils vom Märkischen Provinzial-Museum aus.[105]

Ein Berliner Korrespondent der „New York World" berichtete über die Enthauptung Hödels, dass sich im Gefängnishof, wo das Gerüst stand, etwa fünfzig Personen, Richter und Anwälte, städtische Beamte, Militärs und Mitglieder der Polizei neben einigen Reportern versammelt hätten. Der Gefangene sei, von drei Wärtern begleitet, mit festem Schritt auf den Fuß des Gerüsts gestiegen und habe frech umhergeblickt. Stadtgerichtsrat M. Hollmann, der mit dem Beaufsichtigen der Ausführung beauftragt worden sei, habe seinen Platz an einem Tisch genommen und laut das Todesurteil verlesen. Hödel habe zum Schluss auf den Boden gespuckt und „Bravo!" gerufen. Nun habe sich der Magistrat einem großen, kräftig gebauten Mann von etwa 30, 35 Jahren zugewandt – „hübsch, mit kleinen Schnurrbart und ordentlich gedreht, ja elegant, fein gekleidet in einem Leinenhemd mit Weste und Hose aus schwarzem Tuch". Dies sei (Julius) Krautz gewesen, der Scharfrichter. *Der alte Scharfrichter, W. Reindel,* der reich geworden sei durch die Ausübung seiner geringen Funktion eines Hundefängers der Stadt, sei nicht mehr der schweren Arbeit des Kopfabschlagens gewachsen gewesen und habe daher sein Beil – oder vielmehr ein Duplikat desselben – an den jungen Mann überreicht. Seit über einem Jahrzehnt habe kein Bedarf mehr bestanden, und nun habe sich Justizministerium genötigt gesehen, an das Märkische Provinzial-Museum heranzutreten. Ein Richtbeil sei vor einem Jahr durch den Direktor des Museums bestellt worden, ein genaues Duplikat des Richtbeiles, welches Reindel benutzt hatte, habe das Museum aber angesichts des gesalzenen Preises nicht erstehen können. Das Beil sei ausgeliehen gewesen. Zeugschmied J. Großmann, von dem eins geordert gewesen sei, sei nicht in der Lage gewesen, rechtzeitig ein Beil fertig zu bekommen. Es sei eine große Waffe gewesen, ein gutes Geschäft, wie ein Hackebeil der Metzger, 1a Aussehen, mit einer sehr scharfen, geraden Kante. Es sei am Nachmittag vor der Hinrichtung auf die Schärfe einer Rasierklinge gebracht worden.[106]

Die Berliner Gerichts-Zeitung schrieb am 18. August 1878: „Jetzt öffnete der Scharfrichter ein sauberes Futteral, mit der Jahreszahl 1878 in Golddruck darauf, nahm das Richtbeil in seine Hand und trennte mit einem Schlage den Kopf vom Rumpfe; der Letztere zuckte nach der Execution dann noch, während der Kopf einige leise Bewegungen machte. Ein bereitstehender Sarg nahm sofort den Leichnam nebst dem Kopfe auf und wurde sofort dem bereits geöffneten Grabe am Zellengefängniß übergeben. Die Execution währte kaum 3 Minuten. Publicum war wenig vor dem Gefängniß angesammelt, da die Hinrichtung selbst sehr geheim gehalten worden war."

Bald nach Hödels Enthauptung erhielt Scharfrichter Krautz dann ein eigenes Richtbeil. In den Stiel ritzte er die 55 Namen der Personen ein, die er bis April 1889 enthauptete. „Das Beil, welches Krautz anfertigen ließ, maß in der Schneide 44 Centimeter und steckte in einen 50 Centimeter langen Griff", schreibt Maximilian Schmidt. „Die Schwere des Beiles betrug neun Pfund."[107] Die einzige von Krautz enthauptete Frau fand ihr Ende am 28. April 1882 in Güstrow, als Krautz die Doppelhinrichtung der Holzschen Eheleute vollzog, die wegen gemeinschaftlichen Mordes, begangen an ihrer Wirtin, Witwe Krüger, verurteilt waren.

Krautz hatte es dem Kommissionsrat Friedrich Wilhelm Vilter, dem 1879 gestorbenen Pächter des fiskalischen Abdeckereiwesens, in dessen Diensten er bereits seit 1862 gestanden hatte, zu verdanken, dass er 1878 Scharfrichter wurde. Maximilian Schmidt bestätigt: „Die Besitzer der Berliner Abdeckerei, Vilter und dessen Vorgänger Kraft (sic!), genügten, obwohl nach einer gesetzlichen Bestimmung ein jeder deutscher Abdeckereibesitzer zur Vornahme von in seinem Bezirk etwa nothwendig werdenden Hinrichtungen verpflichtet war, ihrer Pflicht dadurch, daß sie stets ihren jeweiligen ersten Werkführer im Einverständniß mit der Aufsichtsbehörde zu dem angegebenen Amt ,als Scharfrichter ihres Bezirkes zu fungiren' bestimmten. In dieser Eigenschaft hatte der frühere Scharfrichter Reindel die Enthauptungen vollzogen und so sollte auch Krautz, welcher damals ebenfalls erster Werkführer war, mit diesen Funktionen betraut werden. Durch seine Thätigkeit als Abdecker und durch seine Anwesenheit bei verschiedenen Hinrichtungen hatte Krautz der ersten Vorbedingung für die Qualifikation genügt. Es fehlte nur noch die seiner Zeit auch von Reindel abgelegte Prüfung, welche u. a. aus der Beantwortung von sieben die Execution betreffenden Fragen besteht. Diese legte Krautz nun ebenfalls und zwar am 14. August ab."

Als Julius Krautz am 20. Juli 1882 in Gera den zweifachen Giftmörder Maurer Hanke enthauptete, welcher keine Reue zeigte, assistierte ein Neffe von Friedrich Reindel. Maximilian Schmidt berichtet in diesem Zusammenhang über ein Missgeschick: „Im Verlaufe dieser Hinrichtung schlug Krautz zweimal zu. Einer der Gehilfen, ein Neffe des zur Zeit amtirenden Nachrichters Reindel, hatte, weil er den Hieb später erwartet hatte, nicht mehr ganz vor dem Niedersausen des Beiles dem Delinquenten sein Hemd über dessen Hals ziehen können. Die Folge davon war, daß durch die Wolle des Hemdes der Hieb in seiner Wirkung etwas geschwächt wurde. Im Augenblick schlug deshalb Krautz wieder zu, wobei es sich herausstellte, daß die regelrechte Enthauptung bereits beim ersten Zuhauen stattgefunden hatte. Wie an dem Kopf Gebhardts stellten abermals Professoren aus Jena, wissenschaftliche Versuche mit demjenigen Hankes an."[108]

Friedrich Reindel konstruierte „behufs humanerer, schnellerer und sicherer Ausführung der Exekution" die Richtbank, die er erstmalig am 17. August 1883 in Holzminden anwandte, als der Weber und Fabrikarbeiter Franz Ille enthauptet wurde.

Vorher musste der Verurteilte hinter dem Richtblock knien, seine Arme wurden am Block festgebunden, und über seinen Hinterkopf wurde ein breiter Riemen gespannt. Bei der Richtbank war das Anbinden unnötig. Zwei Scharfrichtergehilfen hielten den bäuchlings auf der Bank Liegenden fest, während der dritte Gehilfe den Kopf des Verurteilten in die Aussparung des Richtblocks drückte und ihm mit der einen Hand die Augen verdeckte.

„Von 1878 bis 1890 gab es hier ein Landgericht für die Kreise Holzminden und Gandersheim, deshalb wohl die Möglichkeit der Todesstrafe mit einer neuen Richtbank", erläutert der Holzmindener Chronist Detlef Creydt. „Ehrlicherweise muss ich auch zugeben, dass ich eine Hinrichtung zu dieser späten Zeit hier einfach nicht vermutet hatte, zumal hier nur relativ kurze Zeit ein Landgericht wirkte, sonst Amtsgericht", sagt Klaus Kieckbusch, Autor der Zeitgeschichte, Holzminden.[109]

Dr. Matthias Seeliger vom Stadtarchiv Holzminden hat im „Braunschweiger Tageblatt" Zeitungsberichte über die Hinrichtung Illes gefunden. Allerdings ist dort keine Rede von der erwähnten Richtbank – im Gegenteil. Natürlich ist es möglich, dass dazu keine Informationen an die Presse gelangten.

Das „Braunschweiger Tageblatt" berichtete am 9. August 1883 in seiner Abendausgabe: „Holzminden, 8. August. Das zu der Hinrichtung des Raubmörders Ille zu verwendende Schaffot ist heute Abend aus Braunschweig eingetroffen. Der Vollzug des Urteiles ist dem Scharfrichter Reindel aus Magdeburg übertragen. (...)" Und in der Ausgabe vom 18. August 1883: „(...) Das Schaffot war in den gestrigen (16.8.) Abendstunden fertiggestellt worden. Dasselbe befand sich am östlichen Ende auf dem Hofe des hiesigen Gerichtsgebäudes." „In wenig Sekunden war der Oberkörper entblößt; I. kniete dann nieder, wurde gefesselt und empfing den Todesstreich. (...)"

In den „Wöchentlichen Anzeigen für das Fürstenthum Ratzeburg", Nr. 64, verlautete zu Schönberg am 17. August 1883: „Scharfrichter Krauts hat dieser Tage in Hirschberg das über den Mädchenmörder Koznielsky aus Landeshut gefällte Todesurtheil vollzogen. – An demselben Tage ist in Holzminden die Hinrichtung des Raubmörders Ille durch den Scharfrichter Reindel aus Magdeburg vollzogen worden."

Das Sterbebuch des Standesamts Holzminden enthält nur eine „Anzeige" in Sachen Franz Ille, keine eigentliche Sterbeurkunde:

Nr. 104.

Holzminden, am siebenzehnten August 18hundert achtzig und drei.

Auf

Grund der Anzeiger der Herzoglichen Staatsanwaltschaft hieselbst vom heutigen Tage wird damit bekundet, daß der Weber und Fabrikarbeiter Franz Ille aus Zwittau in Böhmen, geboren am 25. Januar 1838, katholischer Religion, angeblich verheirathet gewesen mit der verstorbenen Vinzencia geb. Pokorin, Sohn des verstorbenen Bürgers Franz Ille in Zwittau und dessen Ehefrau Anna geb. Friedel, – durch Urtheil Herzoglichen Schwurgerichts hieselbst vom 12 Juni dieses Jahres, wegen Mordes zum Tode verurtheilt, – heute Morgen sechs Uhr durch den Scharfrichter Reindel aus Magdeburg mittelst eines Beiles enthauptet ist.

Der Standesbeamte
In Vertretung
vSchier[110]

Über die Beschaffenheit der Richtbank, die sich anscheinend nur langsam durchsetzte, wissen wir wenig. Es wird eine niedrige stabile Bank gewesen sein, die hinter dem Richtblock aufgestellt wurde. Zwischen Block und Bank befand sich ein kleiner Zwischenraum, unter dem der Blutkasten hing. Dieser fing dann das den Schlagadern des enthaupteten, auf der Bank liegenden Körpers stoßweise entströmende Blut auf. Fehlte jener Kasten, dann wurden Sägespäne um den Block aufgeschüttet, die das Blut aufsogen.

Beim Richtblock handelte es sich ursprünglich um einen etwa 70 Zentimeter hohen Holzklotz. Seine untere Hälfte war zylindrisch, die obere Hälfte rechteckig. Die hintere und vordere Kante – diese enthielt eine Aussparung für das Kinn des Delinquenten – maßen je etwa 37, die Seitenkanten je etwa 27 Zentimeter.

Richtblock und Richtbank waren unbeholfene Geräte und deswegen schwer zu transportieren. Darum entwickelte der später amtierende Scharfrichter Carl Gröpler einen ungewöhnlich schmalen Block und eine leichte, ebenfalls recht schmale Richtbank.[111]

Friedrich Reindel pries mit seiner neuen Errungenschaft seine Dienste an. Sein Schreiben vom 5. September 1883 hat folgenden Wortlaut:[112]

Magdeburg, den 5. Septbr. 1883

Einer Herzoglichen Staatsanwaltschaft erlaube ich mir folgendes gehorsamste Gesuch zu unterbreiten. Ich bin schon seit 10 Jahren Scharfrichtereibesitzer in Magdeburg und vom Königlichen Kammergericht geprüfter und vereideter Scharfrichter; ich war bei meinem verstorbenen Bruder Wilhelm Reindel bei 40 Hinrichtungen tätig und habe selbst schon mehrere Personen hingerichtet, und zwar fand die letzte Execution am 17. August d. Js. in Holzminden statt unter Anwendung einer neu erfundenen Vorrichtung am Richtblock behufs humanerer schnellerer und sicherer Ausführung der Execution, welche sich laut beiliegendem abschriftlichen Attest der Herzoglich Braunschweigischen Staatsanwaltschaft vorzüglich practisch bewährt hat.
Meine gehorsamste Bitte geht nun dahin, mir bei vorkommenden Fällen die Vollstreckung einer etwa eintretenden Hinrichtung übertragen zu wollen; an Honorar incl. Tage- und Reisegelder für mich und meine Gehilfen beanspruche ich nur 300 M. und bringe sämtliche Utensilien, als Block etc. selbst mit.
Mich einer Herzoglichen Staatsanwaltschaft empfohlen haltend, zeichne mit schuldiger Hochachtung gehorsamst
Fr. Reindel
Scharfrichter
Steinkuhlenstr. 3

Zwei Jahre später, am 15. Juni 1885, machte dann auch der preußische Scharfrichter, Krautz, mit der Anwendung einer von ihm erfundenen Bank bei der Hinrichtung des Arbeiters Maschunet im Berliner Zellengefängnis von sich reden. Krautz bediente sich eines bankartigen Brettes, welches ein Niederknien des Delinquenten vor dem Block nicht mehr nötig machte.[113]

Spätestens ab 1884 hat Friedrich Reindel die seine Amtstätigkeit betreffenden Dokumente aufbewahrt. Sie befinden sich heute im Besitz des Architekten-Ruheständlers Dr. Peter Höhnel in Osterburg, der diese Unterlagen seinerzeit bei Abrissarbeiten an der Osterburger Abdeckerei entdeckt hatte, und als Ablichtung im Museum Osterburg.

Aus dem ältesten Schreiben dieses Zufallsfundes geht hervor, dass Friedrich Reindel eine Bewerbung um Scharfrichtertätigkeit irrtümlich an das Justizministerium in Berlin gerichtet hatte:

Auf Ihre Vorstellung vom 7. v. M. wird Ihnen unter Rücksendung der Anlagen eröfnet, daß die Auswahl derjenigen Personen, welcher die Ausführung einer Hinrichtung zu übertragen, nicht durch den Justizminister, sondern durch die zuständige Provinzialbehörde erfolgt, und daß es Ihnen daher überlassen bleiben muß, Sich vorkommenden Falls an die letztere zu wenden.

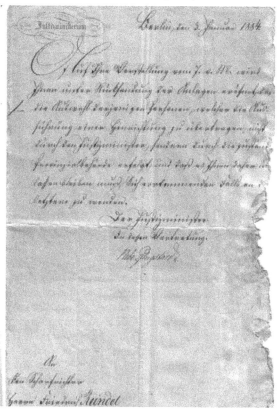

Das Schreiben unterzeichnete in Vertretung des Justizministers, damals (1879-1889) übrigens Heinrich Friedberg (1813-1895), am 3. Januar 1884 der Wirkliche Geheime Oberjustizrat und Direktor im Justizministerium August Nebe-Pflugstädt (1828-1902). (Reproduktion vom Museum Osterburg)

Friedrich Reindel schien seine Probleme mit dem amtierenden preußischen Scharfrichter Julius Krautz zu haben. Krautz, bereits 1881 und 1882 vom Amtsgericht Berlin I zu Geldstrafen verurteilt, brachte Reindel in privaten Kreisen in Misskredit, erzählte, sein Magdeburger Kollege habe im Zuchthaus gesessen. Friedrich Reindel erhob daraufhin Anfang 1884 eine Verleumdungsklage gegen Krautz, der sich seinerseits in der Rolle des Klägers sah. Hintergrund des Streits war ein Kompetenzgerangel wegen der den Amtsgerichten obliegenden Beauftragungen der beiden Scharfrichter. Julius Krautz war bis 1889 regelmäßig im Einsatz, Reindel suchte stets nach Aufträgen (und bekam seinen nächsten 1885). Um weitere Zeugen zu befragen, wurde die Verhandlung vertagt.

Das berichtete am 14. Februar 1884 „Národní listy" (Volksblätter). Diese Zeitung erschien von 1861 bis 1941 und war die einflussreichste politische Tageszeitung im Königreich Böhmen während der k.-u.-k.-Monarchie. Sie war mit 10000 Ausgaben täglich seinerzeit eines der auflagenstärksten Blätter.

Die Staats-Anwaltschaft bei dem Königlichen Landgericht Halberstadt wandte sich unterm 30. Januar 1885 an den Scharfrichter Friedrich Reindel. Es handelte sich nach der Geschäftsnummer um eine 1883 eröffnete Strafprozesssache (Geschäfts-Nr. /2424 K. 23/83), die nun ihren Abschluss finden sollte. Da heißt es:[114]

In der Strafproceßsache c/a den Arbeiter Heinrich Duckstein aus Hornhausen ersuche ich Sie um gefällige Auskunft, welcher Gesammtbetrag Ihrerseits für die am hiesigen Orte zu bewirkende Hinrichtung des Duckstein als Honorar beansprucht werden wird.

Ich bemerke, daß die Allerhöchste Entschließung auf das rechtskräftige Todesurtheil bisher nicht ergangen ist.

Der Erste Staatsanwalt.

Schöne

Näheres ist hierzu nicht bekannt.

Am 17. April 1885 wurden in Braunschweig zwei Menschen von Scharfrichter Friedrich Reindel mit dem Handbeil hingerichtet. Es handelte sich um den 27-jährigen ledigen polnischen Arbeiter Anton Giepsz und die 35 Jahre alte Witwe Antonie Koßmieder, geborene Bialsczynska. Beide waren für schuldig befunden worden, den 40-jährigen, in Meinkot (Landkreis Helmstedt) wohnhaft gewesenen, verheirateten Steinbruchsarbeiter Kaspar Koßmieder ermordet zu haben. Seine Leiche war am Frühmorgen eines Oktobertages in der Feldmark des Dorfes Meinkot mit eingeschlagenem Schädel aufgefunden worden. Neben der Leiche hatte ein mit Steckrüben gefüllter Sack gelegen. Als des Mordes verdächtig wurden der Kostgänger des Erschlagenen, Anton Giepsz, und die Ehefrau des Ermordeten, Antonie Koßmieder, die schon längere Zeit miteinander in ehebrecherischen Beziehungen gestanden hatten, eingezogen. Nach längerem, hartnäckigem Leugnen hatte Giepsz eingestanden, dass er mit der Koßmieder verabredet habe, deren Mann beim nächtlichen Steckrübenstehlen auf dem Feld zu erschlagen, und dass er die Tat der Verabredung gemäß ausgeführt habe. Die

Witwe Koßmieder, die zunächst ebenfalls geleugnet hatte, hatte nach Gegenüberstellung mit ihrem Mitbeschuldigten dann auch ein Geständnis abgelegt.[115]

Im „Archiv für Kriminal-Anthropologie und Kriminalistik" vom Jahre 1907 verlautete noch über die Mordtat: „Anton Giepsz und seine Mittäterin Ehefrau
Koßmieder zeigen, ganz abgesehen von der begangenen Bluttat, arge Züge einer
nur als ‚viehisch' zu bezeichnenden Verrohung."[116]

Die ausländische Presse nahm von der Hinrichtung Notiz, wie das Beispiel des
„L'Impartial", einer seit 1881 in La Chaux-de-Fonds, Canton de Neuchâtel in
der Schweiz, erscheinenden Tageszeitung, zeigt (Ausgabe vom 21. April 1885):

*Deutschland. – Der Scharfrichter Reindel aus Magdeburg hat am Freitagvor-
mittag im Innenhof des Gefängnisses in Braunschweig den Arbeiter Giebss und
die Frau Kossmider hingerichtet. Beide hatten den Ehemann der letzteren getötet.*

*Der Regentschaftsrat hatte wegen der Abwesenheit der Herrschaft über das
Gnadengesuch zu befinden und dieses abgelehnt.*

Von dieser Hinrichtung gibt es sonderbarer Weise Fotos. Dies lässt sich vielleicht dadurch erklären, dass es nur selten Hinrichtungen im Herzogtum gegeben
hatte. Im Herzogtum Braunschweig wurden zwischen 1840 und 1865 nur zwei
Todesurteile vollstreckt, und zwar wegen Mordes. 1874 wurde in Braunschweig
Louis Krage enthauptet, 1875 Henriette Krebs und Wilhelm Brandes.

Zwei Fotos liegen von der Hinrichtung Giepsz's vor, und es lässt sich nur schwer nachvollziehen, wer den Auftrag gegeben hatte und welchen Weg die Fotos gingen.

Beide Fotos werden heute im Braunschweigischen Landesmuseum archiviert, eins davon ist gerahmt. Zu sehen ist einmal das Vorführen des Delinquenten im Gefängnishof Hinter Aegidien, die nächste Szene zeigt den kurzen Augenblick der Enthauptung. Wie Sammlungsleiter Holger Heinke vom Braunschweigischen Landesmuseum mitteilt, besagt eine umseitige Beschriftung, dass die Bilder am 19. April 1924 von einer Frau Köhler an Museumsleiter Professor Karl Steinacker angeboten worden seien. Der Kauf sei aber erst 1939 vonstatten gegangen.

Im Jahre 1883 wurde das 1832 in den ehemaligen Klostergebäuden eingerichtete Kreisgerichtsgefängnis in Braunschweig aufgrund des geringen Sicherheitsstandards auf den Rennelberg verlegt.

Fotos von späteren Hinrichtungen, die Friedrich Reindel vollzog, sind nicht bekannt.

Im Jahre 1889 ereignete sich ein großer Wandel im Berufsleben von Friedrich Reindel. Julius Krautz hatte seinen Gehilfen Schuhmacher Gummich aus Charlottenburg am 25. März 1889 im Restaurant Krenitz getötet und wurde dafür in Untersuchungshaft genommen. Die Anklage vor dem Schwurgericht des Landgerichts II wurde am 24. Juni 1889 erhoben.[117]

In der Zeit der Untersuchungshaft, und zwar im April 1889, wurde Friedrich Reindel beauftragt, den zum Tode verurteilten Raubmörder Stephan Horzan in Oppeln hinzurichten. Dem kam er am 25. April nach, bewährte sich und trat noch 1889, nachdem Julius Krautz soeben vorzeitig in den Ruhestand geschickt worden war, in preußische Staatsdienste. In den „Wöchentlichen Anzeigen für das Fürstenthum Ratzeburg" vom 16. Juli 1889 heißt es zunächst:

Der Scharfrichter Krauts ist seines Amtes enthoben! Am Montag Mittag war er nach dem Kammergericht in Berlin beschieden worden, wo ihm der Oberstaatsanwalt v. Luck eröffnete, daß man vorläufig von seiner Thätigkeit als Scharfrichter absehen und einen anderen Scharfrichter anstellen werde. Krauts erklärte, daß er dies erwartet habe, und antwortete auf die Frage des Staatsanwalts v. Luck, was er nunmehr zu beginnen gedenke, daß er die Absicht habe, in Berlin eine Gastwirthschaft zu eröffnen.

In derselben Zeitung heißt es dann am 27. September 1889:

Zum Nachfolger des Scharfrichters Krauts ist nunmehr der Abdeckereibesitzer Reindel ernannt worden. Dieser hat früher bei dem Pächter der fiskalischen Abdeckerei in Berlin, Folter mit Namen, in Dienst gestanden. Vor der Hinrichtung Hödels war er aus Folters Dienst ausgetreten und hatte die Zettritzsche Abdeckerei Neu=Britz gepachtet. Hier machte er durch den Handel mit gefallenem Vieh Folter Concurrenz, so daß, als Hödels Todesurtheil vollstreckt werden sollte, und Folter aufgefordert wurde, seinen Vertreter zu bezeichnen, er nicht Reindel sondern Krauts namhaft machte, der sich auch bereit erklärte, obgleich er nie eine Hinrichtung vollstreckt hatte. Am Tage vor der Hinrichtung hat Krauts beim Kammergericht in Berlin die vorgeschriebene Prüfung abgelegt.

Der „Tagesbote aus Mähren und Schlesien" in Brünn berichtete am 18. November 1889:

(Titel=Aenderung.) Der Scharfrichter von Berlin soll bei seiner vorgesetzten Behörde um Abänderung seines Titels eingekommen sein; er will in Zukunft das Prädikat „Haupt=Cassierer" führen.

Die Richtwerkzeuge von Julius Krautz übernahm nicht Friedrich Reindel, sondern der Breslauer Abdeckereibesitzer Lorenz Schwietz, der soeben vor dem Staatsanwalt Dr. Hugo Isenbiel (1847-1911), den der von 1879 bis 1889 amtierende deutsche Justizminister Hermann von Schelling eigens damit beauftragt hatte, die Scharfrichterprüfung abgelegt hatte. Das ihm am 16. Oktober 1889 ausgestellte, vom Oberstaatsanwalt Arthur von Dreßler (1834-1899) unterzeichnete Befähigungsattest besagt, dass der Abdeckermeister Schwietz die mit ihm vorgenommene Prüfung bestanden habe, vereidet worden und zu scharfrichterlichen Handlungen befugt sei.[118]

Zum Einsatz kam Lorenz Schwietz allerdings erstmals am 9. und 10. August 1900.[119]

Die Einsatzorte Friedrich Reindels lagen nach den noch heute vorliegenden und von privat verwahrten Unterlagen weit verstreut. Mit der Eisenbahn oder mit einer Droschke fuhren der Henker und seine Gehilfen inkognito zu den Hinrichtungen.[120] Seinen zweiten Auftritt als preußischer Scharfrichter hatte Friedrich Reindel bereits am 2. Mai 1889, als er nach Gera reiste, um den Fabrikarbeiter Rudolf Scheibe zu enthaupten.

Am 18. Juli 1889 wurde der nächste Auftrag an Scharfrichter Reindel zu Papier gebracht. Der Geheime Justizrat von Moers, Erster Staatsanwalt am Königlichen Landgericht zu Halle a. S., verfügte unter dem Datum:[121]

Hierdurch erhalten Sie, Herr Scharfrichter Reindel, den Auftrag und die Ermächtigung, den wegen Raubes und Mordes durch rechtskräftiges Urtheil des Königlichen Schwurgerichts hier vom 5. Juli 1888 zum Tode verurtheilten Arbeiters Joseph Steinig aus Molmeck, nachdem Seine Majestät der König durch Allerhöchsten Erlaß vom 6. Juli 1889 auszusprechen geruht haben, daß der Gerechtigkeit freier Lauf zu lassen sei –

am Sonnabend den 20. Juli 1889,
Vormittags 7 Uhr

auf dem Hofe des hiesigen Königlichen Gerichtsgefängnisses mittelst des Beiles zu enthaupten.

Der Allerhöchste Erlaß vom 6. d. Mts. wird Ihnen zur Einsicht vor der Hinrichtung vorgelegt werden.

Der „Handarbeiter" Steinig aus Molmeck (südliches Harzvorland) war wegen Mordes, begangen in der Nacht zum 24. Februar 1888 an dem Giebichensteiner Klempnermeister Karl Wernicke, vom Schwurgericht Halle zum Tode verurteilt worden. Am 20. Juli 1889 wurde er im Hof des Hallenser Gerichtsgefängnisses hingerichtet. Der Geheime Justizrat von Moers forderte den Scharfrichter Friedrich Reindel auf, seines Amtes zu walten.

Rund 100 Menschen hatten sich an Ort und Stelle eingefunden, um der Hinrichtung beizuwohnen. Neben den berufenen Vertretern der Bürgerschaft waren es Gerichtsbeamte, Ärzte, Polizisten und Vertreter der Presse. Die „Saale-Zeitung" beschrieb den Hinrichtungsort: „Der Richtblock war an seitlicher Entfernung von der Mauer errichtet und im Erdboden befestigt. Links davon stand ein Tisch, auf welchem das bis zum Beginn der Vollstreckung mit einem Tuche verhüllte Richtbeil lag."

Das Stahlbeil soll laut Bernd Kaufholz, Buchautor und Chefredakteur der Magdeburger „Volksstimme", 4,5 Kilogramm gewogen und bis zu diesem Tag 69 Verurteilte vom Leben zum Tode befördert haben. Genau wie der Richtblock sei es das Eigentum des Scharfrichters Reindel gewesen. Dem 27-Jährigen wurde das Hemd ausgezogen, wobei der Verurteilte nach den Angaben in der Presse „selbst behilflich" gewesen sein soll. Der Mörder wurde am Richtblock befestigt, und mit einem Schlag erfüllte der Scharfrichter seine Aufgabe. Ganze drei Minuten dauerte es vom Erscheinen des Raubmörders bis zu seiner Enthauptung.[122]

Die Berliner Gerichts-Zeitung berichtete am 23. Juli 1889:

– Hinrichtung. Halle a. S. Auf dem Hofe des Landgerichtsgefängnisses fand am Sonnabend, morgens sieben Uhr, durch den Scharfrichter Reindel aus Magdeburg die Hinrichtung des 27jährigen Arbeiters Steinig aus Molmeck statt. Derselbe hatte vor etwa anderthalb Jahren den Klempnermeister Wernicke in Giebichenstein, einen jungen, unverheiratheten Mann, den einzigen Ernährer

einer alten Mutter, in dessen Wohnung er sich nachts eingeschlichen hatte, ermordet und beraubt. Der flüchtige Mörder wurde einige Wochen später ergriffen und dann am 4. Juli v. J. wegen Raubmordes zum Tode verurteilt. Während seiner Unterbringung im Landgerichtsgefängnis gelang es dem gemeingefährlichen Menschen, mit einem andern Untersuchungsgefangenen zu fliehen; die beiden hatten damals den Gefängniswärter mit Tischbeinen niedergeschlagen und gefährlich verletzt. Ihre Ergreifung erfolgte wenige Tage danach, und Steinig wurde wegen des neuen Verbrechens noch zu zehn Jahren Zuchthaus verurteilt. Die Entscheidung, daß der Kaiser in diesem Falle der Gerechtigkeit ihren Lauf lasse, ist aus einem norwegischen Orte datiert.

Eine von Friedrich Reindel sonst nicht verbuchte Hinrichtung vollzog er am 17. August 1889 in Memel an dem Kürassier Lemke. Mit einigen der Positionen seiner Liquidation war man allerdings nicht einverstanden, wie aus Schreiben des Oberstaatsanwalts des Königlichen Oberlandesgerichts in Königsberg i. Pr., damals (1883-1897) Karl Wilhelm Albrecht Lömpcke, vom 7. September 1889 und des Ersten Staatsanwalts bei der Königlichen Staatsanwaltschaft Königsberg Carl Wulff vom 18. Oktober 1889 hervorgeht. Er wurde gebeten, neue Liquidationen einzureichen. „Ferner fragt es sich, weshalb die Gehülfen von Salzwedel, Osterburg und Dessau nach Magdeburg reisen mußten, da die direkte Fahrt nach Berlin billiger zu stehen gekommen wäre und nicht ersichtlich ist, aus welchen Gründen Sie mit den Gehülfen nicht in Berlin zusammen treffen und dann gemeinschaftlich nach Koenigsberg resp. Memel reisen wollten", hinterfragte der Oberstaatsanwalt. Auch verstand man nicht, warum Auslagen für zwei Droschken veranschlagt waren, obwohl in eine Droschke vier Personen passten. Die Königliche Staatsanwaltschaft bat ihrerseits um detaillierte Aufstellung jedes einzelnen Geschäftes in der Liquidation.

In den „Wöchentlichen Anzeigen für das Fürstenthum Ratzeburg", Nr. 73, verlautete am 13. September 1889 über die Hinrichtung des Tagelöhners Gulow aus Recklin:

Güstrow. Am 9. d. M., Vormittags wurde dem Mörder Gulow durch den Ersten Staatsanwalt Oesten mitgetheilt, daß der Großherzog bezüglich seiner die Ausübung des Begnadigungsrechtes abgelehnt habe und er demzufolge Morgen früh 7 Uhr den Tod zu erleiden haben werde. Diese Mittheilung erschütterte den Verurtheilten auf das Heftigste, so daß er in Weinen und Wehklagen ausbrach. Der Seelsorger der Anstalt, Pastor Wollenberg, weilte andauernd bei dem Delinquenten, um ihn zu mahnen und zu trösten. Seinem ausgesprochenen Wunsche, vor seinem Tode noch einmal seine Kinder sehen zu dürfen, ist nicht Folge gegeben worden. – Am Dienstag Morgen präcise 7 Uhr ward der Mörder Gulow, welcher seine Ehefrau erdrosselt hat, durch den Scharfrichter Reindel aus Magdeburg auf dem Hofe des Landgerichtsgefängnisses mittelst des Beiles hingerichtet. Als Gehülfen standen dem Reindel seine zwei Brüder und seine beiden Söhne zur Seite. Gerichtlicherseits fungirten der Erste Staatsanwalt Oesten als Leiter der Handlung, die Landgerichtsräthe Sibet und Paschen als richterliche Mitglieder, Landgerichtssekretär Köhn als Protokollführer und Hausmeister Baumgarten als Führer des Verurtheilten; außerdem fungirten: Pastor Wollen-

berg als des Verurtheilten geistlicher Rath und zwölf durch den Magistrat eingeladene städtische Bürger als Zeugen der Handlung, welche in beschränkter Oeffentlichkeit ausgeführt ward. Die Handlung verlief auf das Exakteste. Nachdem der Erste Staatsanwalt das vom Schwurgericht gefällte Todesurtheil hatte verlesen lassen, übergab er den Verurtheilten dem Reindel zur Vollstreckung des Urtheils. Gulow ging, geführt von Reindel, mit scheinbarer Ruhe an das Schaffot. Die Gehülfen schnallten ihn fest, Reindel ergriff das Beil und trennte mit einem Hiebe das Haupt vom Leibe. Die Leiche Gulows ist nach Rostock an die Universität ausgeliefert und sofort pr. Wagen nach dort geschafft.

Gulow, angeschuldigt, seine Ehefrau vorsätzlich ermordet zu haben, war in der Sitzung des Schwurgerichtes zu Güstrow für schuldig befunden und zum Tode verurteilt worden, so die „Wöchentlichen Anzeigen für das Fürstenthum Ratzeburg" am 28. Juni 1889.

Der Oberstaatsanwalt des Königlichen Kammergerichts in Berlin richtete sich mit Schreiben vom 17. September 1889 an den „Scharfrichtergehülfen Herrn Wilhelm Reindel". Als Adresse wurde wohl irrtümlich angegeben: Magdeburg, Steinkuhlenstr. 5: „Nachdem Sie unter dem 23. Mai d. J. hierher das Ansuchen gestellt haben, als Scharfrichter geprüft und verpflichtet zu werden, fordere ich Sie auf, mir mitzuteilen, ob Sie – wie dies nach Zeitungsberichten der Fall sein soll – die Prüfung zum Scharfrichter anderwärts bereits bestanden und eine Bestellung als solcher erhalten haben. / Bejahenden Falls wollen Sie mir die Bestellung zur Einsicht einreichen, andern Falles aber erklären, ob Sie bereit sind, der Prüfung als Scharfrichter sich hier auf Ihre Kosten zu unterziehen."[123] Es unterzeichnete der Geheime Oberjustizrat und Oberstaatsanwalt Ludolf v. Luck (1817-1895) persönlich. (Reproduktion vom Museum Osterburg)

Laut Schreiben des Oberstaatsanwalts des Königlichen Kammergerichts in Berlin an den Königlichen Oberstaatsanwalt in Celle vom 14. November 1889 hatte

Wilhelm Reindel 14 Tage zuvor die Scharfrichterprüfung mit Erfolg abgelegt und sei in dem Augenblick an die Stelle von Julius Krautz getreten. Darin heißt es, „daß der Scharfrichter Julius Krautz entlassen und nicht mehr befugt ist, scharfrichterliche Handlungen vorzunehmen, und, daß an seiner Stelle der Scharfrichtergehülfe <u>Wilhelm</u> Albert Reindel zu Magdeburg, Steinkuhlen Straße 3 wohnhaft, am 30. Oktober 1889 als Scharfrichter geprüft, vereidigt und angestellt worden ist, …"[124]

Wilhelm Reindel wurde am Ende offensichtlich (vorerst) nicht preußischer Scharfrichter, wenngleich er jetzt das dafür benötigte Zeugnis besaß. Er assistierte seinem Vater bei den Hinrichtungen, die Friedrich Reindel bald in Berlin sowie in den westlichen Provinzen Preußens vollstreckte. Friedrich Reindels jüngerer Bruder August beriet ihn. Friedrich Reindel hatte am 6. September 1889 immerhin bereits seinen 65. Geburtstag gefeiert und übernahm seinen erweiterten Aufgabenbereich somit in einem Alter, in dem die Menschen in heutiger Zeit an den Eintritt in den Ruhestand denken.

Den in Osterburg vorliegenden Unterlagen zufolge war Friedrich Reindel grundsätzlich über größere Teile des Schriftverkehrs zu den Verfahren seit Bekanntgabe der Todesurteile informiert. Ein Beispiel ist der Fall des am 2. Mai 1890 in Hagen/Westfalen enthaupteten Tagelöhners Heinrich Walch. Verschiedene Adressaten geben Auskunft über den augenblicklichen Stand der Verurteilung. Der Erste Staatsanwalt bei dem Königlichen Landgericht zu Hagen, Salomon, teilte unterm 28. April 1890 mit, dass Seine Majestät der Kaiser und König in der Untersuchungssache gegen Walch von dem Begnadigungsrecht keinen Gebrauch gemacht habe und die Hinrichtung Walchs auf Donnerstag, den 1. Mai, morgens um 6 Uhr, festgesetzt worden sei. „Falls Sie an diesem Tage die Hinrichtung zu bewirken im Stande sind, telegraphiren Sie <u>sofort</u> nach Empfang dieses Schreibens folgende Worte: Staatsanwalt Loose Hagen Einverstanden: Reindel. Im Behinderungsfalle: Nicht einverstanden Friedrich."

Der eben genannte Erste Staatsanwalt gab am 2. Mai 1890 bekannt, dass das Urteil an dem Tagelöhner Walch am 2. Mai um 6 Uhr früh zu vollstrecken sei: „Nachdem der Tagelöhner Heinrich Walch aus Hennen durch rechtskräftiges Urtheil des Schwurgerichts zu Hagen vom 11ten Februar wegen Mordes zum Tode verurtheilt und nachdem hiernächst Seine Majestät der Kaiser und König durch Allerhöchste Ordre vom 21ten April 1890 entschieden haben, von dem Begnadigungsrechte keinen Gebrauch machen, vielmehr der Gerechtigkeit gegen den Walch freien Lauf lassen zu wollen, so werden Sie, Scharfrichter Friedrich Reindel, hierdurch ermächtigt und angewiesen, an dem Walch am Freitag den 2ten Mai 1890 sechs (6) Uhr Morgens die Todesstrafe gemäß § 13 des Strafgesetzbuches durch Enthauptung zu vollstrecken. Dr. Salomon"

Heinrich Walch hatte ein Sittlichkeitsverbrechen begangen und das neunjährige Mädchen nachher ermordet. Das Todesurteil wurde im Hof des Gerichtsgefängnisses Hagen vollstreckt. Bei seinem Aufenthalt in Hagen ließ Scharfrichter Reindel ein an ihn gerichtetes Schreiben des Ersten Staatsanwalts zu Lüneburg vom 21. Januar des Jahres liegen, welches ihm Dr. Salomon am 24. Mai 1890 „ergebenst" übersandte.[125]

Am 22. September 1890 enthauptete Reindel in Güstrow den Familienmörder Wilhelm Unkenstein, der seit dem Winter 1889 in Jeßnitz bei Wolfen im Bergwerk gearbeitet und in Lübtheen gelebt hatte. Von seiner Frau hatte er sich getrennt. Die „Magdeburgische Zeitung" vom 9. September 1889 sprach bereits den dringenden Verdacht aus, dass Unkenstein am 18./19. April 1889 bei Wittenberge seine Frau und die beiden ältesten Kinder ermordet habe. Die Kinderleichen waren in der Elbe angetrieben, die Leiche seiner Frau wurde später im Garten seiner neuen Partnerin ausgegraben. Der Bergmann wurde wegen Dreifachmordes hingerichtet.[126]

Der Erste Staatsanwalt bei dem Großherzoglichen Mecklenburg-Schwerinschen Landgericht in Güstrow, Carl Heydemann, beauftragte den Scharfrichter mit Schreiben vom 19. September 1890:[127]

In Verfolg meines heutigen Telegramms und Ihres Antworttelegramms theile ich Ihnen mit, daß ich die Hinrichtung des Bergmanns Unkenstein im Gefangenhofe zu Güstrow auf Montag den 22" d. M. Morgens 6 ½ Uhr bestimmt habe. Ich sehe demgemäß Ihrer und Ihrer Gehülfen Ueberkunft hierher am Sonntag entgegen und ersuche ich Sie Sich am Sonntag Nachmittag 5 Uhr auf meinem Bureau im Landgerichtsgebäude einfinden zu wollen. Ich setze dabei voraus, daß die Bedingungen dieselben sein werden wie bei der Hinrichtung Guhlows vor etwa einem Jahre.

Heydemann

Am 13. November 1890 enthauptete Friedrich Reindel in Bartenstein den Fleischer Gottlieb Schuster. Hierzu liegt lediglich ein kurzer Schriftverkehr vor, der in der Vergangenheit mit einem kleinen Teil des Reindelschen Aktenbestandes seinen eigenen Weg gegangen war, glücklicherweise aber am Ende in Osterburg verblieben ist.[128]

Es ging wieder um die Liquidation beziehungsweise um die Vorlage von Quittungen. Der Erste Staatsanwalt am Königlichen Landgericht Bartenstein in Ostpreußen wandte sich unterm 19. Dezember 1890 an den Scharfrichter in Magdeburg: „In der Strafsache wider Schuster und Genossen, erhalten Sie anbei eine Abschrift der Erinnerung der Buchhalterei bei der Justiz-Haupt-Kasse zu Koenigsberg vom 17. d. Mts. mit dem Ersuchen, die verlangte Quittung schleunigst beizubringen."

Und die Anlage:

Abschrift

Erinnerung der Buchhalterei III No. 463. des Journals über die Erinnerungen.

I:) pp.

II:) Die liquidirten Auslagen mit 30 Mark für Beförderung der Utensilien sind nicht durch Quittung belegt und dürften solche noch näher zu begründen sein.

gez. Klee

Wäre Friedrich Reindel Bürokrat gewesen, hätte er gewiss eine Abschrift seiner Liquidation oder seiner nunmehr selbst erstellten Quittung aufbewahrt. Eigene Schreiben finden sich hier wie sonst auch nirgends vor. Vielleicht hatte er es auch nicht so sehr mit dem Aufbewahren von Belegen. Im Schriftverkehr folgt sogleich die Antwort des Ersten Staatsanwalts in Bartenstein vom 4. Januar 1891:

In der Strafsache wider Schuster und Genossen remittire ich Ihnen die mittels Schreibens vom 25. Dezember v. Js. übersandte Quittung mit dem Bemerken, daß es sich nicht um eine von Ihnen auszustellende Quittung handelt; Sie sollen vielmehr die von Ihnen liquidirten Auslagen von 30 Mk. für den Transport der Utensilien durch Quittungen belegen. Sie werden deshalb aufgefordert, binnen 2 Wochen Quittungen der Bahnverwaltungen resp. der Fahrgelegenheiten, welche die Beförderung der Utensilien bewirkt haben beizubringen.

Der Erste Staatsanwalt.

Als am 4. März 1891 der Schmiedegeselle Carl Schmiedecke in Plötzensee von Friedrich Reindel enthauptet wurde, hatte ein amerikanischer Journalist auf persönliche Einladung von Scharfrichter Reindel Zutritt zur Veranstaltung erhalten. Für die amerikanische Leserschaft war die Hinrichtungspraxis in Deutschland von Interesse, weil man dort soeben (1890) die erste Hinrichtung auf dem elektrischen Stuhl vollzogen hatte[129] und auch weiterhin zu vollziehen gedachte. Reindels eigenes Interesse an den Entwicklungen in Amerika hatte ihn mit dem Journalisten zusammengebracht. Reindel wurde nach dem Bericht an jenem 4. März von seinen drei Söhnen assistiert. Es soll bereits die 16. Hinrichtung seit Jahresbeginn gewesen sein.

Carl Schmiedecke war überführt gewesen, eine ganze Familie abgeschlachtet zu haben, um sie um eine armselige Summe von 20 Mark zu berauben.[130]

„The West Australian", Perth, berichtete in seiner Ausgabe vom 20. August 1891:

Wie Kriminelle in Deutschland hingerichtet werden.

Die methodischste Tragödie.

Der Korrespondent einer amerikanischen Zeitung schreibt: –Der öffentliche Scharfrichter von Berlin ist ein merkwürdiger Funktionär. Ich machte seine Bekanntschaft vor kurzer Zeit, als er mich besuchte, um einige Fakten über die ersten amerikanischen elektrischen Hinrichtungen zu bekommen. Er versprach, mich einzuladen, dabei zu sein, wenn er das nächste Mal gerufen sei, einem Verbrecher das Leben zu nehmen. In Übereinstimmung mit diesem Versprechen, schickte er mir an einem Morgen im vergangenen Monat um sieben Uhr früh eine Depesche, ob ich Interesse hätte, in Plötzensee zugegen zu sein, wie ein Verbrecher namens Karl Schmiedicke um acht Uhr präzise am selben Tag zu enthaupten war.

Der Sterbeort und Zuschauer.

Um 7.55 Uhr dirigierte der Staatsanwalt alle, an der gleichen Stelle zu stehen oder zu sitzen durch amtliche „rot-tapeism" als nach der Zeremonie über das Auftreten angesehen. Er selbst mit gutem Beispiel setzte sich, als direkter Vertreter der Krone, an der Spitze eines Tisches, der am Ende des Hofes, nahe dem Eingang, platziert war. Der Tisch ließ nur einen schmalen Raum für den Eingang des Verbrechers. Er war mit schwarzem Tuch drapiert, und alles darauf wurde mit dem gleichen Zeichen der Trauer und des Todes dekoriert. Das Schreibzeug, Bibel und Rechts-Bücher wurden „craped", und auch die Akten und Dokumente wurden mit schwarzem Faden gebunden, und die befestigten Bänder hatten schwere schwarze Dichtungen.

Zur Rechten des Staatsanwalts saßen die Richter in ihren düsteren Amtstrachten und auf der linken Seite die Sekretärinnen und die Zeitungsvertreter. Am Ende des schmalen Hofes standen zwei ebenfalls in schwarz drapierte Tische. Auf einem davon lagen drei große gezückte Schwerter. Die hellen Strahlen der Morgensonne glitzerten und funkelten auf den glänzenden Streifen aus Stahl, und die schwarzen Griffe der Waffen waren lang genug, um von zwei stabile Händen umgriffen werden zu können. Auf dem anderen Tisch lagen eine Schüssel mit Wasser und drei schneeweiße Handtücher, die Kanten jeweils mit dem alles durchdringenden Schwarz. Etwa zwei Meter weiter entfernt stand in der Nähe der Wand der niedrige Block. In auffallendem Gegensatz zu allem in seiner Umgebung, war der Furcht erregende Holzklotz, die letzte Ruhestätte des Halses des noch lebenden Strafgefangenen, mit leuchtend rotem Tuch drapiert. Das erschien ganz neu und makellos, als wäre es speziell für diesen Anlass gekauft gewesen. Auf der rechten Seite gegen die Wand stand eine Bank, ebenfalls schwarz angestrichen, auf die anschließend der Rock und das Hemd des Mörders geworfen wurden.

Ein verdientes und würdevolles Amt.

Um punkt 8 Uhr begann die Glocke des Gefängnisses zu läuten, die feierliche Armensünderglocke. Eine halbe Minute später erschien der Scharfrichter, mit seiner scharlachroten Kapuze, mit nackten Armen und einer glänzenden Axt auf der Schulter als Insignien seines gespenstischen Büros.

Reindel, der Scharfrichter, ein handfester, gut proportionierter Mann, der volle sechs Fuß in seinen Schuhen stand, hatte ein starkes Gesicht und trug einen schweren Bart. Er schien von seiner Gangart her die Würde eines Tambour-Majors mit dem schweren Tritt eines kolossalen kaiserlichen Kürassiers zu kombinieren. Reindel diente 20 Jahre in der Armee und war immer als ein sehr vorbildlicher Soldat betrachtet. Als Experte mit dem Schwert und ein Hüne an Kraft war Reindel in die Position des Scharfrichters gehoben worden wie andere treue Diener des Kaisers, denen Positionen als Spiel-Wächter, Diener oder Gendarmen angetragen wurden. Das Büro wird als ein Ehrenamt und würdevoll betrachtet, aber der Scharfrichter scheint seine Ehre und Würde am meisten zu schätzen.

84

Dem Scharfrichter übergeben.

Hinter Reindel kamen seine drei rüstigen Söhne, jeder trug ein Paar lederne Hosen, hohe Stiefel und rote wollene Hemden, mit oberhalb der Ellenbogen hochgekrempelten Ärmeln. Der verurteilte Sträfling folgte, auf dem Arm eines Gefängnisbediensteten gelehnt, die Augen in Richtung des Priesters gerichtet, der ein Kruzifix in der erhobenen Hand hielt. Plötzlich schrie der Scharfrichter, in Stentorstimme, militärisch: „Halt! Vorn!", und im nächsten Augenblick stand die kleine Prozession wie eine Mauer vor dem Staatsanwalt. Letzterer erhob sich mit Würde und Feierlichkeit und verlas das Todesurteil und das kaiserliche Reskript, das die Umwandlung des Urteilsspruches versagte. Dann forderte er den Scharfrichter und den Täter auf, die kaiserliche Unterschrift auf dem Dokument anzusehen. Diese Formalität wurde durch die peinlichste Genauigkeit begangen, und dann rief der Staatsanwalt mit fester Stimme: „Scharfrichter Reindel, ich übergebe Ihnen den Übeltäter, jetzt tun Sie Ihre Pflicht."

Wie der Verbrecher stirbt.

Die robusten Söhne des Henkers griffen Schmiedicke von hinten und trugen ihn auf den Block. Dort wurden sein Mantel und Hemd grob von seinem Rücken gerissen und der Verbrecher auf den Boden gezwungen, zwei der Männer griffen seine Arme und Beine, während der dritte ihn fest am Kopf hielt. Kein Wort war während dieser Vorbereitungen gesprochen, und kein Ton brach die todesähnliche Stille, die das schwere Atmen des Mörders speicherte, dessen massive Gestalt wie eine Statue in den Händen der tapferen Söhne des Scharfrichters schien. Auf dem Tisch, wo wir saßen, die herrschte gleiche schreckliche Stille. Die Richter und Staatsanwalt beobachten genau jedes Detail der grimmigen Vorbereitungen, offensichtlich entkommt nichts ihrer Beobachtung, aber ihre bartlosen, teilnahmslosen Gesichter verrieten keine Anzeichen von Emotionen.

Schließlich kam der außergewöhnlichste Teil des gesamten Verfahrens – erstaunlich für den dramatischen, fast lächerlichen gegebenen Aspekt um eine sonst würdige und eindrucksvolle Szene. Reindel, der in der Zwischenzeit eines der glitzernden Blätter vom Tisch genommen und es vor ihm hoch in die Luft gehoben hatte, rief plötzlich: „Ich bitte Sie zu beobachten, dass wir ohne Maschine arbeiten und nicht rechtsverbindlich für die Gefangenen." Kaum waren die Worte aus seinem Mund, als sein glänzendes Schwert wie ein Blitz durch die Luft sauste und der Kopf des Gefangenen auf die andere Seite des Blocks rollte, vollständig von dem ersten Schlag der durchschlagenden Klinge durchtrennt. Von dem Zeitpunkt, als die Henkerssöhne Schmiedicke ergriffen bis zu dem Augenblick, als der Scharfrichter sein tropfendes Messer hob und rief: „Es ist vollbracht", war laut meiner Uhr, die vor mir auf dem Tisch lag, genau eine Minute vergangen. Die Gesamtheit der rechtlichen Tragödie war in einer sehr methodischen, sachlichen Weise durchgeführt, aber die Bemerkung von Reindel über die Abwesenheit von Apparaten klang mir zu sehr nach dem starken Ausdruck eines Zauberers in einem Konzertsaal, der seine Zuhörer auf besondere Kunststücke oder Taschenspielertricks vorzubereiten wünschte.

Dies war die 16. seit Anfang des Jahres durch die Firma Reindel und Söhne durchgeführte Exekution. Ihre Nebenbeschäftigung erstreckt sich auf alle Teile des Deutschen Reiches mit Ausnahme von Bayern, welches sich groß genug sieht, um einen eigenen Scharfrichter zu haben.

Dem Autor ist selbst im deutschsprachigen Raum nur ein Bericht in der „Nikolsburger Wochenschrift – Organ für Landwirtschaft, Lokal-, Gemeinde-, Schul- und Vereinsangelegenheiten" vom 14. März 1891 bekannt, der auf das Ereignis hinweist.

Im Gefängnishof für jugendliche Verbrecher in Plötzensee wurde am 2. April 1891 um 7 Uhr morgens der Doppelmörder Friedrich Klausin hingerichtet. Die Berliner Gerichts-Zeitung wusste in ihrer Ausgabe vom gleichen Tag nur zu berichten: „Die Hinrichtung des Raubmörders Klausin sollte heute Morgen stattfinden."

„(Ein fürchterlicher Doppelraubmord) ist am vergangenen Sonntage in Berlin verübt worden. Zwei Frauen, Mutter und Tochter, Namens Vanes, wurden von einem 28jährigen Schneidergesellen, Namens Klausin, mit einem Schlächterbeil erschlagen", hatte seinerzeit, beispielsweise in der politischen Wochenschrift „Egerer Zeitung" vom 21. September 1889, verlautet.

UNE EXÉCUTION AU BILLOT. — Klausin, l'assassin de la femme Vaness et de sa fille, vient d'être exécuté à l'intérieur de la prison de Plœtzensee.

Cet individu, qui logeait chez ses victimes, avait prétexté un voyage, puis rentrant au logis, il avait tué froidement les deux femmes.

Cela se passait en 1889. En juin 1890, il fut condamné par la Cour d'assises à la peine de mort.

Archives d'anthropologie criminelle, de médecine légale et de et de psychologie normale et pathologique, S. 345. Repro: Blazek

Die „Archives d'anthropologie criminelle, de médecine légale et de et de psychologie normale et pathologique" machten noch im selben Jahr auf das Ereignis der Hinrichtung in großer Ausführlichkeit aufmerksam: „Alles war unnütz, und da der Herrscher von seinem Begnadigungsrecht keinen Gebrauch machte, wurde Klausin in die Todeszelle gebracht. Man kann sagen, dass er seit dem Monat Juni nicht einen Augenblick der Ruhe gefunden hatte; er zitterte Nacht und Tag, und das geringste Geräusch von draußen ließ ihn in Phasen der Hoffnungslosigkeit verfallen. Bis zum Schluss hatte er seine Unschuld beteuert. Es ist der alte Scharfrichter Reindel aus Magdeburg, der die Hinrichtung mit dem Beil vollzog. Reindel war Scharfrichter im Ruhestand, als sein Nachfolger Krauss (sic!), der gegenwärtig eine Taverne betreibt, entlassen und wegen eines Tötungsdelikts zu einer Gefängnisstrafe verurteilt wurde."[131]

Nicht anders der „Le Petit Parisien". Da wird die Szenerie graphisch festgehalten: „Le bourreau Reindel, de Magdebourg, tranchant la tête du condamné Klausin dans la prison de Berlin" (*der Scharfrichter Reindel, Magdeburg, beim Abtrennen des Kopfes des Verurteilten Klausin im Gefängnis von Berlin*), heißt es unter der Zeichnung auf der Titelseite. Der Zeichner sah Reindel mit Rauschebart und Zylinder, für das Festhalten von Klausins Haaren war der Darstellung zufolge nur ein Scharfrichtergehilfe nötig. Das Bild macht insgesamt den Eindruck einer recht friedlichen Veranstaltung im Gefängnishof.[132]

Über die letzten Tage und Stunden Klausins berichtete am 4. April 1891 die Berliner Gerichts-Zeitung:

Die Hinrichtung des Doppelmörders Klausin fand am Donnerstag Vormittag um 7 Uhr in dem Gefängnishofe für jugendliche Verbrecher in Plötzensee statt. Am Mittwoch Nachmittag um 3¼ Uhr langte Klausin in Plötzensee an und wurde von dem Oberinspektor Jüngel in Empfang genommen. Herr Jüngel versuchte, ihn zum Geständnis zu bringen, doch hatte Klausin nur die Antwort: „Ich bin unschuldig, und kosten mich die bei mir gefundenen 240 Mk. den Kopf." Gegen 6½ Uhr wurde ihm Kaffee angeboten, doch schlug er diesen mit der Bemerkung aus: „Das ist mir zu wabbelig; mein Wagen verlangt etwas Festes." Auf seinen Wunsch erhielt er ein Beefsteak und verzehrte dieses und eine halbe Flasche Wein mit sichtlichem Appetit. Er bediente sich dazu eines Löffels, da ihm Gabel und Messer aus Besorgnis, er möchte einen Selbstmord begehen, ebensowenig verabfolgt wurden, wie ein Glas zum Trinken seinen Händen anvertraut werden konnte. Der Pastor Bartz bemühte sich vergeblich, Klau-

Titelseite des „Petit Parisien" vom 19. April 1891. Zu sehen ist der aus Magdeburg angereiste Scharfrichter Reindel bei der Hinrichtung von Friedrich Klausien am 2. April 1891. Photographische Zeichnung von Mary Evans. Repro: Blazek

sin zur Ablegung eines Schuldbekenntnisses zu veranlassen; immer und immer wieder hatte er die Worte: „Ich sterbe unschuldig, ich bin kein Mörder." Als er bat, daß ihm um 6½ Uhr das Abendmahl gespendet werde, wies der Geistliche darauf hin, daß er zum Tische des Herrn doch nur als reuiger Sünder gehen könne. „Ich weiß das," meinte Klausin, „ich habe aber nichts zu bereuen, da ich kein Mörder bin." Kurz vor der Kommunion sollte ihm Kaffee beziehungsweise Wein gereicht werden; Klausin wies dies mit den Worten zurück: „Ich bin gewohnt, zum Tisch des Herrn nüchtern zu gehen." Der Verurteilte hatte während seines Aufenthalts in Plötzensee keine Furcht vor dem Tode zu erkennen gegeben und zeigte sich nur ein einziges Mal bewegt, als er den Pastor Bartz ersuchte, an den Pfarrer seines Heimatortes zu schreiben, damit dieser sich der hinterlassenen Frau annehme. So angemessen sich auch Klausin dem Geistlichen ge-

genüber bewegte, so frivol gebärdete er sich den bei ihm wachenden Aufsehern gegenüber. Diese unterhielt er mit gemeinen Lidern und Rätseln. Um elf Uhr am Mittwoch Abend legte er sich zu Bette, schlief bis 1½ Uhr völlig ruhig und blieb dann bis 5 Uhr wachend auf seinem Lager. Pünktlich um 7 Uhr verließ Klausin mit dem Oberinspektor Jüngel und zwei Aufsehern die Zelle und trat festen Schrittes vor den Tisch, an welchem der Staatsanwalt Hacker und der Kanzlei-rat Heilmann Platz genommen hatten. Hier hörte er, ohne mit den Wimpern zu zucken, die Verlesung des Urteils und der Königlichen Cabinetsordre vom 23. März an und rief den sich zwecks Entkleidung seiner bemächtigenden Henkers-knechten die Worte zu: „Na, man sachte, ich helfe ja." Ehe die Gehilfen Rein-dels es verhindern konnten, warf sich Klausin verkehrt auf die Richtbank und klammerte sich an diese derartig fest, daß er erst mit Gewalt in die richtige La-ge gebracht werden mußte. Drei Minuten nach 7 Uhr fiel der Todesstreich, zehn Minuten später wurde die Leiche auf dem Friedhofe der Anstalt beerdigt.

Am 1. März 1892 wurde in Stade der 27-jährige Fabrikarbeiter Heinrich Hage-mann mittels Guillotine enthauptet. Heinrich Andreas Ernst Hagemann kam aus Harburg. Er war am 22. Februar 1892 wegen Mordes und versuchten Totschlags in drei Fällen, gefährlicher Körperverletzung in drei Fällen und einfacher Kör-perverletzung in einem Fall zum Tod und zu zehn Jahren Zuchthaus, sowie Ab-erkennung der bürgerlichen Ehrenrechte verurteilt worden. Für die Exekution am Dienstag, dem 1. März 1892, um 8 Uhr morgens im Gefangenenhof des Landgerichts, wurden Eintrittskarten ausgegeben an solche Personen, von denen angenommen wurde, „daß bei ihnen nicht das Motiv bloßer Neugier oder die Absicht obwalte, demnächst über die Hinrichtungen Mitteilungen in die Presse zu bringen zu lassen".

Gleichwohl berichteten außer dem Lokalblatt das „Berliner Tageblatt" und „Le Petit Marseillais" aus Cannes; das „Hamburger Echo" glossierte noch im Juni den Fall, der sich für den neuen, erst 32 Jahre alten Bürgermeister Dr. jur. Chris-tian Oppermann zu einer Staatsaffäre auswuchs. Oppermann stammte aus Han-nover und war Senator und Polizeidirektor in Osnabrück gewesen, wo er die Po-lizei reformierte. Gegenüber einem befreundeten Redakteur des „Hannoverschen Courier" hatte er die Panne bei der Hagemannschen Hinrichtung ausgeplaudert.

Bei der Hinrichtung ereignete sich ein Zwischenfall, indem das Fallbeil der Guillotine auf halbem Wege stecken blieb. Das preußische Justizministerium ordnete eine unverzügliche Untersuchung an. Wie so oft in solchen Fällen stellte sich heraus, dass die Presse den Vorgang dramatisiert hatte. Der tatsächliche Vorgang war freilich in den Augen des Oberstaatsanwalts schlimm genug gewe-sen. Dieser berichtete dem Ministerium, „daß das Fallschwert, nachdem der Scharfrichter den Hebel in Bewegung gesetzt, nicht bis zur vollen Tiefe hinun-tergefallen, sondern in der Weise stehen geblieben sei, daß die rechte Seite des Schwertes nicht ganz die Halsöffnung zwischen die Halsbretter ... bedeckt habe. Die Folge davon sei gewesen, daß der rechte Teil des Halses und Nackens des Delinquenten Hagemann nicht voll durchschnitten gewesen sei, sondern, daß ein kleiner Teil der Muskulatur (der Gefangenenaufseher Linde meint: höchstens der siebente oder achte Teil des Halses) sich noch im Zusammenhang mit dem Rumpf befunden habe."[133]

Der Oberstaatsanwalt berichtete weiter, dass die Scharfrichtergehilfen daraufhin sofort „an dem Rumpf hoben und zogen", während ein anderer das Fallschwert in seine Ausgangsstellung brachte. Es folgte ein umfangreicher Briefwechsel, da die Behörden – allerdings erfolglos – aus Scharfrichter Reindel herauszubekommen versuchten, was im Einzelnen bei dieser Hinrichtung schief gelaufen war. Künftig sollte noch mehr Sorgfalt darauf verwendet werden, die Fallbeilmaschine betriebstüchtig zu halten.[134]

Maximilian Schmidt resümierte 1893 in seinem Buch über Julius Krautz: „Auch die Guillotinirung, welche außer in Frankreich in einem Theil der deutschen Staaten – Sachsen, Bayern, Würtemberg, Baden, in Oldenburg, Hannover und den Hansestädten, ferner in den skandinavischen Ländern und in den Schweizerkantonen, welche die Todesstrafe beibehalten bezw. neuerdings wieder eingeführt haben, Anwendung findet, hat ihre üblen Schattenseiten, was sich bei einer Hinrichtung, die der jetzige Scharfrichter Reindel in Stade zu vollziehen hatte, deutlich zeigte."

Vielleicht wegen des Zwischenfalls trug Friedrich Reindel die Hinrichtung Hagedorns nicht in seinem Tagebuch ein. In dem zum Tagebuch zugehörigen Attestbuch ließ sich Reindel vom Staatsanwalt oder Richter bestätigen, dass er seinem Handwerk ordentlich nachgegangen gewesen sei. Vermerke, wie „schnell und sauber" oder „es ist kein Blut gespritzt", finden sich darin. Für den Scharfrichter waren diese Vermerke wichtig, sie bestätigten seine Fertigkeiten und sicherten ihm neue Aufträge.[135]

Der „Tagesbote aus Mähren und Schlesien", Brünn, berichtete am 22. April 1892: „B r e s l a u, 22. April. Wegen der Ermordung und Beraubung der Witwe B u g e l t wurden in Görlitz heute früh die vom Schwurgerichte zum Tode verurtheilten Arbeiter K m o l l und H e i d r i c h vom Scharfrichter aus Magdeburg e n t h a u p t e t." Laut Tagebuch hatte Friedrich Reindel die Arbeiter August Knoll und Friedrich Wilhelm Heidrich bereits am 16. April 1892 (wegen Mordes und schweren Raubes) in Görlitz enthauptet.

Am 21. Juni 1892 hatte sich Friedrich Reindel wieder in Plötzensee einzufinden, wo der Handlungsgehilfe Ernst Gustav Wetzel wegen begangenen Raubmordes hinzurichten war. Die „Autorisation für den Scharfrichter Reindel" hatte der Erste Staatsanwalt beim Königlichen Landgericht II in Berlin am 17. Juni 1892 ausgestellt.[136] Die Berliner Gerichts-Zeitung kündigte am 21. Juni an: „Die Vollstreckung des Todesurteils an dem Raubmörder Wetzel soll heute früh 6 Uhr durch den Scharfrichter Reindel in dem Hofraum des Strafgefängnisses Plötzensee erfolgen." Ebenfalls am Tag der Urteilsvollstreckung trugen die Berliner Anschlagsäulen, wie einzelne dortige Zeitungen berichteten, folgende Bekanntmachung:

Der Kommis Ernst Gustav Wetzel ist durch Urtheil des königlichen Schwurgerichts bei dem Landgericht II zu Berlin vom 2. Februar 1892, weil er zu Spandau in der Nacht zum 24. August 1891 durch ein und dieselbe Handlung: 1. den Kaufmann Siegfried Hirschfeld vorsätzlich getödtet hat, und zwar, indem er die-

se Tödtung mit Überlegung ausgeführt hat, 2. mit Gewalt gegen die Person des Kaufmanns Siegfried Hirschfeld demselben fremde bewegliche Sachen, nämlich eine demselben gehörige goldene Uhr nebst Kette und ein demselben gehöriges Packet mit Coupons und Talons zu Werthpapieren im Werthe von ungefähr 3742,13 Mark und einen demselben gehörigen Barbetrag von ungefähr 3000 Mark in der Absicht weggenommen hat, sich diese Sachen rechtswidrig zuzueignen, und zwar a) indem er bei Begehung der That bei sich führte; b) indem durch die gegen den Kaufmann Siegfried Hirschfeld verübte Gewalt der Tod desselben verursacht worden ist, wegen Mordes und schweren Raubes nach § 211 249, 250 ad 1, 251 und 73 des Reichsstrafegesetzbuches zum Tode und zum Verlust der bürgerlichen Ehrenrechte verurtheilt worden. Das Urtheil hat die Rechtskraft beschritten. Nachdem durch Allerhöchsten Erlaß vom 15. Juni 1892 bestimmt worden ist, daß der Gerechtigkeit freier Lauf zu lassen sei, ist heute die Hinrichtung durch die Enthauptung des Verurtheilten im Hofe des Strafgefängnisses zu Plötzensee vollstreckt worden. Berlin, den 21. Juni 1892. Der erste Staatsanwalt bei dem königl. Landgericht II, Lademann.

Die „Zeitschrift für deutsche Sprache" übte Kritik an der Ausdrucksweise: „Was müssen wohl die Menschen von den Juristen denken, wenn diese einen solchen von Jurisprudenz strotzenden Erlaß in die Öffentlichkeit senden?"[137]

Der „Tagesbote aus Mähren und Schlesien", Brünn, berichtete am 30. September 1892: „(Hinrichtung.) In Elberfeld wurde gestern früh der Gattenmörder Maurer Eckard aus Remscheid durch Scharfrichter Reindl (sic!) aus Magdeburg mittels Fallbeils hingerichtet."

Die Angaben Reindels, wann er den Schuhmachergesellen Gustav Kindeleit aus Schwetz, einer Stadt im Landkreis Graudenz, hingerichtet hat, variieren zwischen dem 12. und 22. November 1892. Der 22. November war es laut Reindels Tagebuch, der 12. November hingegen laut einer erst zwei Jahre später aufgestellten Empfangsbestätigung:[138]

Strafsache ./. Kindeleit

„ 557 Mk 71 Pfg. "

Fünfhundert sieben und fünfzig Mark 71 Pfg. Gebühren und Auslagen für die von mir am 12" November 1892 vollzogene Hinrichtung des Schuhmachergesellen Gustav Kindeleit aus Schwetz habe ich von der Königlichen Justiz=Hauptkasse in Marienwerder am 26. November 1892 per Postanweisung zugesandt erhalten und quittire darüber.

Magdeburg den ^{ten} *Februar 1894.*

Die Oberstaatsanwaltschaft in Celle übersandte dem Scharfrichter Reindel auf dessen Wunsch unterm 18. März 1893 eine Abschrift des aktuellen Vertrags (1./3. März 1893) über die ihm beziehungsweise seinem Sohn zustehenden Vergütungen etc. für die in der Provinz Hannover vorzunehmenden Hinrichtungen.[139] Die Oberstaatsanwaltschaft in Celle hatte ihren Sitz im Gebäude Schloßplatz 2 am Rande der Celler Altstadt, die Stelle des Oberstaatsanwalts bekleidete seit kurzem bis zu seinem Eintritt in den Ruhestand (1904) der Geheime Oberjustizrat Laue, der das Anschreiben an Reindel auch selbst unterzeichnete.

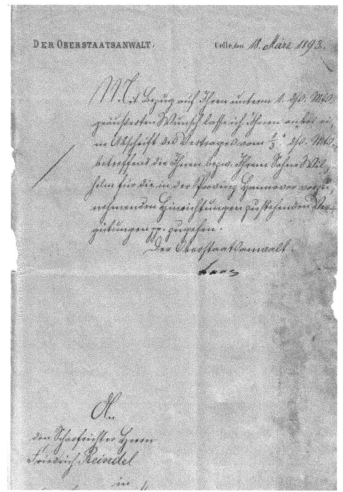

Begleitschreiben vom 18. März 1893 zur Aushändigung des Vertrages über die in der Provinz Hannover vorzunehmenden Hinrichtungen. Reproduktion vom Museum Osterburg

Am 24. Mai 1893 starben zwei wegen Raubmordes vom Schwurgericht am 29. Juni des Vorjahres zum Tode verurteilte Personen unter dem Beil des preußischen Scharfrichters. So wurde im Sterberegister des Standesamtes Magdeburg-Altstadt unter der Nummer 804 festgehalten: „Magdeburg, den 25. Mai 1893. Auf schriftliche Anzeige des Königlichen Ersten Staatsanwalts hierselbst wird eingetragen, daß Dorothee Buntrock, Schneiderin, 32 Jahre alt, evangelischer Religion, wohnhaft zu Hannover, geboren zu Holzminden, unverheiratet, Tochter des Tapezierers August Buntrock und dessen Ehefrau Marie Luise geborene Hildebrandt genannt Wegener, beide verstorben, zu Magdeburg im Gerichtsgefängnis am vierundzwanzigsten Mai Eintausendachthundertneunzigunddrei, vormittags um sechs verstorben ist. Der Standesbeamte gez. Unterschrift."[140]

Das Raubmörder-Paar Buntrock/Erbe nach seiner Verhaftung Anfang 1892. Samtgemeindearchiv Eschede. Repro: Seebo

Der Dienstknecht Wilhelm Handt aus Stettin, 1,77 Meter groß und „von breiter kräftiger Statur", wurde am Dienstag, dem 20. Juni 1893, um 6 Uhr wegen Raubmordes durch Friedrich Reindel in Stade hingerichtet. Beim traurigen Akt wurde beobachtet, dass eine tragbare „kleine Glocke" im Gefängnishof aufgestellt worden sei, die während der Hinrichtung geläutet habe.[141]

Am 13. Juli 1893 richtete Friedrich Reindel im Hofe des Gerichtsgefängnisses in Ratibor (Schlesien) den Landwirt Franz Wanjek hin. Der Erste Staatsanwalt bei dem Königlichen Landgericht Ratibor bat Friedrich Reindel mit Schreiben vom 9. Juli 1893, sich bereits am Vortag dort einzufinden. Zu lesen war bei Reindels Adresse: „zur Zeit in Prenzlau" (wo er am 11. Juli August Genz hinrichtete). Tags darauf folgte von demselben Absender die Autorisation (kurze Wortlücken wegen des mittlerweile stark verwitterten Papiers):[142]

Nachdem der Einlieger Franz Wanjek aus Ostrog, Kreis Ratibor, geboren ...ber 1848 zu Dzielau Kreis Cosel ... des Königlichen Schwurgerichts zu ... vom 23./24. Januar 1893 wegen Mordes zum Tode und zum Verlust der bürgerlichen Ehrenrechte rechtskräftig verurtheilt ist und Seine Majestät der Kaiser und König mittels Allerhöchster Kabinets=Ordre vom 1. Juli 1893 ausgesprochen geruht haben, daß Allerhöchst dieselben in diesem Falle von dem Begnadigungs-

92

rechte keinen Gebrauch machen, vielmehr der Gerechtigkeit freien Lauf lassen wollen, so werden Sie, Herr Scharfrichter Reindel, hierdurch ermächtigt, am 13. d. M. früh 5 1/2 Uhr in dem Hofe des hiesigen Gerichtsgefängnisses die Todesstrafe an dem p. Wanjek gemäß § 13 Str. G. Bs. durch Enthauptung zu vollstrecken.

Der „Tagesbote aus Mähren und Schlesien", Brünn, berichtete am 15. Juli 1893:

Ratibor, 13. Juli.

(Hinrichtung.) Der Doppelmörder Wanjek aus Ostrog ist heute früh 5½ Uhr im Hofe des Gefängnisses durch den Scharfrichter Reindel enthauptet worden. Wanjek zeigte sich gestern bis zum Abend unwirsch und störrisch. Der Mörder, dem unmittelbar nach der That das blutige Messer, mit dem er die Gattin erstochen und den Sohn tödlich verletzt hatte, aus der Hand gerissen worden war, erklärte gestern immer und immer wieder, daß er unschuldig sei. Er sprach viel über seinen Proceß. Im Laufe des Nachmittags besuchte der Erste Staatsanwalt den Delinquenten. Auf die Frage, ob er noch irgend jemanden sehen wolle, gab er ein „Nein" zur Antwort. Er meinte nur, daß seine Kinder nun keinen Vater mehr haben würden, worauf ihm der Staatsanwalt erwiderte, daß sie auch keine Mutter mehr hätten. Der hinzugezogene Geistliche, Curatus Krahl, verweilte stundenlang bei dem Delinquenten. Dem geistlichen Zuspruch beugte sich denn auch der Starrsinn des Verbrechers. Hinsichtlich einer letzten Mahlzeit hatte Wanjek keine Wünsche; er hat nichts genossen. Die Nacht verbrachte er in Unruhe. Heute früh empfing er die Sacramente. Um 5½ Uhr wurde er in den Hof des Gefängnisses geführt. Den Hinrichtungsact leitete der Erste Staatsanwalt im Beisein des Landgerichts=Directors Mathis und den Amtsrichters Schölzel. Vor dem Tisch mit dem Crucifix sank Wanjek in die Knie. Nach Verlesung der Urtheils wurde der Delinquent dem Scharfrichter übergeben. Von diesem Augenblick bis zur Meldung des Scharfrichters von der Vollstreckung des Urtheils verflossen etwa zwanzig Secunden. Der ganze Act währte zwei Minuten. Während des Actes ging ein heftiges Gewitter nieder.

Der Schuhmacher Hermann Brendgen wurde am 3. August 1893 in Düsseldorf durch Scharfrichter Reindel enthauptet. Brendgen hatte am 19. November 1892 die 22 Jahre alte Näherin Franziska Reiners in einem Garten an der Hoffeldstraße im Düsseldorfer Stadtteil Flingern umgebracht. Am kommenden Morgen hatte man ihre Leiche gefunden. Der linke Arm der Toten war gebrochen, und an ihrem Hals fanden sich Spuren, die auf Erdrosselung hinwiesen. Neben ihr lag ihr leeres Portemonnaie. Nach den Ermittlungen war sie zu Einkäufen unterwegs gewesen. Dabei wurde sie begleitet von dem bei ihren Eltern wohnenden Brendgen, von dem bekannt war, dass er sie „mit Liebesanträgen verfolgte". Brendgen wurde zufällig am Nachmittag des 20. November 1892 volltrunken in Neuss am Rhein aufgegriffen. Ein Geständnis legte er erst ab, nachdem er schon zum Tode verurteilt war: Er habe der jungen Frau am besagten Tag erneut einen Liebesantrag gemacht, den diese mit den Worten „dreckiger Schuster" zurückgewiesen habe. Dann habe er die junge Frau zu Boden geworfen, „um den Geschlechtsakt mit ihr zu vollziehen". Das Schwurgericht verhängte die Todesstrafe.[143]

Der „Tagesbote aus Mähren und Schlesien", Brünn, berichtete am 4. August 1893:

In Düsseldorf wurde der Lustmörder Brendgen durch den Scharfrichter Reindel hingerichtet.

Am 8. August 1893, Mittwochmorgens, richtete Friedrich Reindel in der Strafanstalt Trier die wegen Anstiftung zum Morde ihres Mannes zum Tode verurteilte Witwe Johann Krickel aus Pohlbach (Eifel) hin, berichtete die „Nikolsburger Wochenschrift – Organ für Landwirtschaft, Lokal-, Gemeinde-, Schul- und Vereinsangelegenheiten" in ihrer Ausgabe vom 19. August 1893.

Angela Krickel hatte ihren Ehemann Johann, den sie am 4. Oktober 1876 geheiratet hatte, gemeinsam mit einem Tagelöhner umgebracht. Das „Wittlicher Kreisblatt – Amtliches Organ für den Kreis Wittlich und für die landwirthschaftliche Lokalabtheilung" berichtete in seiner Ausgabe vom Donnerstag, dem 10. August 1893:

Vermischtes.

Trier, 8. Aug. *Das blutige Drama von Pohlbach, welches Ende v. J. unsere Gegend in Erregung versetzte, hat, rascher als erwartet wurde, heute früh seinen Abschluß gefunden. Die am 2. Oktober 1855 geborene Bahnwärtswittwe Angela Krickel geb. Dietzen von Pohlbach, welche in der Nacht vom 1. zum 2. November 1892 in Gemeinschaft mit dem 20-jährigen Tagelöhner Matth. Bläsius ihren Mann ermordete, hat ihr scheußliches Verbrechen mit dem Tode gebüßt. Bereits am Samstag Nachmittag war die streng geheim gehaltene Entscheidung des Kaisers eingetroffen, laut welcher er von seinem Begnadigungsrechte der Wittwe Krickel gegenüber keinen Gebrauch macht, dagegen aber dem Bläsius die Todesstrafe erläßt. Gestern, Nachmittags 4 Uhr, erschien der stellvertretender Erste Staatsanwalt Herr Filbry in der hiesigen Strafanstalt und setzte die beiden Verurtheilten von der kaiserlichen Entschließung in Kenntniß. Die Wittwe Krickel benahm sich sehr gefaßt und frug hierauf, ob sie nicht nochmals ein Gnadengesuch einreichen könne. Als dies verneint wurde, sagte sie: „Wenn nur Gott mir gnädig ist!" Die letzte Nacht brachte sie im Gebete mit Herrn Garnisonspfarrer Dr. Steinmetz zu. Ueberhaupt hatte sich in ihrem Verhalten unter dem geistlichen Zuspruch gegen früher eine große Veränderung geltend gemacht. Sie erkannte ihr Verbrechen und war bereit, gottergeben die über sie verhängte Strafe zu erleiden. Punkt 6 Uhr ordnete Herr Staatsanwalt Filbry die Vorführung der Verurtheilten an. Nach etwa 3 Minuten erschien sie, von Herrn Dr. Steinmetz und Herrn Oberinspektor Rosenbaum geführt, laut den Rosenkranz betend. Vor dem Schaffot, das im hinteren Theil des Hofes errichtet war, wurde ihr nochmals das Urtheil und die Bestätigungsurkunde des Kaisers verlesen, die Unterschrift des Kaisers vorgezeigt und sie dann seitens des Staatsanwalts dem Scharfrichter übergeben mit den Worten: „Walten Sie Ihres Amtes!" Nunmehr reichte ihr der Geistliche das Kreuz zum Kuß. Auch jetzt verlor die Verurtheilte, die vor ihrem Tode noch volles Geständniß ablegte, keinen Augenblick die Fassung, obwohl sie die Stufen zum Schaffot förmlich hinauf getragen werden mußte. Widerstandslos ließ die Verurtheilte sich auf das Brett schnallen, immerfort andächtig betend. Bei den Worten: „Gott sei mir armen Sünder gnädig," fiel ihr Haupt genau 45 Sekunden, nachdem sie vom Scharfrichter Reindel und sei-*

nen drei Gehülfen in Empfang genommen war. Nachdem Herr Dr. Steinmetz noch das übliche Gespräch gesprochen, wurde die Leiche in einem Wagen nach der kath. Abtheilung des städtischen Friedhofes gebracht und dort sofort beerdigt. Der Hinrichtung wohnten etwa 30 Personen, die Beamten, einige Stadtverordnete usw. bei. Der Zutritt war nur gegen Karten gestattet; auffallenderweise wurde nicht ein Vertreter der Presse zugelassen. Vor der Strafanstalt hatten sich nur wenige Neugierige eingefunden, da die Thatsache der Hinrichtung fast nicht bekannt war. Gleich nach Vollzug derselben wurden an den Straßen rothe Plakate mit der bezüglichen Bekanntmachung der Staatsanwaltschaft angeheftet. Bemerkt sei noch, daß dies die 82. Exekution ist, welche Herr Reindel ausführte. (Trier. Ztg.)

In der zitierten „Trierischen Landeszeitung" vom Dienstag, 8. August 1893 (Morgenblatt, Nr. 358 aus 1893), steht am Ende des Artikels zur Hinrichtung Folgendes: „Die heutige Hinrichtung ist die 82ste, die Scharfrichter Reindel vorgenommen hat. Erst am vorigen Donnerstag hat er in Düsseldorf den Schuhmacher Brendgen hingerichtet, der am 19. Nov. d.J. die Büglerin Franziska Reiners in Flingen ermordet hatte. Die Guillotine war gestern in einem kleinen Möbelwagen hierher transportiert worden."

Die Ehe der unglückseligen Krickels war kinderlos.[144]

Am 24. September 1893 richtete sich die Staatsanwaltschaft bei dem Königlichen Landgericht Stolp in Pommern an den Scharfrichter Friedrich Reindel. Am Freitag, dem 29. September 1893, morgens um 6 Uhr, sollte der wegen Raubmordes zum Tode verurteilte Arbeiter Richard Langusch aus Leschin hingerichtet werden. Reindel sollte dem Ersten Staatsanwalt, Heinrich Bernhardi, mittels Eilbriefs, ohne Angabe des Absenders, antworten. „Selbstverständlich ist die Innehaltung der größten Verschwiegenheit."[145]

In der „Nikolsburger Wochenschrift – Organ für Landwirtschaft, Lokal-, Gemeinde-, Schul- und Vereinsangelegenheiten" vom 28. Oktober 1893 wurde von einem Mädchen berichtet, das von seinen Eltern verlangt habe, „daß sie den Scharfrichter Reindel holen sollten, damit derselbe ihr den Kopf abschlage. Sie wollte für die unschuldig hingerichteten Königinnen als Märtyrerin sterben." Auf ärztliche Anordnungen musste das arme Mädchen der Mitteilung zufolge einer Irrenanstalt übergeben werden.

Am 30. Oktober 1893 nahm Scharfrichter Reindel die Hinrichtung der 48 Jahre alten Emilie Amalie Zillmann vor. Die Witwe war wegen Vergiftung ihres Ehemannes vom Schwurgericht zu Berlin zum Tode verurteilt worden.[146]

Die Autorisation Reindels datiert vom 30. Oktober 1893 und wurde vom Ersten Staatsanwalt bei dem Königlichen Landgericht II in Berlin ausgestellt:[147]

Dem Scharfrichter Reindel wird hiermit der Auftrag ertheilt, die durch das rechtskräftige Urtheil des Königlichen Schwurgerichts bei dem Landgericht II zu Berlin vom 6" Juli 1893 wegen Mordes zum Tode verurteilte Wittwe Emilie Amalie Zillmann geborene Kühne durch das Beil hinzurichten, nachdem Seine Majestät der Kaiser und König durch Allerhöchsten Erlaß vom 23" October 1893 auszusprechen geruht haben, von dem Begnadigungsrechte keinen Gebrauch machen und der Gerechtigkeit freien Lauf lassen zu wollen.

Die Berliner Gerichts-Zeitung berichtete zeitnah, am 31. Oktober 1893:

*Durch Säulenanschlag ist gestern folgende Bekanntmachung veröffentlicht wor-
den: „Die Witwe Emilie Amalie Zillmann, geborene Kühn, aus Hammer im
Kreise Niederbarnim, ist durch Urteil des Königlichen Schwurgerichts bei dem
Landgericht II zu Berlin vom 6. Juli 1893, weil sie zu Hammer im Oktober 1892
ihren Ehemann, den Arbeiter August Zillmann durch Gift vorsätzlich getötet und
diese Tötung mit Ueberlegung ausgeführt hat, wegen Mordes nach § 211 des
Reichs-Strafgesetzbuches zum Tode verurteilt worden. Nachdem das Urteil die
Rechtskraft erlangt hat, und durch allerhöchsten Erlaß vom 23. Oktober 1893
bestimmt worden ist, daß der Gerechtigkeit freier Lauf zu lassen sei, ist das Todesurteil heute früh durch Enthauptung der Verurteilten im Hofe des Strafgefängnisses zu Plötzensee vollstreckt worden. Berlin, den 30. Oktober 1893. Der
Erste Staatsanwalt des Landgerichts II. Lademann."* – Die Witwe Zillmann, die
ihren Mann in Hammer (Kreis Niederbarnim) durch Gift ermordete und die Leiche auf dem Boden aufhängte, um den Verdacht von sich abzulenken, ist durch
den Scharfrichter Reindel hingerichtet worden. Seit dem Jahre 1878 hat hier
keine Hinrichtung einer Frau stattgefunden.

Eines Tages soll Friedrich Reindel nach Recherchen des Osterburger Heimat-
kundlers Otto Mansfeld nach Celle gereist sein, wo ein verurteilter Mörder auf
ihn gewartet habe. In den frühen Morgenstunden sei er auf das Schafott geführt
worden. „Lag es an der Nervosität des Henkers – seine Frau erwartete ein Baby
– oder hatte Reindel am Abend zu tief ins Glas geschaut? Das Beil soll auf das
Genick des Verurteilten gesaust sein, es aber nicht exakt getroffen haben; der
Todgeglaubte lebte noch. Friedrich Reindel musste ein zweites Mal zuschlagen,
ehe das Urteil vollstreckt war."[148]

Das Vollstrecken von Todesurteilen sei, so Mansfeld weiter, für Friedrich Reindel nicht immer Routinesache gewesen. In Fällen, in denen die Verurteilten besonders schwere Verbrecher waren, sei folgender Satz von ihm überliefert: „Das
sind keine Menschen mehr, denen müsste ich zweimal den Kopf abschlagen."

Die Berliner Gerichts-Zeitung berichtete in ihrer Ausgabe vom 17. Februar
1894:

*Das Gnadengesuch, das für den Raubmörder Kühn von den Geschwore-
nen eingereicht worden ist, scheint keinen Erfolg gehabt zu haben. Wie verlautet, soll das Todesurteil, das vor nahezu einem Jahr gefällt worden ist, bestätigt
sein, und die Hinrichtung bereits heute früh erfolgen. Kühn hat seinerzeit in
Gemeinschaft mit dem noch nicht ergriffenen Raubmörder Hahn den Handelsmann Mützelburg ermordet und beraubt.*

Die Hinrichtung wurde am selben Tag durch Friedrich Reindel vollzogen. Am
20. April 1894 hieß es in der Berliner Gerichts-Zeitung:

*Der Erste Staatsanwalt bei dem Landgericht II machte öffentlich be-
kannt, daß am Sonnabend früh 8 Uhr im Strafgefängnis von Plötzensee das Todesurteil an dem Raubmörder Kutscher Karl Kühn aus Neu=Weißensee durch
Enthauptung vollzogen worden ist. Der damals 19jährige Raubmörder wurde*

am 14. März v. J. vom Schwurgericht des Landgerichts II für schuldig befunden, in der Nacht zum 30. Oktober 1892 auf der Chaussee zwischen Französisch=Buchholz und Schönerlinde in Gemeinschaft mit dem 24jährigen Töpfergesellen Hermann Hahn den Fouragehändler Mützelburg aus Zerpenschleuse ermordet und beraubt zu haben. Hahn ist seit der That spurlos verschwunden. Für Kühn war in Anbetracht seines jugendlichen Alters von den Geschworenen ein Gnadengesuch eingereicht worden.

Hermann Hahn blieb verschollen. Die Berliner Gerichts-Zeitung schrieb am 7. April 1894:

Auf die Ergreifung des Raubmörders Töpfergesellen Hahn, der in Gemeinschaft mit dem bereits hingerichteten Arbeiter Kühn am 29. Oktober 1892 den Fouragehändler Mützelburg aus Zerpenschleuse zwischen Französisch Buchholz und Schönerlinde ermordete und beraubte, steht eine Belohnung von tausend Mark, die jetzt durch die Regierung in Potsdam wieder in Erinnerung gebracht wird.

Am 28. März 1894 enthauptete Friedrich Reindel in Bromberg den Zimmerer Ernst Hohm. „Dziennik Kujawski" berichtete am 30. März 1894:[149]

Hohm in Bromberg hingerichtet

Am 28. März leuchten ab 6 Uhr rot wie Blut Plakate, die auf den Gerichtsbeschluss gegen den Verbrecher Hohm hinweisen, der drei schreckliche Verbrechen gegen die Sittlichkeit begangen hatte. Die Feder weigert sich, über solche Untaten zu schreiben, die nach Rache zu Gott schreien. Der Verbrecher lachte über die Unschuld der zu kleinen Kleinen. Am 19. Dezember 1893 wurde die 3-jährige Rozalia Gaca auf einen einsamen Platz gelockt, misshandelt und dann brutal ermordet. Hohm wurde vom Schwurgericht zum Tode verurteilt.

Am 27. März wurde ihm mitgeteilt, dass er morgen hingerichtet werde. Der Verbrecher erklärte, dass er unschuldig sei und einen Komplizen habe, aber als er erfuhr, dass das Leugnen nichts nutzt, gestand er seine Schuld. Bewacht wurde er die ganze Nacht hindurch bei seinen zwei Wachen, die alle paar Stunden gewechselt wurden. Pastor Händler tröstete ihn auf dem Weg in die Ewigkeit. Angehörige kamen abends, um sich von ihm zu verabschieden. Sie haben ihm eine Flasche Wein und Brot mit Schinken gebracht. Er aß mit gutem Appetit und rauchte sechs Zigarren, danach schlief er friedlich für mehrere Stunden.

Morgens um 5 1/2 Uhr hatte sich ein großes Publikum vor dem Gerichtsgebäude versammelt. Auf den Gefängnishof wurden nur Personen mit Einlass-Karten rein gelassen. Im zweiten Gefängnishof, umgeben von hohen Mauern, wurde eine Bank mit einem Stamm am Ende aufgestellt. Scharfrichter Reindel nahm das Beil aus dem Etui, legte es auf den Tisch und bedeckte es mit schwarzem Tuch. Am Tisch saßen vom Gericht der Staatsanwalt, zwei Richter und ein Gerichtssekretär. Es waren etwa 40 Zuschauer, darunter der Vater der ermordeten Rosalie, außerdem wurde an der Mauer ein Zug vom 34. Infanterie-Regiment der Armee aufgestellt.

Kurz vor 6 Uhr legten Scharfrichter Reindel und seine drei Helfer ihre Mäntel ab. Reindel, ein Mann von etwa 50 Jahren, war in einem schwarzen Smoking gekleidet.

Pünktlich um 6 Uhr waren alle Vorbereitungen abgeschlossen. Es läutete die Armesünderglocke, und auf ein Zeichen des Staatsanwalts wurde der Täter, von einem Pastor begleitet, vorgeführt. Hohm, mit blassem Gesicht, ging einen Schritt auf den Tisch zu. Das Militär war angetreten, der Staatsanwalt verlas das Urteil, dann einen Regierungserlass, in dem stand, dass der Kaiser das Recht der Begnadigung nicht auszuüben beabsichtigte. Der Staatsanwalt zeigte Delinquent und Scharfrichter die kaiserliche Unterschrift, dann wurde Hohm ergriffen und so auf der Bank platziert, dass sein Kopf auf dem Stamm ruhte. Als Hohm den Kopf auf den Block legte, rief er: „Oh Gott, oh Gott!" In den Händen des Scharfrichters blitzte das Beil auf, und einen Moment später fiel der Kopf des Täters zu Boden. Die Axt steckte wenige Zentimeter tief im Holz. Die ganze Operation dauerte nur zwei Minuten.

Bald brachte man einen gewöhnlichen Sarg, in den die Helfer den Körper und den Kopf an der richtigen Stelle legten. Bald wurde der Sarg zugenagelt und auf den Leichenwagen geladen, der zum Friedhof auf Szubinska żwirówka fuhr, gelegt wurde. Hier warteten mit Kränzen Mutter und Ehefrau und weitere, die dem Sarg bis zum Grab folgten.

Hohms unglückliche Mutter war eine ehrliche Frau, die nicht wahrhaben wollte, dass ihr Sohn so ein trauriges Ende nehmen würde.

Im Mai 1894 beging Friedrich Reindel, inzwischen 69-jähriger preußischer Scharfrichter, nach Zeitungsnotizen das Jubiläum seiner 100sten Hinrichtung (92 Männer und acht Frauen hatte er bislang zu enthaupten gehabt). „Das Richtbeil, das er frei aus der Hand schwingt, wurde um 1840 von einem Dorfschmied in der Altmark verfertigt. Es wird stets gut scharf gehalten. Er erhält pro Hinrichtung ein Salär von 100 Mark, plus 10 Mark Tagegeld und freie Eisenbahnfahrt dritter Klasse zum Einsatzort und zurück."

Die „Nikolsburger Wochenschrift – Organ für Landwirtschaft, Lokal-, Gemeinde-, Schul- und Vereinsangelegenheiten" berichtete in ihrer Ausgabe vom 13. Mai 1894:

(Ein schauervolles Hundert.) Es ist ein gräßliches „Jubiläum", welches Herr Friedrich Reindel, der Scharfrichter für das Gebiet der preußischen Monarchie, demnächst begehen wird: Es ist die hundertste Hinrichtung! Reindel, der am 6. September d. J. sein 70. Lebensjahr vollendet, wohnt in Magdeburg und tritt sehr bescheiden auf. Als Gehilfen hat Herr Reindel einen Bruder, zwei Söhne und einen Schwiegersohn. Nach jeder Hinrichtung schreibt er die gewonnenen Eindrücke nieder. Unter den Gerichteten befinden sich acht Frauen. Das Richtbeil Reindel's ist vor etwa 50 Jahren von einem Dorfschmied in der Altmark angefertigt worden.

Das Jubiläum widerspricht im Übrigen den Angaben in Reindels Tagebuch: Dort waren bislang erst 92 Personen verzeichnet, wobei jetzt bereits einige Eintragungen versäumt worden waren, und zwar Wilhelm Brandes, der zweite Delinquent bei der Doppelhinrichtung am 5. Februar 1875 in Braunschweig, und Heinrich Hagemann, der am 1. März 1892 in Stade mit der Guillotine hingerichtet worden war und wo es zu einem Zwischenfall gekommen war. Laut Zeitungsberichten (1902) hatte Reindel auch nicht die von ihm angegebene Zahl von 196 Hinrichtungen vollzogen, sondern insgesamt 213 Personen enthauptet.

Am Dienstag, 19. Juni 1894, um sechs Uhr morgens enthauptete Friedrich Reindel im ostpreußischen Allenstein (Olsztyn) den russischen Untertan Iwan Korada. Er hatte einen Arbeitnehmer, der mit ihm arbeitete, getötet, um ihn um drei Mark und verschiedene kleine Gegenstände zu berauben. Dicht gedrängt hatte sich eine Menschenmenge auf dem Gefängnishof und auch auf den umliegenden Dächern eingefunden, als der Kanon Karau den Delinquenten auf den Richtplatz führte. Der Erste Staatsanwalt teilte Iwan Korada mit, dass der Kaiser von seinem Begnadigungsrecht keinen Gebrauch gemacht habe und nun das Todesurteil an ihm vollstreckt werden würde. Nach einem kurzen Gebet ergriffen die Henkersknechte den Verurteilten, die Axt blitzte – und in einem Augenblick den Kopf rollte auf den Boden. „Die gesamte Abwicklung dauerte kaum zwei Minuten", berichtete tags darauf die „Gazeta Olsztyńska" in polnischer Sprache. Reindel, Scharfrichter aus Magdeburg, habe seine berufliche Tätigkeit wie gewohnt in weißen Handschuhen ausgeübt, habe einen schwarzen Smoking und Zylinder getragen. Er sei in seinem Beruf *die Olive „Spezialist"* gewesen.[150]

Am 10. September 1894 hatte Reindel in Verden ein Todesurteil zu vollstrecken. Gustav Adolf Seidel war wegen Mordes an mehreren Personen zum Tode verurteilt worden. Am Morgen der Hinrichtung hatte der Scharfrichter Friedrich Reindel die beiden Beile besonders geschärft. Dabei soll er sich geschnitten haben. Mit blutigen Händen hielt er den Stiel des Beiles. Die Henkersgesellen hatten den Scharfrichter wohl noch nie so wütend gesehen. Nachdem der Priester die letzten Worte für den Delinquenten gesprochen hatte, hieb der Scharfrichter mit solcher Wucht das Beil in das Genick des zum Tode Verurteilten, dass der Schaft des Beiles tief in den Richtblock eindrang und die Kraft von drei Männern nötig war, es wieder herauszuziehen.[151]

Das Vollzugs-Plakat, 70 Zentimeter lang und 40 Zentimeter hoch, weiß und mit schwarzer Schrift bedruckt, hat der Scharfrichter nie weggegeben. Es gibt bekannt:

Bekanntmachung.

Der Handlungsgehülfe **Gustav Adolf Seidel**

aus Charlottenburg, geboren am 20. Februar 1870 zu Limbach im Königreich Sachsen, ist durch rechtskräftiges Urtheil des Königlichen Schwurgerichts zu V e r d e n *vom 19. Januar 1894 wegen Mordes in zwei Fällen, in jedem Falle* **zum Tode** *unter Aberkennung der bürgerlichen Ehrenrechte, sowie wegen eines Mordversuchs und wegen Unterschlagung in 2 Fällen zu 10 Jahren und 4 Monaten* **Zuchthaus** *verurtheilt.*

Derselbe hat sich der Verbrechen bezw. Vergehen gegen §§ 211, 43, 44, 246, 74 Str.=Ges.=Bs. dadurch schuldig gemacht, daß er durch mehrere selbstständige Handlungen in Gemeinschaft mit einem Anderen

1. *am 8.* **Mai 1893 zwischen Rotenburg und Bremen den Bäckergesellen Reinhold Krüger vorsätzlich und mit Ueberlegung zu tödten versucht hat,**

2. *am 10.* **Mai 1893 bei Hassendorf den Tischlergesellen Emil Voigt vorsätzlich und mit Ueberlegung getödtet, auch der Leiche die Sachen abgenommen und dieselben sich angeeignet hat,**

3. *am 16.* **Mai 1893 bei Ohrensen den Schlosser Jakob Dörr vorsätzlich und mit Überlegung getödtet, auch der Leiche die Sachen abgenommen und dieselben sich angeeignet hat.**

Durch Allerhöchsten Erlaß vom 27. August 1894 haben Seine Majestät der Kaiser und König entschieden, daß Allerhöchst Dieselben von dem Begnadigungsrecht keinen Gebrauch machen, vielmehr der Gerechtigkeit gegen den Verurtheilten freien Lauf lassen wollen.

Die erkannte Todesstrafe ist heute um 7 Uhr morgens auf dem Gerichtsgefängnißhof hieselbst

durch Enthauptung

an dem Handlungsgehülfen Gustav Adolf Seidel vollstreckt worden.

Verden, den 10. September 1894.

Der Erste Staatsanwalt.

Sporleder.

Der Schuhmacher Otto Franz aus Uemitz verlor am 13. September 1894 wegen Mordes in zwei Fällen in Stettin seinen Kopf. Das knallrote Vollzugs-Plakat, etwa 60 Zentimeter hoch und 40 Zentimeter breit, hat der Scharfrichter ebenfalls nicht aus der Hand gegeben. In schwarzen Lettern heißt es da:

Bekanntmachung

Der Schuhmacher **Otto Franz** *aus Nemitz durch Urtheil des Königlichen Schwurgerichts hierselbst vom 5. Mai 1894 wegen Mordes in 2 Fällen, begangen an seiner Ehefrau Bertha geb. Tanck, sowie an seiner Tochter Elise Franz, zum Tode verurtheilt, ist in Vollzug des Urtheils heute früh 6½ Uhr im hiesigen Bezirksgefängniß durch das Beil enthauptet worden.*

Stettin, 13. September 1894.

Der Königliche Erste Staatsanwalt.

Luther.

Bekanntmachungen wie diese waren im November 1889 in Preußen an die Stelle der bisherigen roten „Warnungsanzeigen" getreten, welche bereits im Vorfeld von den Litfaßsäulen herab bevorstehende Hinrichtungen angekündigt hatten – ein erster, wichtiger Schrift zur Geheimhaltung der Hinrichtungen.[152]

Nemitz ist heute Niemierzyn, ein Ortsteil der Stadt Stettin (Szczecin).

Nachrichten über einige von Scharfrichter Reindel im Herbst 1894 und Frühjahr 1895 vorgenommene Hinrichtungen wurden in dem Buch „Geschichtliche Stellung der Frau" abgedruckt. Unter den Delinquenten waren Karl Gottschalk aus Wolfsburg und der Bauerngutsbesitzer Josef von Stwolinski aus Lenkau im Kreis Kosel.[153]

Landsberg a. W., 19. Febr. Der Hofverwalter Karl Friedrich Gottschalk aus Wolffsburg, der am 2. November 1894 vom Landsberger Schwurgericht zum Tode verurteilt worden, weil er die Dienstmagd Wilhelmine Linke, mit welcher er ein Liebesverhältnis unterhielt, ermordet und deren Leiche, in Säcke eingehüllt, beseitigt hatte, in einer Kartoffelmiete versteckt hatte, wurde heute durch Reindel aus Magdeburg hingerichtet.

Ratibor. Heute Morgen erfolgte im Hofe des Justizgefängnisses durch den Scharfrichter Reindel die Enthauptung des Bauerngutsbesitzers Josef von Stwolinski aus Lenkau im Kreise Kosel. Am 23. November 1894 hatte Stwolinski seine Ehefrau, mit der er im Unfrieden lebte, durch einen Schuß ins Herz getötet, wofür er vierzehn Tage darauf durch das Schwurgericht zum Tode verurteilt wurde.

Dann wird dort Reindels Amtshandlung am 23. April 1895 beschrieben:

Aachen. Der Ackerer Konrad Küper aus Titz bei Jülich, der am 14. Dezember 1894 vom Aachener Schwurgericht zum Tode verurteilt wurde, weil er die unverehelichte Maria Schiffer, mit der er ein Liebesverhältnis unterhielt, ermordet und die Leiche auf einem Rübenacker vergraben hatte, wurde heute früh durch den Scharfrichter Reindel aus Magdeburg mittelst Guillotine hingerichtet.

Küppers Mord an der drei Jahre älteren Titzerin Maria Schiffers in der Nacht vom 22. auf den 23. Mai 1894 und der daraus resultierende viertägige Prozess in Aachen, der am 14. Dezember 1894 mit dem Todesurteil gegen Küpper endete, hatten großes Aufsehen erregt.[154]

Im Jahre 1895 erfolgte in Preußen bei 324 Fällen von Mord und Totschlag in 68 Fällen durch die Gerichte eine rechtskräftige Verurteilung wegen Mord, vollstreckt wurden 31 Todesurteile. Für die Jahre 1892-1896 liegen die Zahlen durchschnittlich bei 25 Hinrichtungen in 370 Fällen von Mord- und Totschlag.[155]

Reindels waren im Magdeburger Adressbuch von 1895 wie folgt vertreten:[156]

Reindel, Friedr., Abdeckereibesitzer, E, Steinkuhlenstr. 3.
– Emil, Scharfrichter, E, Ebendorferstr. 38.
– Wilhelm, Scharfrichter, Ebendorferstr. 3. I.

Am 15. Juni 1895 hatte Friedrich Reindel in Bielefeld den Arbeiter Wilhelm Schlottmann zu enthaupten. Die dortige Königliche Staatsanwaltschaft teilte dem Scharfrichter unterm 13. Juni 1895 mit (kurze Wortlücken wegen des mittlerweile stark verwitterten Papiers):[157]

In der Strafsache gegen den Arbeiter Wilhelm Schlottmann von hier wegen Mordes und Nothzucht ist mir gestern die Nachricht zugegangen, daß Se. Majestät der Kaiser und König von Allerhöchstihrem Begnadigungsrecht keinen Gebrauch machen, sondern der Gerechtigkeit freien Lauf lassen wollen.

Der Termin der Hinrichtung ist von ... Eingang Ihres Telegrammes sowie d... schriebenen Briefes definitiv auf

Sonnabend, den 15. Juni 1895, Morgen...

auf dem Gefängnißhofe hierselbst festgesetzt.

Ich nehme also bestimmt an, daß Sie morgen (Freitag) mit Ihren Gehülfen und den erforderlichen Utensilien hier eintreffen werden.

An Vergütung wird Ihnen das übliche Pauschquantum von 450 Mark bewilligt.

Beigefügt war die am gleichen Tag ausgestellte Ermächtigung für den Scharfrichter.

Der Erste Staatsanwalt beim Landgericht Bielefeld hatte bereits am 27. April des Jahres Kontakt zu Scharfrichter Reindel aufgenommen. Den Hinrichtungstermin wollte man der seinerzeit von Reindel angegebenen Deckadresse, „Frau Grünenthal, Magdeburg, Steinkuhlenstr. 3", zugehen lassen. Im Falle der Nicht-Begnadigung wollte man Reindel unter denselben Konditionen wie bei der Hinrichtung des Neubauers Wilhelm Hurrelbrink im Herbst 1892 beauftragen.

Zeitungsnotizen über Amtshandlungen von Friedrich Reindel im Jahre 1895 sind insgesamt gesehen rar. Dennoch war er allein in dem Jahr laut Tagebuch 30-mal im Einsatz.

Der „Tagesbote aus Mähren und Schlesien", Brünn, berichtete am 6. Juli 1895 von einer Doppelhinrichtung in Düsseldorf:

(Repro: Blazek)

Eine der 1895 zu enthauptenden Personen war ferner der Schlächtergeselle Otto Müller. Ihn hatte Reindel am 16. Oktober 1895 in Plötzensee zu enthaupten. Tags darauf berichtete die Berliner Gerichts-Zeitung über die Hinrichtung:

*** Der Mörder der Juweliersfrau Mewers, Schlächtergeselle Otto Müller, der gestern auf dem Hofe des Strafgefängnisses zu Plötzensee durch den Scharfrichter Reindel hingerichtet worden, ist am Dienstag Nachmittag nach Plötzensee übergeführt worden. Müller, ein Mann von erst 19½ Jahren, zeigte in

der letzten Zeit ein reuiges Wesen. Den letzten Besuch erhielt er vor vier Wochen von einer verheirateten Schwester. Dienstag Nachmittag um 1 Uhr verlas ihm in der Zelle 364 des Flügels C im Untersuchungsgefängnis zu Moabit Staatsanwalt Lademann im Beisein eines Gerichtsschreibers die Kabinetsordre, daß der König der Gerechtigkeit freien Lauf lassen wolle, und die Hinrichtung am Mittwoch früh um 7½ Uhr stattfinden werde. Der Mörder erbleichte stark, war aber sonst gefaßt. Nach Verlesung der Cabinetsordre nahm man ihm die Fesseln ab und gab ihm zwei Aufseher bei. Nach dem Weggange des Staatsanwaltes besuchte ihn der Anstaltsgeistliche Prediger Hirsch, der eine Viertelstunde bei ihm verweilte. Um 3 Uhr fuhr durch das Portal an der Straße Alt=Moabit 13 der Polizeiwagen in den Gefängnißhof ein und verließ ihn schon nach wenigen Minuten wieder mit dem Delinquenten. Vier berittene Schutzleute begleiteten den Wagen, in dem zwei Schutzleute mit dem Mörder Platz genommen hatten. Am Portal war im Gegensatz zu früheren Fällen Polizei nicht aufgeboten. Es hatten sich auch nur wenige Neugierige eingefunden.

Das war der Eindruck von außen. Der österreichische Friedensjournalist Alfred Fried (1864-1921), ein führender Gegner der Todesstrafe, bedauerte hingegen, dass zu dieser Hinrichtung 60 Eintrittskarten ausgegeben worden seien. „Verschiedene Herrschaften, darunter viele Offiziere, fuhren am Morgen in eleganten Equipagen zu dem seltenen Schauspiel. ... Sollen etwa jene 60 Standespersonen", fragte er ironisch, „die Öffentlichkeit bilden, die abgeschreckt werden soll?"[158]

Der in Löbau gedruckte „Sächsische Postillon" berichtete in seiner Ausgabe Nr. 275 vom 26. November 1895 über eine von Friedrich Reindel soeben, am 23. November 1895, in Görlitz vollzogene Hinrichtung:

(Sonnabend) Am Sonnabend wird in Görlitz die Hinrichtung des Häuslers und Ziegelarbeiters Wilhelm Henke aus Spree durch den Scharfrichter Reindel vollzogen. Die „Görlitzer Nachrichten" schreiben darüber: „Der Tag dämmerte grau und trüb hinauf, als sich die ersten der als Zeugen geladenen Herren auf dem hiesigen Gefängnißhofe der Frauenabteilung einfanden.

Schlag ½ 8 Uhr ertönte schrill das Armesünderglöcklein in die Stille des Morgens hinein und kündete den Anwohnern und den zahlreichen auf dem Postplatz versammelten Neugierigen, daß ein Verbrecher den letzten Gang thue. Nur 5 Minuten währte das Läuten, dann rasselte von dem Hofe der Männer-Abteilung der Leichwagen herbei, das Urtheil war vollzogen, die Zeugen des grausigen Aktes verließen ernst die Pforte des Gerichtsgebäudes. Henke hat den Weg zum Schaffot ziemlich gefaßt zurückgelegt, wenn auch sein schlotternder Körper die Todesangst verrieth. Die eigentliche Hinrichtung geschah sehr schnell und sicher. Es war die 138. Hinrichtung Reindels und seine 8. in diesem Monat. Die letzte Hinrichtung vollzog Reindel in Görlitz im September 1893 an der Arbeiterin Schubert. Reindel führt die Enthauptung meistens mit dem Beil aus, wie es auch hier geschehen ist, doch schreibt das Gesetz für einige Provinzen, wie Hannover und Rheinland, auch die Anwendung der Guillotine vor. Im Jahr 1842 wohnte Reindel als Gehilfe der ersten Hinrichtung bei, bei der, nebenbei bemerkt, noch das Schwert benutzt wurde."

Am 18. Dezember 1895 enthauptete Friedrich Reindel im schlesischen Oels den Viehwärter Johann Kupitz. Am 12. Juli 1895 war er wegen Mordes zum Tode verurteilt worden, nachdem er am 11. Mai seine Frau in einen Teich geworfen hatte, wonach sie ertrunken war. Die Enthauptung erfolgte um punkt 8 Uhr mit dem Beil im Oelser Gefängnis.[159]

Zwei weitere Male reiste „Vater Reindel" nach Oels (Oleśnica) in der Provinz Schlesien („Preußisch-Schlesien"), um die Höchststrafe zu vollziehen, nämlich am 2. April 1896 und 19. November 1897.[160]

Der „Tagesbote aus Mähren und Schlesien", Brünn, berichtete am 8. Januar 1896 von einer soeben erfolgten Enthauptung:

Beuthen, 8. Jänner. Im Hofe des Gerichtsgefängnisses wurde heute früh der berüchtigte Wilderer Sobczyk, welcher in der ersten Hälfte des vorigen Jahres ganz Oberschlesien unsicher gemacht und drei Menschen ermordet hatte, vom Scharfrichter enthauptet, nachdem der Kaiser vom Begnadigungsrechte keinen Gebrauch gemacht hatte.

Dazu berichtete die 1893 gegründete niederländische Zeitung „Utrechtsch Nieuwsblad – Nieuws- en Advertentieblad voor Utrecht en Omstreken" am 27. Januar 1896: Der Scharfrichter Reindel aus Magdeburg habe in diesen Tagen im Gefängnis Beuthen Sobczyk, den Cartouche von Schlesien, geköpft. Zufällig sei in der gleichen Stadt der Gefängnis-Kerkermeister Masse zu acht Jahren Zwangsarbeit verurteilt, weil er Sobczyk und anderen zum Tode Verurteilte zur Flucht verholfen hatte. „Er konnte nicht dulden, dass ein Mensch ermordet wurde."

Friedrich Reindel berichtete in seinem Tagebuch über die Todeskandidaten. Am 15. Februar 1896 äußerte zum Beispiel ein Delinquent folgenden Wunsch: „Auf die Frage des Ersten Staatsanwaltes, ob er noch einen Wunsch habe, bat er, ob es ihm noch gestattet werde, seine Eltern zu sehen." Der letzte Wunsch wurde ihm gewährt. Der Scharfrichter notierte weiter: „Er war vollständig gefaßt und sagte seiner jammernden Mutter, daß die Zeit bereits vorgeschritten sei."[161]

Dieser Termin deckt sich nicht mit den Angaben mit der noch folgenden Tagebuch-Liste.

Der Oberstaatsanwalt in Frankfurt am Main teilte Scharfrichter Friedrich Reindel unterm 1. Juni 1896 mit, dass möglicherweise in nächster Zeit im Bereich des dortigen Oberlandesgerichtsbezirkes, und zwar in Neuwied am Rhein, ein Todesurteil zu vollstrecken zu sei. „Für diesen Fall beabsichtige ich, Sie zum Scharfrichter zu bestellen." Reindel wurde ersucht, umgehend brieflich und nicht telegraphisch mitzuteilen, ob er Zeit habe. Das Nähere würde demnächst der zuständige Erste Staatsanwalt mit Reindel vereinbaren. „Die vorliegende Mittheilung wollen Sie streng geheim halten."[162] Laut Reindels Tagebuch wurde allerdings 1896 in Neuwied kein Todesurteil von ihm vollstreckt.

Das Schreiben der Frankfurter Oberstaatsanwaltschaft unterzeichnete der Königlich Preußische Oberstaatsanwalt bei dem Oberlandesgericht zu Frankfurt am Main, Geheimer Oberjustizrat Dr. Eduard Hupertz.

Am 12. Juni 1896 reiste Friedrich Reindel bereits zum dritten Mal binnen vier Jahren nach Elberfeld, um diesmal die Todesstrafe an dem Mörder Henzerling zu vollziehen. Hierzu heißt es in dem Buch von Wolfgang Müller „Sechs Jahrzehnte Zeitgeschehen im Spiegel der Heimatzeitung – General-Anzeiger der Stadt Wuppertal, 1887-1945" (1959) auf Seite 48:

(...) Mit dieser Einrichtung, die übrigens HERMANN LÖNS beim „Hannoverschen Anzeiger" einige Jahre vorher auf ihre Brauchbarkeit und Beliebtheit beim Publikum ausprobiert hatte, trug Heinrich Tölke zur Volkstümlichkeit der Zeitung ganz erheblich bei. Man merkt es den alten Nummern an, daß Thölke sich erheblich im lokalen Teil betätigte. Politische Leitartikel schrieb er weniger, wenigstens in damaliger Zeit. So wird das Interview, das er mit dem Scharfrichter Reindel am 13. Juni 1896 hatte, der nach Elberfeld gekommen war, um den Mörder Henzerling zu köpfen, und in dem alle Einzelheiten des Zusammenseins bis zum gemeinsam gekippten Doppelkorn haarklein geschildert wurden, sicherlich vom Publikum „gefressen" worden sein. Es war schon so, daß nichts passieren konnte, ohne daß der General-Anzeiger nicht davon Notiz nahm. Und – man darf es schon sagen – es passierte sehr viel, was der Leserschaft mitzuteilen man für richtig hielt. Vieles, was eine Redaktion heute mit drei Zeilen abtun würde, war damals eine Haupt- und Staatsaktion, über die tage- und spaltenlang berichtet wurde.

Im Jahre 1896 reiste Friedrich Reindel zweimal nach Trier, um zum Tode verurteilte Personen hinzurichten. Dort hatten seit 1868 keine Hinrichtungen mehr stattgefunden. Im Juli 1896 richtete Reindel dort die Witwe Schneider aus Slipshausen und ihren Komplizen Stellmacher Meurer hin. Beide waren wegen der Vergiftung des Ehemannes der ersteren „unter besonders verwerflichen Umständen" zum Tode verurteilt gewesen.

Die Hinrichtung fand im Gefängnishof statt, wo das in Schwarz gehüllte Gerüst stand. Davor befand sich ein Tisch mit einem Kruzifix und zwei Kerzen. Meurer war der Erste, der gegen fünf Uhr morgens exekutiert wurde. Er beteuerte seine Unschuld bis zum Schluss. Dann wurde Schneiders Witwe gebracht. Sie war ganz in Schwarz gekleidet und ging tapfer, aber ohne zu prahlen, zur Ausführung. Der Geistliche, von dem sie eifrig getröstet worden war, begleitete sie bis an den Fuß des Gerüsts. Als sie mit dem Rücken zum Schafott gekehrt stand, las der Staatsanwalt ihr das kaiserliche Dekret von der Zurückweisung der kaiserlichen Gnade und lieferte sie dann an den Henker aus. Schneiders Witwe starb, ohne Schwäche, mit Mut und Resignation, die sie bis zum letzten Moment bewahrt hatte. „Diese atemberaubende Resignation und dieser bewundernswerte Mut, den Frauen generell vor den Qualen des Todes beweisen, hat die Aufmerksamkeit nicht nur auf Kriminologen angezogen, sondern auch Psychologen."[163]

Am 25. Juli 1896 informierte die „Nikolsburger Wochenschrift – Organ für Landwirtschaft, Lokal-, Gemeinde-, Schul- und Vereinsangelegenheiten" über die Urteilsvollstreckung: „(Ein Mörderpaar hingerichtet.) Die Witwe Schneider und deren Geliebter, der Stellmacher Meurer aus Slipshausen, die am 23. Februar 1895 vom Schwurgerichte Trier wegen des an dem Ehemann der Ersteren, verübten Giftmordes zum Tode verurtheilt wurden, sind durch den Scharfrichter Reindel aus Magdeburg hingerichtet worden."

Die zweite Hinrichtung vollzog Scharfrichter Reindel am 25. September 1896 an Franz Blaes aus Michelbach. Die Meldung über den Vollzug der Todesstrafe datiert vom 25. September 1896:[164]

Der Erste Staatsanwalt, Trier, den 25. September 1896

Euer Excellenz beehre ich mich ganz ergebenst mitzutheilen, daß der durch Urtheil des Schwurgerichts zu Trier vom 29. Februar d. Js. wegen Muttermordes zum Tode verurtheilte Maurer Franz Blaes von Michelbach heute Morgen 7 Uhr in der hiesigen Strafanstalt hingerichtet worden ist.

Der Erste Staatsanwalt

Mallmann

An den Herrn Ober=Präsidenten der Rheinprovinz
Excellenz zu Coblenz.

Via Deckadresse von Carl Grünenthal, Steinkuhlenstr. 3, Magdeburg, wurde Friedrich Reindel unterm 20. November 1896 von Lyck, der Hauptstadt Masurens, aus angefordert. Erster Staatsanwalt Schwierzina bat, den Delinquenten Sawitzki am Donnerstag, den 26. des Monates, morgens um 7 Uhr hinzurichten und mit den erforderlichen Hilfskräften und Geräten rechtzeitig vor Ort zu sein.[165]

In der US-amerikanischen Zeitung „The San Francisco call" verlautete überraschend am 25. November 1896: „Jetzt, da Preußens hoher Scharfrichter, Herr Reindel, beabsichtigt, in den Ruhestand zu treten, sind Hunderte von Bewerbern auf sein Amt erschienen. Er bekommt 37 Dollar für jede Ausführung und seine Reisekosten." Am 17. Januar 1897 wiederholte dieselbe Zeitung ihre Meldung, nun aber mit dem Hinweis auf die inzwischen frei gewordene Stelle.

Drei Tage später, am 20. Januar 1897, berichtete dann allerdings der „Salt Lake City herald.": „Matilde Heintzo, die nach Vergiftung ihres Ehemanns mit Arsen bei Sarnawko/Preußisch-Polen in die Vereinigten Staaten geflohen war, von wo sie ausgeliefert worden war, ist gerade in Lissa hingerichtet worden. Die Enthauptung wurde wie gewohnt durch ein beidhändig geführtes, großes Schwert vom Scharfrichter Reindel vollzogen." Diese Hinrichtung war bereits am 24. November 1896 vollzogen worden.

Am 26. Dezember 1896 wandte sich der Erste Staatsanwalt in Güstrow, Dr. Gustav Kerstenhann, an den Scharfrichter Reindel:[166]

Seine Königliche Hoheit der Großherzog von Mecklenburg Strelitz haben erklärt, in der Strafsache wider die verwittwete Arbeitsfrau Bernitt und den Händler Brüggemann, beide aus Neubrandenburg, welche durch Urtheil des hiesigen Großherzoglichen Schwurgerichts zum Tode verurtheilt sind, von dem Begnadigungsrechte keinen Gebrauch machen zu wollen.

Ich habe als Tag der Execution Montag den 4 Januar 1897 vormittags 8 1/2 Uhr in Aussicht genommen und frage bei Ihnen an, ob Sie bereit sind, an diesem Tage die Execution unter denselben Bedingungen, unter welchen Sie das Urtheil gegen Falk und Schmitz vollstreckt haben, zu vollziehen.

Reindels Unterschrift auf dem „Contract" vom 3. Januar 1897. Repro: Blazek

Reindel war bereit und wurde am 30. Dezember vom Ersten Staatsanwalt per Telegramm gebeten, sich am Vortag um 17 Uhr im Landgerichtsgebäude bei ihm zu melden. Dort wurde dann an Ort und Stelle ein Vertrag aufgesetzt, den der Erste Staatsanwalt und der Scharfrichter unterschrieben. Insgesamt 750 Mark sollte Reindel demzufolge „sofort nach geschehener Execution" erhalten. Der „Tagesbote aus Mähren und Schlesien", Brünn, berichtete am 7. Januar 1897:

Güstrow, 7. Jänner. *Hier wurde der Viehhändler B r ü g g e n a u und die verwitwete Arbeitsfrau B e r n i t t, die am 26. October 1896 wegen Giftmordes zum Tode verurtheilt worden waren, vom Scharfrichter R e i n d e l aus Magdeburg enthauptet.*

Der „Tagesbote aus Mähren und Schlesien", Brünn, berichtete am 25. Januar 1897 von einer soeben erfolgten Enthauptung:

Neiße, 25. Jänner. *Der Schuhmacher W i e l j u s k i, welcher wegen M o r d e s zum Tode verurtheilt worden war, wurde nun vom Scharfrichter R e i n d l (sic!) aus Magdeburg hingerichtet.*

Der Erste Staatsanwalt bei dem Königlichen Landgericht Neiße musste am 27. März 1897 noch einmal nachfassen, da Friedrich Reindel für jeden Gehilfen 30 Mark statt der laut Gebührenbrief vom 18. April 1884 zugebilligten 20 Mark angesetzt hatte. Dort war von der „Strafsache wider Wielonski" die Rede.[167]

In den „Schriften für Sachsen Meiningische Geschichte und Landeskunde" verlautete 1897: „Am 12. März früh 8½ Uhr fand im Zuchthause zu Untermaßfeld die Hinrichtung des Mörders Paul Steiner aus Steinach durch den Scharfrichter Reindel aus Magdeburg statt. Steiner hatte bekanntlich eine geistesschwache Frauensperson, mit welcher er intimen Umgang gepflogen hatte, im Walde bei Steinach erwürgt und wurde deshalb am 17. Oktober 1896 vom Schwurgericht in Meiningen zum Tode verurteilt. Da er nach seiner Verurteilung Geisteskrankheit simulierte, wurde er auf seinen Geisteszustand hin längere Zeit beobachtet und auch von Professor Binswanger aus Jena eingehend untersucht, wobei sich herausstellte, daß Steiner durchaus geistig zurechnungsfähig war. Seine Mordthat hat er bis zum letzten Augenblick geleugnet; nach der Angabe des Anstaltsgeistlichen, Kirchenrat Dr. Füßlein, hat Steiner noch tags zuvor den Eindruck eines frechen Verbrechers gemacht, der trotz des nahen Todes sein Gewissen durch ein Geständnis nicht erleichterte. Die Hinrichtung wurde von Staatsanwalt Seel geleitet, zugegen waren außerdem Landgerichtsrat Heil, Gerichtssekretär Richter und 12 Zeugen aus Untermaßfeld. Seit dem Jahre 1864, wo in Hildburghausen eine Hinrichtung mittelst Fallbeiles erfolgte, ist im Herzogtum Meiningen ein Todesurteil bis heute nicht vollstreckt worden. S. H. der Herzog hat im vorliegenden Steinerschen Fall von dem ihm zustehenden Falle von dem ihm zustehenden Begnadigungsrechte zum ersten Male seit seinem Regierungsantritt keinen Gebrauch gemacht. Die letzten Worte des Mörders, der mit Gewalt zum Richtblock gebracht werden mußte, waren: ‚Schenken Sie mir doch das Leben!' Die Leiche Steiners wurde der anatomischen Anstalt der Universität Jena überwiesen. Reindel erhielt für die Hinrichtung einschließlich der Reisekosten 600 Mk."[168]

Am 13. Juli 1897 wurde der 31-jährige Mörder seiner Eltern Christoph Gustav Ebeling aus Trüstedt, ein wohlhabender Ackermann und Erbpächter, vom Scharfrichter Reindel im Stendaler Gefängnis, Hallstraße 27, enthauptet. Beim Standesamt Stendal findet sich der Eintrag:[169]

Auf Grund der Mittheilung des Königlichen Ersten Staatsanwalts zu Stendal wird hiermit eingetragen, daß der Ackermann Christoph Gustav Ebeling, 31 Jahre alt, evangelischer Religion, wohnhaft zu Trüstedt, Kreis Gardelegen, geboren zu Trüstedt, verheirathet mit Minna geborene Schulze, Sohn des Ackermanns Christoph Ebeling und dessen Ehefrau Karoline geborenen Bethge, beide verstorben zu Trüstedt, zu Stendal auf dem Grundstücke Hallstraße N° 27, am dreizehnten Juli des Jahres tausend acht hundert neunzig und sieben, Vormittags um sechs Uhr verstorben sei.

Als am 28. August 1897 die Goldene Hochzeit von Auguste Amalie und Friedrich Reindel stattfand, war erneut das Interesse der „New York Times" geweckt. Die Familie feierte in der Sankt-Katharinen-Kirche in Magdeburg [diese ist bei einem Bombenangriff während des Zweiten Weltkrieges am 28. September 1944 ausgebrannt], und zwar in Anwesenheit einer Anzahl von Scharfrichtern aus anderen deutschen Staaten. Und: Bei der Gelegenheit feierte der Sohn Wilhelm mit seiner Frau Caroline Wilhelmine Louise Silberhochzeit.

Glückwünsche kamen sogar aus dem Königshaus.

Wohl gemerkt hatte die ausländische Presse ein viel größeres Interesse an diesem Ereignis als die Zeitungslandschaft im Deutschen Reich. Da war dann auch jedes Wort, das dem Berufsstand zuwider gewählt worden zu sein scheint, besonders hervorgehoben. So soll die königliche Ehrung sinngemäß diesen Wortlaut gehabt haben: „In Erinnerung an dieses glückliche Familienereignis sendet Seine Majestät dem Jubelpaar Seine besten Glückwünsche. Seine Majestät verehrt ihnen zudem die eingeschlossene Hochzeitsjubiläumsmedaille, verbunden mit den Wünschen, dass sie unter Gottes Schutz im guten Miteinander leben werden und sich noch lange an einem glücklichen und zufriedenen Lebensabend erfreuen mögen."[170]

Der „Launceston Examiner", eine 1842 gegründete Tageszeitung in Launceston, Tasmanien (Australien), wies erst in seiner Ausgabe vom 4. Dezember 1897 auf die goldene Hochzeit des preußischen Scharfrichters hin. Frei übersetzt heißt es da: „Reindel, der Scharfrichter von Magdeburg, der rund 200 Übeltäter hingerichtet hat und diese düstere Arbeit für Deutschland im Allgemeinen tut, hat gerade seine goldene Hochzeit gefeiert, zu welchem interessanten Jubiläum er ein herzliches Glückwunschschreiben vom Leiter des Kaiserlichen Privat-Kabinetts im Namen Seiner Majestät erhielt."

Im deutschsprachigen Raum berichtete „Politik" am 3. September 1897: „Der Deutsche Kaiser und der preußische Scharfrichter, Preußens Scharfrichter Reindel in Magdeburg, der seine goldene Hochzeit feierte ..."

„Národné noviny", eine 1834 in Agram (Zagreb)/Kroatien gegründete Zeitung, berichtete am 4. September 1897 ebenfalls über die Feier und die Gratulation aus dem Königshaus.

Am 6. September 1897 feierte Friedrich Reindel seinen 75. Geburtstag. Zeitungen berechneten nach polnischen Informationen, dass er inzwischen bereits 188 Todesurteile in Deutschland vollstreckt gehabt habe. Darunter seien mit 31 die meisten in Schlesien, 24 im Rheinland, 10 in Berlin, je eine in Hessen-Nassau und im Fürstentum Meiningen gewesen. In Ostpreußen habe Reindel laut der Zusammenfassung insgesamt 19 Hinrichtungen vollzogen.[171]

Tagesbote aus Mähren und Schlesien vom 22. November 1897. Repro: Blazek

Der „Tagesbote aus Mähren und Schlesien", Brünn, berichtete am 22. November 1897 von einer unlängst erfolgten Enthauptung:

(Hinrichtung.) Wie aus Oels (Preußisch=Schlesien) gemeldet wird, wurde der 70jährige Ortsarme Gottlieb Mittmann aus Neudorf, der die 91jährige Ortsarme Witwe Weyrauch ermordet hatte, am 19. d. durch den Scharfrichter Reindel hingerichtet.

Der „Tagesbote aus Mähren und Schlesien", Brünn, berichtete am 3. Mai 1898 vom Aufschub einer Hinrichtung:

Güstrow, 30. April.

(Unterbrochene Hinrichtung.) Hier sollte vor einigen Tagen die Hinrichtung des Maurerlehrlings Miertz vollzogen werden. Er hatte den achtjährigen Knaben Trubel auf dem alten Friedhof zu Strelitz beraubt und ermordet. Scharfrichter Reindel mit seinen Gesellen war eingetroffen, alle Vorbereitungen waren beendet, der Mörder war schon auf dem Richtplatze erschienen, als im letzten Augenblick die Hinrichtung aufgeschoben werden mußte. Miertz machte in Gegenwart des Geistlichen und der Staatsanwaltschaft Aeußerungen, nach denen er die That einräumte, zugleich aber von einem Zieglergesellen unterstützt sein will. Auch bekannte er sich verschiedener Brandstiftungen schuldig. Wegen dieser Aeußerungen wurde die Vollstreckung des Todesurtheils aufgeschoben. Die Verhaftung des beschuldigten Zieglergesellen wurde telegraphisch angeordnet.

Bekanntmachung des Ersten Staatsanwalts in Tilsit über die soeben erfolgte Hinrichtung von Dorothea Ruddat. Foto: Blazek

Am 21. Mai 1898 hatte Friedrich Reindel einen Ausnahmeauftrag zu erledigen: die Hinrichtung von vier Menschen. Das „Staufener Wochenblatt" berichtete am 28. Mai 1898 über das nicht nur für Scharfrichter Reindel besondere Ereignis:

Allerlei.

* Eine 4fache Hinrichtung. *In der Morgenfrühe des 21. Mai wurden zu Duisburg, im Rheinland, vier Menschen im Alter von 20 bis 28 Jahren, darunter auch ein junges Weib, aus dem Gefängniß auf den Hof geführt und von dem Scharfrichter Herrn Reindel enthauptet. Die Geschichte dieser vier Menschen ist eine höchst einfache. Das Weib wollte sich ihres Mannes entledigen, – er war Bergarbeiter in Meiderich – und gewann zu diesem grausigen Unternehmen die Unterstützung der drei Burschen. Allesammt wollten nach verübter That, nachdem sie die wenigen Habseligkeiten des Ermordeten sich angeeignet hatten, den Weg übers große Wasser einschlagen, und sich so der Strafe entziehen. In Belgien wurde man bereits ihrer habhaft; man führte sie nach Duisburg ins Gefängniß zurück, wo man ihnen den Prozeß machte. Sie wurden zum Tode verurtheilt. Das Reichsgericht hob wegen eines Formfehlers dieses Urtheil auf, und bei der erneuten Verhandlung fällte das Schwurgericht dasselbe Urtheil, das nun zwei Jahre nach der That in diesen Tagen vollstreckt wurde. Mit stillem Grauen liest man den Bericht darüber. Die drei Männer zeigten sich bis unmittelbar vor der Hinrichtung ziemlich gefaßt. Ein Bild des Jammers bot indeß die Frau, Schula war ihr Name. Zitternd und schwankend trat sie vor das Gericht; in ihrem jugendlich hübschen Gesicht spiegelten sich Furcht und Grauen vor dem Tode. Unter Stöhnen trug sie dem Richter die letzten Grüße an ihre Verwandten auf. Als die Gehilfen des Scharfrichters sie in Empfang nehmen wollten, stürzte sie noch einmal vor dem Kruzifix nieder und verrichtete mit Lauter Stimme ein kurzes Gebet. Während die Männer gleichsam willenlos sich ihrem Geschick ergeben und stumm sich zum Block hatten führen lassen, war bei der Frau ein sichtliches Widerstreben vor dem Tode bemerkbar. Auch dieses letzte Haupt fiel, und in demselben Augenblick erscholl zum vierten Mal der schaurige Ruf des Scharfrichters: „Das Urtheil ist vollstreckt!"*

Am Montag, dem 27. Juni 1898, wurde in Gleiwitz der Grubeninvalide Florian Czipa, der am 16. August 1897 im Makoschauer Walde den Bergmann Schieron ermordet hatte, von Scharfrichter Friedrich Reindel hingerichtet. Am 1. Juli 1898 berichtete der „Der oberschlesische Wanderer – Oberschlesische Zeitung" in Gleiwitz hierüber am Rande und an anderer Stelle:

Tages=Chronik. *V. Scharfrichter Reindel will zu Schluß des Jahres sein Handwerk aufgeben. Er hat einen Schwiegersohn, der bereits bei 11 Hinrichtungen mit thätig gewesen ist. Außerdem hat sein Sohn bereits 2 Hinrichtungen selbst ausgeführt.*

Das „Prager Tagblatt" wusste in seiner Ausgabe vom 29. Juni 1898, dass es die 200. Hinrichtung von Reindel gewesen sei:

* [Ein Scharfrichter=Jubiläum.] Der Scharfrichter Reindel aus Magdeburg vollzog vorgestern in Gleiwitz die zweihundertste Hinrichtung. Die Todesstrafe

wurde an einem Berginvaliden vollzogen, der einen Bergmann, mit dessen Frau er ein Liebesverhältniß unterhielt, erschossen hatte.

Bereits einen Tag später kam Reindel in Oppeln zum Einsatz.

Am 1. Juli 1898 kündigte das „Prager Tagblatt" die bevorstehende Pensionierung von Reindels Amtskollegen Louis Deibler (1823-1904) in Paris, der von 1863 bis 1870 der Scharfrichter der Bretagne und von 1879 bis 1898 Scharfrichter von ganz Frankreich gewesen war, an:

* [Pensionirung eines Scharfrichters.] Der Scharfrichter von Paris, Deibler, wird demnächst seines vorgerückten Alters wegen sein blutiges Handwerk aufgeben. Sein Sohn dürfte ihm im Amte folgen. Deibler sen. ist der Schwiegersohn des Henkers von Algier Rasenoeuf. Er übte sein Handwerk durch dreißig Jahre in Algier aus und machte auch seine Lehrlingszeit daselbst durch.

Der „Tagesbote aus Mähren und Schlesien", Brünn, berichtete am 26. August 1898 von der Hinrichtung des Kornträgers Robert Maaß:

Stettin, 23. August.

(Hinrichtung.) Auf dem Hofe des hiesigen Gerichtsgefängnisses wurde heute früh der Kornträger Robert Maaß von hier, welcher in der Sitzung des Schwurgerichtes vom 20. Jänner d. J. wegen Ermordung der Waschfrau Friederike Lörke zum Tode verurtheilt worden war, durch den Scharfrichter Reindel aus Magdeburg hingerichtet.

Am 28. September 1898 reiste Friedrich Reindel wieder nach Allenstein in Ostpreußen. Das blutige Spektakel fand diesmal in einem neuen Gefängnis an der heutigen al. Pilsudski statt. Mitte des Jahres 1895 hatte man dort begonnen, das Gefängnis direkt neben dem Gerichtsgebäude zu bauen, nicht einmal drei Jahre später wurde es offiziell eröffnet.[172]

Für den 1. November 1898 verzeichnete Scharfrichter Reindel in seinem Tagebuch eine Hinrichtung in Stade (ohne Angabe des Namens). Dort war allerdings bereits am 1. September 1898 nach der sofort zu Papier gebrachten Bekanntmachung des Ersten Staatsanwalts in Stade, Geheimer Justizrat Cludius, der Schuhmacher Hermann Granz „auf dem Gefangenhofe des Königlichen Landgerichts" enthauptet worden.

Der Schriftsteller und Filmemacher Hanns Heinz Ewers (1871-1943) beschreibt in der Novelle „Die Herren Juristen" (1905), veröffentlicht in seiner Erzählungssammlung „Das Grauen" aus dem Jahre 1907, den Fall des Raubmörders Koschian, der einige Jahre zuvor, an einem 17. November, mit der Guillotine hingerichtet worden war. Demnach hatte ein Staatsanwalt einem Präsidenten folgende Worte entgegengebracht: „Es war vor vier Jahren, am 17. November, als ich in Saarbrücken der Guillotinierung des Raubmörders Koschian beiwohnte." Wie weiter verlautete, war Koschian in der Eifel auf Wanderschaft gewesen, wo er einen anderen, 71 Jahre alten Landstreicher traf. Koschian schlug den alten Mann mit einem Knüppel nieder, um ihn seiner Barschaft von sieben Pfennigen zu berauben. Letzterer wurde dabei schwer verletzt und in einen Straßengraben

112

geworfen. Drei Tage später suchte Koschian den Verletzten erneut auf, um ihn mit dem Knüppel totzuschlagen. Dann blieb er noch einen halben Tag in der Nähe seines Opfers, um sich zu vergewissern, dass er diesmal ganze Arbeit getan hatte, durchsuchte nochmals die Taschen – vergeblich – und ging ruhig davon. Nach einigen Tagen wurde er festgenommen, leugnete erst, bequemte sich dann aber, da alle Indizien gegen ihn sprachen, zu einem zynischen Geständnis, dem wir diese Einzelheiten verdanken. Die kurze Verhandlung endete mit einem Todesurteil, auch machte die Krone von ihrem Begnadigungsrecht keinen Gebrauch. Auf punkt 8 Uhr war die Hinrichtung festgesetzt. Als der Staatsanwalt in Gesellschaft des Arztes auf dem Gefängnishof eintraf, war der Scharfrichter Reindel, der abends vorher mit der Guillotine aus Köln eingetroffen war, damit beschäftigt, seinen Gesellen die letzten Anweisungen zu geben. Reindel sei „wie gewöhnlich in Frack und weißer Binde" zugegen gewesen und habe „sorgfältig geprüft". Die Amtshandlung soll auf den Hinweis „Dann übergebe ich Sie dem Nachrichter" erfolgt sein: „Der Herr Scharfrichter drückte auf den Knopf, das Fallbeil sauste herunter, und der Kopf sprang in den Sack."

Nach dem Tagebuch des Scharfrichters Friedrich Reindel befand sich derselbe übrigens am 17. **Dezember** 1898 in Saarbrücken, um eine Hinrichtung zu vollziehen.[173]

Der „Tagesbote aus Mähren und Schlesien", Brünn, berichtete am 15. Dezember 1898 von einer am 10. Dezember des Jahres in Koblenz vollzogenen Doppelhinrichtung:

(Doppelhinrichtung.) Der Schiffer Held und der Taglöhner Fuehr, die vom Koblenzer Schwurgericht zum Tode verurteilt worden waren, weil sie im August des vorigen Jahres aus dem Gefängnis in Arlon (Belgien) ausbrachen, nachdem sie zuvor den Oberaufseher Rahde ermordet hatten, wurden am 10. d. in Koblenz durch den Scharfrichter Reindel aus Magdeburg hingerichtet.

Der preußische Scharfrichter Friedrich Reindel hat zwischen 1874 und 1898 mehr Menschen enthauptet, als in seinem Tagebuch angegeben. Angelika Ebbinghaus und Karsten Linne rechnen Reindel noch eine Anzahl weiterer vollstreckter Todesurteile zu, als sie seinen Enkelsohn Ernst Reindel, einen der Hauptscharfrichter des Dritten Reiches, charakterisieren: „Ernst Reindel, am 30. November 1899 in Magdeburg geboren, war ein Enkel des preußischen Scharfrichters Friedrich Reindel (1824–1908), der von 1874 bis 1898 wenigstens 212 Todesurteile vollstreckt hat."[174]

Julius Polke, Leiter der Kriminalpolizei in Duisburg, später in Bonn, listete in seinem Aufsatz mit dem Titel „Scharfrichter und Hinrichtungen" 1930 alle Einsätze von „Vater Reindel" auf. Offensichtlich war er im Besitz des Tagebuchs und des Attestbuchs des Scharfrichters. Reindel hatte darin Buch geführt über alle seine Hinrichtungen, die er schnell und sauber durchführte, was seine nächste Hinrichtung sicherte. Polke leitete die Abschrift folgendermaßen ein:[175]

Der Nachfolger von Spaethe in Breslau ist Kurzer, der im Behinderungsfalle den Magdeburger Scharfrichter zu vertreten hat. Ein Vorgänger Gröplers war der bekannte verstorbene Scharfrichter Reindel in Magdeburg, der s. Zt. in der

Steinkuhlenstraße eine Abdeckerei betrieb, in der auch sein erblindeter Sohn tätig war. Der „Vater Reindel", wie ihn die Magdeburger nannten, hat als Scharfrichter in den Jahren 1874 — 1898 196 Menschen enthauptet und zwar:

27.03.1874	Braunschweig, Maler Louis Krage (Doppelmord).
05.02.1875	Braunschweig, Witwe des Bäckermeisters Krebs, Henriette, geborene Vohs, (Giftmord).
17.03.1883	Holzminden, Weber Franz Ille.
17.04.1885	Braunschweig, Arbeiter Anton Giepcz.
25.04.1889	Ratibor, Schuhmacher Stephan Horzan.
02.05.1889	Gera, Fabrikarbeiter Rudolf Scheibe.
20.07.1889	Halle, Arbeiter Josef Stenig.
23.09.1889	Güstrow, Tagelöhner Gubow.
25.10.1889	Erfurt, Nagelschmied Elias Rommel u.Schlossergeselle Richard Pfeffer.
07.02.1890	Lüneburg, Schneider Henry Lodders.
05.02.1890	Tilsit, Witwe Elske Weber.
07.03.1890	Memel, Wirtsfrau Marinka Kybranz.
19.04.1890	Düsseldorf, Handelsmann Friedrich Schmidt.
07.05.1890	Hirschberg, Müllergeselle Robert Baumgart.
02.05.1890	Hagen i.Westf., Tagelöhner Heinrich Walch.
27.06.1890	Hannover, Arbeiter Hermann Bensch.
14.07.1890	Berlin (Altmoabit), Dienstknecht Wilhelm Kunwald (Mord und schwerer Raub).
08.08.1890	Neu-Ruppin, Sreuz.
22.09.1890	Güstrow, Bergmann Wilhelm Unkenstein.
21.10.1890	Göttingen, Makler Karl Werwig.
23.10.1890	Breslau, Stockmachergeselle Hermann Roder.
13.11.1890	Bartenstein, Gottlieb Schuster, Fleischer.
29.12.1890	Beuthen O.-S., Schlepper Johann Muschirl.
03.01.1891	Tagelöhner Franz Rohlbecker.
04.03.1891	Berlin, Schmiedegeselle Carl Schmiedecke.
22.03.1891	Oppeln, Schmied Anton Pawlowski.
02.04.1891	Berlin, Schneidergeselle Friedrich Klausien.
02.05.1891	Lissa i.P., Dienstknecht Thaddäus Kaczmarek.
11.07.1891	Güstrow, Knecht Gustav Busch.
05.10.1891	Memel, Altsitzerwitwe Urte Grecksca.
30.11.1891	Thorn, Schäferknecht Michael Murawski.
11.02.1892	Dortmund, Arbeiter August Michalke.
19.12.1891	Görlitz, Schlossergeselle August, Wilhelm Klein.
22.01.1892	Thorn, Pferdeknecht Theophila Budniewski.
13.02.1892	Saarbrücken, Heinrich Lux.
23.02.1892	Gnesen, Kutscher Thomas Stawniak.
28.03.1892	Hirschberg, Knecht Josef Spiller.
09.04.1892	Lyk, Gottlieb Wischniewski, Wirt.

16.04.1892	Görlitz, Arbeiter August Knoll und Friedrich, Wilhelm Heidrich (Mord und schweren Raub)
04.05.1892	Tilsit, Losmann Erdmann Knechties u.Besitzer Gottfried Schapals.
16.06.1892	Graudenz, Strombauarbeiter Adolf Gustav Lange.
21.06.1892	Berlin, Kommis Ernst Gustav Wetzel.
23.06.1892	Posen, Schlosser Josef Notze.
28.06.1892	Posen, Arbeiter Gottfried Johann Hoffmann.
07.07.1892	Neiße, Louis Johann Ludwig.
01.09.1892	Düsseldorf, Arbeiter Johann Klonisch.
03.09.1892	Oppeln, Arbeiter Johann Kotzur.
02.10.1892	Ratibor, Kuhwart Johann Klapsia.
16.09.1892	Bielefeld, Neubauer Wilhelm Hurrelbrink.
20.09.1892	Berlin, Arbeiter Ernst Samuel Ruttke.
22.11.1892	Graudenz, Schuhmachergeselle Gustav Kindeleit.
29.09.1892	Elberfeld, Maurer Ignatz Eckardt.
11.01.1893	Neu-Ruppin, Reyherr.
02.02.1893	Insterburg, 1.Kutscher Wilhelm August, 2.Knecht Wilhelm August, 3.Gespannknecht Christoph Wahntat.
17.02.1893	Lyk, Arbeiter Karl Grusziewski.
10.03.1893	Frankfurt a.O., Schuhmacher Gustav Philipp.
14.03.1893	Stendal, August Suhr.
25.10.1893	Magdeburg, 1.Dorothea Buntrock, 2.Agent Friedrich Erbe.
20.06.1893	Stade, Dienstknecht Wilhelm Handt.
24.06.1893	Arnsberg, Gärtner Johannes Wagebeck.
27.06.1893	Landsberg a.W., Bäckergeselle Emil Böttcher.
29.06.1893	Elbing, 1.Arbeiter Karl August Collin, 2.Arbeiterin Rosalie Schnack.
11.07.1893	Prenzlau, August Genz.
11.08.1893	Ratibor, Landwirt Franz Wanjek.
05.08.1893	Magdeburg, Handlungsgehilfe Hermann Knabe.
03.08.1893	Düsseldorf, Hermann Brendgen.
08.08.1893	Trier, Witwe Johann Krickel.
14.09.1893	Görlitz, Anna Hermine Schubert.
29.09.1893	Stolp, Arbeiter Richard Langusch.
13.10.1893	Breslau, ehem.Vizefeldwebel Robert Thiem.
21.10.1893	Kiel, Posthilfsbote Ernst Scheel.
26.10.1893	Hannover, Dienstknecht Friedrich Rohr.
30.10.1893	Berlin, Witwe Emilie Zillmann.
07.11.1893	Elbing, Arbeiter Gottfried Schwarz.
10.11.1893	Essen, Wirt Friedrich Nebelgrün.
13.02.1894	Saarbrücken, Josef Gier R.M.
17.02.1894	Berlin, Kutscher Karl Kühn.
01.03.1894	Duisburg, Musiker Wilhelm Plötz.
08.03.1894	Münster i.W., Metzger u.Tagelöhner Anton Vohs.
14.03.1894	Thorn, Käthner Jakob Malinowski.
24.03.1894	Köln, Schneider Bernhard Winkel.

20.03.1894	Paderborn, Tagelöhner August Nuth.
28.03.1894	Bromberg, Zimmerer Ernst Hohm.
09.05.1894	Gleiwitz, 1.Tagelöhner Johann Koziolek, 2.Tagelöhner Severin Koziolek
12.06.1894	Breslau, Stellenbesitzer Wilhelm Rößler.
27.06.1894	Allenstein, russischer Deserteur Iwan Körsigan.
10.09.1894	Verden, Handlungsgehilfe Gustav Seidel.
13.09.1894	Stettin, Schuhmacher Otto Franz.
28.09.1894	Köln, Tagelöhner Hermann Hoek.
13.11.1894	Ostrowo, Arbeiter Woirich Nowicki.
20.11.1894	Stolp, Dachdecker Karl Behnke.
27.11.1894	Bonn, Gärtnergehilfe Heiny Lethon.
14.12.1894	Coblenz, Tagelöhner Nikolaus Wölwerscheidt.
14.01.1895	Breslau, Arbeiter Valentin Liehs.
23.01.1895	Kiel, Dienstknecht Friedrich Ehlers.
24.01.1895	Flensburg, Dienstknecht Peter Fernannsen.
19.02.1895	Landsberg a.W., Hofverwalter Karl Gottschalk.
08.03.1895	Ratibor, Bauergutsbesitzer Josef von Stoblinski.
11.03.1895	Halle, Wilhelm Wetzstem.
27.03.1895	Lyck, Arbeiter Johann Borutta.
29.03.1895	Landsberg a.W., Arbeiter Friedrich Schmidt.
20.04.1895	Posen, Arbeiter Anton Ryback.
23.04.1895	Aachen, Ackergehilfe Konrad Küpper.
03.05.1895	Tilsit, Knecht Heinrich Loschikies.
25.05.1895	Frankfurt a.O., Kossätensohn Gustav Schauer.
29.05.1895	Gnesen, Stellmacher Veith.
15.06.1895	Bielefeld, Arbeiter Wilhelm Schlottmann.
18.06.1895	Glatz, Benedikt Siegel.
12.07.1895	Düsseldorf, 1.Karl Wirtz, 2.Franz Wirtz.
09.07.1895	Graudenz, Justmann August Huse.
16.08.1895	Güstrow, Eisenbahnarbeiter Friedrich Richter.
31.08.1895	Münster i.W., 1.Bergmann Wilhelm Schädel, 2.Hermann Strielen.
16.10.1895	Schlächtergeselle Friedrich Müller.
09.11.1895	Beuthen, Schlepper Ludwig Arlt.
24.10.1895	Altona, Dienstknecht Max Witt.
02.11.1895	Essen, Tagelöhner Friedrich Brosius.
16.11.1895	Halle, Fuhrmann Reinhold John.
19.11.1895	Memel, 1.Losmann Christoph Greitschus, 2.Altsitzerfrau Aminka Greitschus.
23.11.1895	Görlitz, Ziegeleiarbeiter Wilhelm Henke.
26.11.1895	Guben, Arbeiter Karl Rädel.
18.12.1895	Oels, Viehwärter Johann Kupitz.
22.12.1895	Gera, Dienstknecht Otto Vollstädt.
31.12.1895	Elberfeld, Friedrich Bläsig.
17.01.1896	Beuthen O.-S., Einlieger Karl Sobczyk.

24.01.1896	Hannover, Franz Paplawski.
11.02.1896	Münster, Ackerer Josef Terwellen.
27.02.1896	Stendal, Arbeiter Karl Heming.
02.04.1896	Oels i.Schl.
05.06.1896	Braunschweig.
12.06.1896	Elberfeld.
17.06.1896	Güstrow.
20.06.1896	Görlitz.
23.06.1896	Messeritz.
25.06.1896	Berlin, 1.Agent Kurz, 2.Kutscher Wohlan.
27.06.1896	Konitz.
30.06.1896	Cassel.
04.07.1896	Trier.
08.07.1896	Bielefeld, 1.Zuschneider Schulz, 2.Gärtner Pottmann.
20.08.1896	Köln.
28.08.1896	Prenzlau, 1.Kaufmann Springsten, 2.s.Schw.Boch.
18.09.1896	Gnesen.
25.09.1896	Trier.
10.09.1896	Flensburg.
10.11.1896	Halberstadt.
24.11.1896	Lissa.
26.11.1896	Lyck.
12.12.1896	Posen.
04.01.1896	Güstrow.
23.01.1896	Neiße.
26.01.1897	Danzig.
01.03.1897	Bochum.
16.03.1897	Meiningen.
16.03.1897	Breslau.
18.03.1897	Stettin.
06.04.1897	Thorn.
23.06.1897	Güstrow.
06.07.1897	Landsberg a.W.
09.07.1897	Oppeln.
13.07.1897	Stendal.
16.07.1897	Verden, Aller.
03.08.1897	Flensburg.
28.10.1897	Insterburg.
06.11.1897	Halle.
09.11.1897	Kiel.
19.11.1897	Oels.
08.12.1897	Gera.
03.06.1897	Duisburg.
11.06.1898	Altenburg.
27.06.1898	Gleiwitz.

28.06.1898   *Oppeln.*
29.08.1898   *Güstrow.*
30.08.1898   *Stettin.*
25.08.1898   *Göttingen.*
01.11.1898   *Stade.*
28.09.1898   *Allenstein.*
27.09.1898   *Breslau.*
25.10.1898   *Breslau.*
28.10.1898   *Tilsit.*
10.12.1898   *Coblenz.*
17.12.1898   *Saarbrücken.*

Bei den Eintragungen der Fälle für 1890 ist Friedrich Reindel einmal von der Chronologie abgewichen: Unterm 7. Februar 1890 will er danach in Lüneburg den Schneider Henry Lodders hingerichtet haben. Vermutlich war die Hinrichtung einige Tage vorher gewesen; denn vom 29. Januar 1890 datiert ein Bericht über einen Volksauflauf vor dem Gefängnis während einer Hinrichtung in Lüneburg.[176]

Dieter Paprotka in Berlin, langjähriger Scharfrichterforscher mit einer umfassenden Sammlung und Betreiber eines privaten Henkerarchivs, kennt die näheren Angaben zu den letzten, von Friedrich Reindel vollzogenen Hinrichtungen, die in dieser Liste nur anonym genannt sind. Darunter war auch die vielfach genannte vierfache Hinrichtung in Duisburg (hier mit dem richtigen Datum):[177]

195.	Karolina Schula	28	21.05.1898	Duisburg	Bergmannsfrau
196.	Theodor Graat	25	21.05.1898	Duisburg	Fabrikarbeiter
197.	Franz Santer	20	21.05.1898	Duisburg	Fabrikarbeiter
198.	Anton Schmitz	22	21.05.1898	Duisburg	Fabrikarbeiter
199.	Hugo Schädlich	25	11.06.1898	Altenburg	Stallschweizer
200.	Florian Cipa		27.06.1898	Gleiwitz	Gruben-Invalide
201.	Franz Gambusch		28.06.1898	Oppeln	Stellenbesitzer
202.	Hermann Miertz	18	07.07.1898	Güstrow	Maurer-Lehrling
203.	Robert Maaß		23.08.1898	Stettin	Kornträger
204.	Emil Finsterbusch	36	25.08.1898	Göttingen	Schlosser
205.	Andreas Kaminski		30.08.1898	Gnesen	Arbeiter
206.	Hermann Granz	48	01.09.1898	Stade	Schuhmacher
207.	Daniel Wittek		13.09.1898	Allenstein	Besitzer
208.	Eugen Kühn	28	27.09.1898	Breslau	Lackierer
209.	Karl Wuttke	36	25.10.1898	Breslau	Arbeiter
210.	Dorothee Ruddat		28.10.1898	Tilsit	Besitzerin
211.	Peter Führ	24	10.12.1898	Koblenz	Tagelöhner
212.	Michael Held	21	10.12.1898	Koblenz	Schiffer
213.	Primo Ciaranfi	24	17.12.1898	Saarbrücken	Erdarbeiter

Reindels Tagebuch der Jahre 1874-1898 und das dazugehörige Attestbuch, beides im Ledereinband, fanden sich überraschend im Herbst 1989 an. Im November 1989 kaufte der Direktor des Braunschweigischen Landesmuseums, Prof.

Dr. h. c. Gerd Biegel, „von einer älteren Frau aus der ehemaligen DDR" die beiden Bücher, die danach auf Jahre im Magazin verschwanden. Reporter vermuteten in Berichten über eine Vorlesungsreihe über historische Kriminalfälle im Jahre 1997 überschlägig etwa 300 angeführte Hinrichtungen.[178]

Nach 1898 ist keine von Friedrich Reindel selbst vollzogene Enthauptung mehr dokumentiert, auch wenn er nach wie vor erster Ansprechpartner der Behörden geblieben ist. Rheumatische Beschwerden im Arm zwangen ihn, sich vom Sohn Wilhelm vertreten zu lassen.

Tankred Koch scheint somit wenigstens zum Teil zu irren, wenn er schreibt: „Im Deutschen Reichsstrafgesetzbuch von 1871 gab es als Todesstrafe nur noch die Enthauptung, die bis 1874 vertretungsweise und von da an im vollen Dienst von Scharfrichter Reindel vollzogen wurde. Reindel stammte aus Magdeburg, wo schon sein Vater 196 Enthauptungen vollzogen hatte." Der Irrtum liegt darin, dass die 196 Enthauptungen erst ab 1874 gerechnet sind.[179]

Der Erste Staatsanwalt in Lissa i. P. richtete am 4. Januar 1899 an den Scharfrichter Herrn Reindel in Magdeburg dreiseitiges „Geheim!"-Schreiben, wonach in Kürze die Hinrichtung des durch rechtskräftiges Urteil des Schwurgerichts zu Lissa vom 3. Juli 1899 zum Tode verurteilten Arbeiters Paul Zabanski aus Lissa bevorstehe. Seine Majestät der Kaiser und König hatten durch Allerhöchsten Erlass vom 27. Dezember 1899 zu entscheiden geruht, dass von dem Allerhöchsten Begnadigungsrecht kein Gebrauch zu machen, vielmehr der Gerechtigkeit ihr Lauf zu lassen sei.[180]

Da gegen Zabanski ein Wiederaufnahmeverfahren nicht schwebt, soll der Vollzug der Todesstrafe schleunigst im Gefängnißhofe des hiesigen Gerichtsgefängnisses stattfinden und ersuche ich Sie um gefälligst umgehende eingeschriebene, briefliche (nicht telegraphische) Mittheilung, an welchem der nächsten sieben Tage von heute ab Morgens 8 Uhr Sie die Hinrichtung vornehmen können.

Diesen Termin wollte der Erste Staatsanwalt dann ohne weitere Rücksprache zum Vollzugstermin bestimmen. Reindel sollte zur Vorbereitung seiner „Gebühren-Befriedigung" gleichzeitig den Gesamtbeitrag einschließlich aller Auslagen mitteilen.

Reindel wurde auf äußerste Geheimhaltung eingeschworen:

Den Tag Ihre Herkommens sowie der Hinrichtung ersuche ich streng geheim zu halten, insbesondere Zweck und Ziel Ihrer Reise Niemandem mitzutheilen und Ihr Reisegepäck äußerlich nicht so zu zeichnen, daß es auf Ihren Namen schließen läßt oder als Hinrichtungsgeräth oder aus Magdeburg kommend erkannt werden kann, endlich gleiche Verschwiegenheit vor, bei und nach der Riese auch Ihren Gehülfen zur strengsten Pflicht zu machen. Auf Ihrer ganzen Herreise gebe ich den Gebrauch unrichtiger Namen anheim.

Sofort vom hiesigen Bahnhof ersuche ich ohne irgend welches Aufsehen in getrennten Gruppen mit dem Hinrichtungsgeräth in das hiesige Gerichtsgefängniß zu kommen, woselbst ich Sie erwarten werde.

Von anderer Hand wurde nachgetragen: „Montag, den 8. und Dienstag den 9. Januar cr. (vielleicht auch Mittwoch den 10. Januar cr.) findet hier Schwurgericht statt!"

Der Erste Staatsanwalt in Halle (Saale) teilte Friedrich Reindel unterm 26. April 1899 mit, dass für die Hinrichtung des durch rechtskräftiges Urteil des Königlichen Schwurgerichts zu Halle vom 6. Dezember 1898 wegen Mordes zum Tode verurteilten Schmiedegesellen Georg Schmoh aus Halle a/S. Sonnabend, der 29. April, 6 Uhr früh, im Hof des dortigen Gerichtsgefängnisses I, festgelegt worden sei. Reindel sollte sich am Tag zuvor im Laufe des Vormittags oder zu einem genau anzugebenden Zeitpunkt im Laufe des Nachmittags im Geschäftszimmer Nr. 24 des Landgerichtsgebäudes beim Staatsanwaltschaftsrat Günther melden. Friedrich Reindel sollte bestätigen, dass der Termin für ihn klar gehe, sonst aber einen anderen Termin in den nächsten Tagen umgehend mittels Einschreibebriefes durch Eilboten an die persönliche Adresse des Staatsanwaltschaftsrates Günther (Mühlweg 49) senden. Reindel wie auch seine Gehilfen wurden „zur unbedingten Verschwiegenheit" aufgerufen. Das vom Ersten Staatsanwalt, Geheimer Justizrat Hacker, unterzeichnete Schreiben erging freilich ebenfalls per Einschreiben durch Eilboten.[181]

In Halle a/S. fanden bis 1899 insgesamt sieben Hinrichtungen statt, und zwar im Allgemeinen im Gerichtsgefängnis, Kleine Steinstraße 7, wegen begangenen Mordes und Mordversuchs.[182]

Les bourreaux qui lâchent. — L'an dernier, le bourreau de France, Deibler, a démissionné et a été remplacé par son fils. On annonce d'Allemagne que le bourreau Reindel a aussi démissionné et est remplacé par son fils. Ce fils à papa, Guillaume Reindel a opéré pour la première fois, à Halle, avant-hier matin.

Dass Reindels Sohn Wilhelm mehr und mehr an die Stelle seines Vaters trat, blieb der Öffentlichkeit nicht verborgen. Ausgerechnet die ausländische Presse nahm von dem schleichenden Wechsel Notiz und berichtete, wie beispielsweise die in Fribourg in der Schweiz erscheinende „La Liberté" (Die Freiheit) in ihrer Ausgabe vom 3. Mai 1899 (Übersetzung aus dem Französischen):

Die Scharfrichter, die loslassen. – Im vergangenen Jahr ist der Scharfrichter von Frankreich, Deibler, zurückgetreten und wurde von seinem Sohn ersetzt. Man hört, dass der Scharfrichter Reindel ebenfalls zurückgetreten und von seinem Sohn ersetzt sei. Dieses verzogene Kind, Wilhelm Reindel, ist zum ersten Mal vorgestern Vormittag in Halle tätig geworden.

Das geschah allerdings wie gesagt vorerst nur vertretungsweise, weil Friedrich Reindel unter rheumatischen Beschwerden litt.

Und die deutschsprachige Zeitungswelt war da noch einen Schritt weiter. „Politik" und der „Tagesbote aus Mähren und Schlesien" (Beilage), Brünn, schrieben wortgleich am 4. Mai 1899 beziehungsweise 10. Mai des Jahres:

Ein thatenreiches Leben. 210 Hinrichtungen hat der nunmehr in den Ruhestand getretene Scharfrichter Friedrich Reindel in Magdeburg während seiner Amtsthätigkeit vollzogen. Die erste Hinrichtung nahm Reindel am 27. März 1874 in Braunschweig vor, mithin hat er das Amt eines Preußischen Scharfrichters 25 Jahre hindurch bekleidet, wobei ihn seine Pflicht zur Vollziehung einer

*drei- und einer vierfachen Hinrichtung rief. Da dem Scharfrichter von der preu-
ßischen Justizverwaltung für jeden Vollzug eines Todesurteils außer freier Hin-
und Rückreise eine Remuneration von 150 Mk. gezahlt wird, wovon indessen die
Gehilfen besoldet werden müssen, so hat der jetzt 75jährige Reindel insgesammt
31.500 Mk. für seine blutige Arbeit erhalten. Sein Sohn Wilhelm, der ihm im
Amte gefolgt ist und dieser Tage im Beisein des Vaters in Halle a. S. seine erste
Hinrichtung vollzog, steht gegenwärtig im fünfzigsten Lebensjahr.*

Die von Victor De Lille (1863–1940) in der belgischen Region Flandern heraus-
gegebene erfolgreiche Wochenzeitung „'t Getrouwe Maldeghem" wusste am 4.
Juni 1899 über „De beul van Pruisen" zu berichten:

*– Der Scharfrichter von Preußen. – Der Scharfrichter von Preußen, Friedrich
Reindel aus Magdeburg, der seinen Rücktritt beantragt und gewährt bekommen
hat, hat im Laufe seiner 25-jährigen Karriere 210 Hinrichtungen vollzogen. Die
erste von ihm vollzogene Exekution fand in Braunschweig 27. März 1874 statt.
Es passierte einige Male, dass Reindel zugleich drei und vier zum Tode verurteilte Personen hinrichten musste. Neben der Erstattung für Reise- und Aufent-
haltskosten zahlt die preußische Regierung dem Scharfrichter für jeden Einsatz
150 Mark. Das macht ganze 31500 Mark, die Reindel mit seinem blutigen Amt
verdient hat. Sein Sohn Wilhelm, jetzt 50 Jahre alt und damit 25 Jahre jünger
als sein Vater, hat in Halle an der Saale seine erste Hinrichtung vollzogen.*

Der Erste Staatsanwalt in Braunsberg wandte sich unterm 20. Juni 1899 an
Friedrich Reindel. Die Hinrichtung der vom dortigen Schwurgericht am 23. November 1898 zum Tode verurteilten Hofmannswitwe Marie Lau, geb. Friese,
und des Knechts Gottfried Wiebrodt, beide aus Talpitten, stand bevor, da sich
Seine Majestät der König mittels Erlass vom 12. Juni 1899 gegen eine Begnadigung ausgesprochen hatte.[183]

Reindel antwortete „dem hochverehrten Ersten Staatsanwalt" am 21. Juni 1899,
er könne die Hinrichtung an Marie Lau und dem Knecht Wiebrodt nicht vollzie-
hen, da er Rheuma im Arm habe. Sein Sohn möge ihn bitte am Freitag, dem 30.
Juni 1899, in Braunsberg (wohl in Ostpreußen) vertreten. Reindel sen. fügte dem
Ganzen eine Art „Kostenangebot" für Scharfrichter nebst vier Gehilfen à 40
Mark bei, Gesamthöhe: 650,00 Mark.

Der Entwurf des Schreibens an den Ersten Staatsanwalt vom 21. Juni 1899 ist
eins der wenigen Schriftstücke, die vom Scharfrichter verfasst, die Jahre über-
dauert haben. Mehrere Streichungen zeugen vom Entwurfscharakter:

Magdeburg den 21. Juni 1899

Hochverehrter Herr Erster Staatsanwalt!

*Ew. Hochwohlgeboren geehrtes Schreiben vom 20. d. M. beantworte ich ganz
gehorsamst dahin, das es mich unmöglich ist die Hinrichtung der zum Tode verurtheilten Wittwe Marie Lau geb. Friese und den Knecht Gottfried Wiebrod zu
vollziehen.*

*Da ich schon seit 3 Monat an rheumatischen Schmerzen im rechten Arm leide
und mich mein Sohn Wilhelm Albert schon bei einer Hinrichtung in Halle ver-*

treten lassen mußte, mein Sohn ist ebenfalls Scharfrichter und hat am 30ten October 1889 seine Prüfung als Scharfrichter gemacht und auch als Scharfrichter verpflichtet worden ist, ich Bitte daher Ew. Hochwohlgeboren ganz gehorsamst doch gütigst die Vollstreckung der Todesurtheile durch meinen Sohn Wilhelm vollziehen lassen zu wollen. Der Tag der Hinrichtung wäre mein Sohn angenehm, wenn dieselbe am Dienstag den 29ten oder Freitag den 30. Juni 1899 stattfinden könnte, würde die Hinrichtung am Donnerstag den 29. d. M. statfinden trifft derselbe mit den Gehülfen und Geräthen am Mittwoch den 28. d. M. ein, und soll die Hinrichtung am Freitag, den 30. d. M. statfinden trifft derselbe am Donnerstag den 30ten d. M. in Braunsberg ein.

Ich bitte Ew. Hochwohlgeboren ganz gehorsamst doch unter derselben Adresse an Frau Emma Grünenthal Magdeburg Steinkuhlenstraße 3 gütigst mittheilen zu wollen, an welchem Tage die Hinrichtung vollzogen werden soll, ich werde für Alles Sorge tragen das mein Sohn mit den nöthigen Gehülfen und Utensilien rechtzeitig in Braunsberg eintreffen wird und Ew. Hochwohlgeboren dann noch bestimmte Nachricht Schreiben mit welchen Zuge und welche Zeit mein Sohn dort eintrifft und den Boten in Civilkleidung und der Dienstmütze am Bahnhof erwarten wird, und _Bitte_ den Boten schon ehe der Zug dort ankömmt 2 Droschken fest zu machen zu wollen damit gleich alles von dem Bahnhof fort kömmt.

a) Das Logis im Gefängniß wäre ganz angenehm, und kein Aufsehen machen, in Gnesen habe ich vor einigen Jahren mit meine Gehülfe auch im Gefängniß Logiert, zu der Doppelhinrichtung sind 4 Gehülfen nöthig, also 5 Personen.

b) Utensilien sind dort nicht zu beschaffen
    nur 4 bis 5 Karren Sand

c) besondere Hülfe aus den Vorführungsmanschaften bedarf es nicht.

Der Gesammtbetrag der Doppelhinrichtung für den Scharfrichter und 4 Gehülfen, Honorar Taggelder Reisekost etc. wird sich auf 650 Mark belaufen.

Am Ende stellte Friedrich Reindel etwas weniger Kosten in Rechnung. Den Entwurf behielt er zurück:

Honorar Scharfrichter	200	
4 Gehülfen a 40 M	80	
Segnet. Einsend.	8	70
Taggelder Wilhelm 2 Tage	20	–
Taggelder 4 Gehülfen 2 Tage	60	–
Ueberfracht	15	–
Aufstellen des Block etc.	30	–
für das Leihen der Utensiel	30	–
Transport der Kiste Magd.	4	
Transport u. 2 Wagen in Braunsberg	15	–
5 Fahrkarten nach Braunsberg		
und zurück nach Magdeburg	160	–
	602 M	70

In einem Schreiben des Oberstaatsanwalts in Hamm Hermann Irgahn (1820-1906) vom 12. März 1900 an den Herrn Scharfrichter Friedrich Reindel in Magdeburg, Steinkuhlenstr. 3, heißt es unter anderem: „Dem Vernehmen nach sollen Sie von dem Amte als Scharfrichter zurückgetreten sein. Ich ersuche um baldige Äußerung, ob dies zutrifft, und eventuell ob etwa Ihr Sohn Wilhelm, welcher nach einer früheren Mittheilung des Herrn Oberstaatsanwalts bei dem Kammergericht zu Berlin nach bestandener Prüfung als Scharfrichter verpflichtet ist, zur Vornahme scharfrichterlicher Handlungen bereit ist. Zutreffendenfalls wollen Sie Ihren Sohn veranlassen, mir eine Deckadresse anzugeben, unter welcher Briefe in seine Hände gelangen. Für die nächste Zeit steht eine Hinrichtung im hiesigen Bezirke nicht bevor."[184]

Friedrich Reindels Ehefrau Auguste Amalie starb am 6. Oktober 1900 im Alter von 75 Jahren in Magdeburg.

Die ihre Amtshandlungen betreffenden Unterlagen haben Friedrich und Wilhelm Reindel stets gesammelt. Sie wurden später sorgfältig in einem Schrank im Obergeschoss des Nebengebäudes zum Haupthaus auf dem Osterburger Abdeckereigelände Bismarker Straße 64 aufbewahrt. Beim Abgang von Wilhelm Reindel hatten die Akten schon einen gewissen Umfang erreicht, die erst Jahrzehnte später wieder aus dem Schrank ans Tageslicht befördert, zum großen Teil aber dann vernichtet wurden. Darunter waren vor allem staatsanwaltliche Verfügungen und amtliche Mitteilungen sowie Zweitschriften seiner Geldforderungen. Vermutlich war es Emma Daun, Friedrich Reindels Tochter, die die Unterlagen 1908 bei der Haushaltsauflösung in Magdeburg an sich genommen hatte.

Zur Abdeckerei gehörte eine große Scheune, und hinten war viel Acker dabei. Die Familie Reindel lebte im Wohnhaus im vorderen Bereich des Geländes.

Im Stadtarchiv Osterburg sind nach Aussage von Anita Pinnecke von der Hansestadt Osterburg (Altmark) gegenüber dem Verfasser keine Akten vorhanden, die auf die Familie des Scharfrichters Reindel hinweisen. Gerade die Akten B XII Nr. 5 „Veterinär, Tierseuchen, Abdeckerei" und B III Nr. 1 (Justizsachen) seien verschollen, so Pinnecke. Allerdings liege noch die Kontrollliste des Zählerbezirks 21 von der Königlich Preußischen Volkszählung am 1. Dezember 1890 vor (Volkszählung 19. Jahrhundert, B I – 4 Nr. 25), und da finde sich tatsächlich an der Bismarker Straße eine „Baulichkeit 242", deren Inhaber schlicht mit Reindel bezeichnet sei. Kurios aber einmal wieder: Die Zahl der männlichen und weiblichen Bewohner wurde jeweils mit „-" beziffert.

Der von Friedrich Reindel stets mitgeführte Richtblock gelangte kurioser Weise schon bald nach seinem Dienstende in ein Panoptikum, das ist eine Sammlung von Sehenswürdigkeiten oder Kuriositäten. In einer zeitgenössischen Beschreibung eines typischen Jahrmarkt-Panoptikums gegen Ende des 19. Jahrhunderts von Robert Thomas heißt es in Bezug auf das „Extrakabinett":[185]

Das Extrakabinett, das gegen ein besondres Entree von zehn Pfennigen gezeigt wurde, enthielt zwei Panoramenbilder, eine Nachbildung der Guillotine und die Richtwerkzeuge des Scharfrichters Krauts. In der Mitte des Extrakabinetts war eine Art von Podium gebaut, das schwarz behängt war. Darauf stand der Richt-

block, der eine Aushöhlung für das Kinn des Delinquenten zeigte und mit einer mit zwei Riemen versehenen Bank verbunden war. Daneben lag in einem mit blauem Sammet ausgeschlagnen Etui das Richtbeil, in dessen Klinge die Namen sämtlicher damit hingerichteter Verbrecher eingraviert waren. Zu diesem Werkzeug gehörte ein Buch mit einer Beschreibung jeder Hinrichtung von Krauts eigner Hand. Das Buch wurde in einem Glaskasten aufbewahrt, und die Blätter waren mit einer Vorrichtung versehen, die es dem Beschauer möglich machte, die einzelnen Seiten von außen umzuwenden. Auf dem Podium stand außerdem noch ein Richtblock des Scharfrichters Reindel aus Magdeburg sowie ein alter Richtstuhl mit zwei Schwertern. Die Wände waren mit eingerahmten Schriftstücken dekoriert, die sich alle auf Hinrichtungen bezogen. Es waren Depeschen, abschlägig beschiedne Gnadengesuche und verschiedne Briefe. Im Hintergrunde standen lebensgroße Wachsfiguren der berüchtigtsten Verbrecher unsrer Zeit, worunter auch der damals vielgenannte Mädchenmörder Schenk aus Wien war. Den Übergang zu einer kleinen Sammlung von Straf- und Folterwerkzeugen machte eine Gruppe von zwei Weibern, die in eine sogenannte Zankgeige eingesperrt waren. Es war das ein geigenförmig geschnittenes Brett mit zwei Löchern für die Köpfe und vier Löchern für die Arme.

Die ausgestellten Richtwerkzeuge von Julius Krautz. Repro: Michael Viebig

Die standesamtlichen Angaben besagen, dass der Abdeckereibesitzer Friedrich Reindel am 27. September 1908 im Alter von 84 Jahren in Magdeburg verstorben sei. Der Eintrag wurde am 28. September 1908 durch das Standesamt beurkundet. Die Eltern waren beide bereits verstorben und zuletzt in Werben (Elbe) wohnhaft gewesen. Den Sterbefall von ihm hat eine unverehelichte Marie Reindel, vermutlich Friedrich Reindels jüngstes Kind, angezeigt.[186]

Friedrich Reindel war gerade gestorben, da wurde am 23./24. September 1908 aus dem „General-Anzeiger der Stadt Magdeburg u. Provinz Sachsen" (1883-1908) der „Magdeburger General-Anzeiger" (1908-1941). Die Todesanzeige für Friedrich Reindel wurde im Magdeburger General-Anzeiger, 32. Jahrgang, Nr. 266, Dienstag, 29. September 1908, abgedruckt.

Traueranzeige im Magdeburger General-Anzeiger vom 29. September 1908. Repro: Blazek

Notiz vom Heimgang Reindels nahm die „Reichenberger Zeitung – Organ für die deutsch-nationale Partei in Böhmen" in ihrer Ausgabe vom 1. Oktober 1908:

(Der in Magdeburg verstorbene frühere Scharfrichter Reindel) hat ein Alter von 85 Jahren erreicht. Er hat sein schauerliches Amt fast ein Menschenalter hindurch ausgeübt und hätte, wäre er gewillt gewesen, ein Jubiläum feiern können – das der hundertsten Hinrichtung. Nach den Vorstellungen, die man sich gewöhnlich von einem Manne seines blutigen Metiers machte, hätte niemand in ihm den Scharfrichter für das Gebiet der preußischen Monarchie erkannt. Für jede Hinrichtung erhielt er 100 Mark, außerdem ein persönliches Tagegeld von 10 Mark, während seine Gehilfen je 7'50 Mark pro Tag und, ebenso wie der Herr, freie Eisenbahnfahrt dritter Klasse erhielten. Das „Geschäft" betrieb er „enfamille" – seine Gehilfen waren ein Bruder, zwei Söhne und ein Schwiegersohn. Übrigens führte Reindel eine Art Tagebuch, in das er nach jeder Hinrichtung die empfangenen Eindrücke notierte. Unter den von ihm gewaltsam vom Leben zum Tode beförderten Verbrechern befanden sich acht Frauen. Zweimal vollzog er eine doppelte, einmal eine dreifache Hinrichtung. Reindels Nachfolger als Scharfrichter wird sein Schwiegersohn Engelhardt, der in Magdeburg eine Schankwirtschaft betreibt.

„New-York tribune" berichtete am 19. Oktober 1908:

PREUSSEN LIEBT SEINE HENKER.

Preußen hat gerade einen sehr wichtigen Funktionär durch den Tod verloren, nämlich den „Königlichen Scharfrichter". Mit anderen Worten: Man hat den Chef-Scharfrichter des Königreichs verloren, und zwar, wie ich hinzufügen möchte, des Reiches, seitdem seine Dienste nicht nur auf Preußen beschränkt, sondern, sofern erforderlich, auch von den Regierungen der anderen souveränen Staaten Deutschlands erbeten wurden. Reindel, so sein Name, ist gar für die 100 Enthauptungen in Preußen während der letzten 20 Jahre verantwortlich gewesen, das heißt, seit der Thronbesteigung des jetzigen Kaisers.

Es darf nicht daraus geschlossen werden, dass der gegenwärtige Kaiser weniger human sei als sein Großvater. Unter dessen Herrschaft war das Amt des Scharf-

richters mehr oder weniger eine Pfründe. Es bedeutet lediglich, dass Wilhelm II. nicht an die Abschaffung der Todesstrafe glaubt und dass er, wenn die Gerichte nach eingehender Prüfung das Todesurteil über einen Mörder ausgesprochen haben, nur in Ausnahmefällen dazu neigt, sich einzumischen. Er will den Hinrichtungsauftrag nicht unterschreiben, wie viele Menschen auch in Deutschland zu glauben scheinen. Er verzichtet lediglich, vom Begnadigungsrecht Gebrauch zu machen, und lässt der Gerechtigkeit freien Lauf.

Der alte Kaiser Wilhelm, gestanden wie ein Baum, machte von seinem Recht, Todesurteile zu bestätigen, kaum Gebrauch, nachdem er auf den Thron kam. Während seiner gesamten Regierungszeit von dreißig Jahren gab es nur zwei Hinrichtungen in Preußen. Eine war im März 1866, als der Souverän geneigt war, dem Volksempfinden gegen den Verbrecher zu folgen, der einen der bedeutendsten Professoren der Berliner Universität mit besonderer Grausamkeit getötet hatte. Die andere Exekution während seiner Regierungszeit war die seines Möchtegern-Mörders, Hödel.

Im Jahre 1878 wurden zwei Versuche unternommen, um den alten Kaiser zu töten, zum Einen durch Hödel, zum Anderen von Nobeling. Beide schossen auf den alten Monarchen, Nobeling verwundete ihn so schwer, dass für eine Zeit sein Leben in Gefahr war. Am Ende war er für mehrere Monate an der Erfüllung seiner Pflichten als Souverän gehindert und wurde von seinem Sohn, dem Kronprinz, später Friedrich III., als Regent vertreten. Friedrich, der von den Leiden seines alten Vaters, der in seinem 81. Jahr stand, sehr betroffen war, lehnte die Todesstrafe bis Hödel ab. Dessen Verhandlung fand statt, als er als Regent amtierte, und die Enthauptung wurde im Gefängnishof in Berlin durch Krautz durchgeführt, der den älteren Reindel als Scharfrichter der Krone ersetzt hatte.

Krautz wurde nicht lange danach von seinem Büro in Folge eines Streits, in dem er seinen Kontrahenten tödlich verletzte, beseitigt. Er wurde freigesprochen, weil es nicht genug Beweise gab, um ihn am Ende rechtlich zu überführen. Doch die Indizien waren so stark, dass er entlassen wurde. Und ein Mann von herkulischen Ausmaßen ergriff das nicht ganz unangebrachte Geschäft als Pferde-Wasenmeister, ein Handwerk, das, wie es heißt, ihm am meisten zusagte. Er war wiederum durch den Sohn seines ehemaligen Chefs ersetzt worden, dem jungen Reindel, Spross einer Dynastie von Scharfrichtern und gebürtiger Magdeburger, der das Erbe seiner Väter angetreten hatte. Einem gewissen Schwietz, Breslau, wurde offiziell attestiert, er habe einen „sehr zufriedenen Nachweis seiner Qualifikation für den Posten" erbracht, weshalb er an seiner Stelle als Scharfrichter von Preußens Krone nominiert worden sei.

Lassen Sie mich abschließend hinzufügen, dass in Preußen, wie in den Meisten der Staaten Deutschlands, die Enthauptung durch den Block und mit der Axt oder dem großen Zweihand-Schwert immer noch in Mode ist. In der Tat gibt es wenig, außer in der Tracht der Teilnehmer und den Zeugen der grausamen Szene, um sie von der Hinrichtung des Mittelalters zu unterscheiden.

MARQUISE DE FONTENOY.

„Kalgoorlie Western Argus" berichtete mit einem kurzen Rückblick am 24. November 1908, „Launceston Examiner" wortgleich am 8. Januar 1909. Beide Zeitungen gaben einen verkehrten Vornamen Reindels an:

Der preußische Scharfrichter, Gustav Reindel, starb vor kurzem in Magdeburg im Alter von 85 Jahren. Reindels Axt wurde bei der Enthauptung von über 100 Mördern verwendet. Er trug Frack, als er amtierte, und erhielt £ 5 für jede Exekution, zusätzlich bis 10 / für seine täglichen Ausgaben und freie Beförderung dritter Klasse. Seine Gehilfen, die mit jeweils 7 s 6 d bezahlt waren, waren sein Bruder, seine beiden Söhne und sein Schwiegersohn. Reindel führte ein Tagebuch über seine Eindrücke bei jeder Hinrichtung. Acht Frauen wurden von ihm ins Jenseits befördert, zweimal verrichtete er eine doppelte Hinrichtung, und einmal richtete er drei Mörder an einem Tag hin.

Offensichtlich hat Reindels Tochter Emma Daun die Unterlagen und Gegenstände ihres Vaters im Zuge der Haushaltsauflösung an sich genommen und nach Osterburg gebracht. Wie Dr. Peter Höhnel zu erzählen weiß, wurde bei Abrissarbeiten auf dem Abdeckereigelände in Osterburg Jahrzehnte nach Reindels Tod, seiner Erinnerung nach 1972, ein Henkerbeil gefunden. Eine speziell angefertigte Kette mit Haken an den Gliedern ließ ahnen, dass die Delinquenten vor der Enthauptung so gefesselt wurden, dass sie sich nicht bewegen konnten. Leider, so Höhnel, schenkte man diesen Funden keine Bedeutung und brachte sie auf den Schrott.[187]

Martha Reindel, die Witwe des am 6. Dezember 1965 verstorbenen Abdeckers Karl-Ernst Reindel, hatte im Augenblick des späteren Grundstücksverkaufs als Letzte das dortige Wohnhaus bewohnt. Ein umgekehrt aufgestellter Grabstein vor dem Wohnhaus weist folgende Beschriftung auf:

Hier ruht
unsere gute Mutter
Emma Daun
geb. **Reindel**
* 26. Febr. 1852
† 12. Dez. 1923
Ruhe sanft."

Älteres Foto des Grabsteins von Peter Höhnel. Repro: Museum Osterburg

Diese Daten stimmen übrigens nicht mit den standesamtlichen Einträgen ein. Emma Pauline Louise Daun wurde am 26. Februar 1851 zu Berlin geboren und starb mit 72 Jahren am 12. September 1923. Der Sterbeeintrag besagt:[188]

[Sterbefall der]
Altsitzerin Emma Pauline Louise Daun, geb. Reindel,
Witwe,
72 Jahr alt,
wohnhaft in Osterburg, Bismarkerstr. 16n,
geboren zu Berlin am 26. Februar 1851,
verheiratet gewesen mit dem Abdeckereibesitzer Wilhelm Ernst Daun,
verstorben in ihrer Wohnung am 12. September 1923, vormittags 5 Uhr.
Sterbefall angezeigt von dem Korbmachermeister Fritz Kamrad, Osterburg,
Bismarkerstr.

Martha Reindel, die letzte der Reindels auf dem Gelände der früheren Abdeckerei in Osterburg, überlebte ihren Ehemann um 22 Jahre. Die 1898 geborene Frau, seit 1965 Witwe, starb 1987 im hohen Alter von 89 Jahren. Das Grab der Eheleute Reindel besteht heute noch.[189]

Foto der Reindelschen Grabstelle in Osterburg.   ***Foto: Horst Gerber***

Aber auch hier scheint die Geschichte noch nicht beendet zu sein. Horst Gerber, Heimatkundler in Osterburg, hat selbst noch persönliche Erinnerungen an Reindels: „Ich selbst habe noch durch meine Frau, die eine alte Osterburgerin war, jemand von Reindels kennen gelernt. Ich glaube, es war eine Enkelin oder Urenkelin. Sie ist aber von Osterburg nach Tangermünde gezogen und heiratete dort."

Wilhelm Reindel

Wilhelm Reindel trat 1899 an die Stelle seines Vaters. Er übte das Amt des preußischen Scharfrichters nur wenige Jahre aus, da er bei dem preußischen Justizministerium in Ungnade gefallen war. Die Rede war von einem „auffälligen Auftreten".

Wilhelm Reindels erste Einsätze im Amt des preußischen Scharfrichters führten ihn unter anderem am 29. April 1899 nach Halle, am 30. Juni 1899 nach Braunsberg, am 4. November 1899 nach Brieg an der Oder (Schlesien) und am 13. November 1899 nach Neuwied am Rhein.

Der Arbeiter Reinhold Rösner aus Strehlen wurde am 4. November 1899 in Brieg mittels Beil enthauptet. Den diesbezüglichen Schriftverkehr hat Wilhelm Reindel aufbewahrt.[190] Oberstaatsanwalt in Breslau Karl Drescher richtete sich unterm 28. Oktober 1899 „an den Scharfrichterbesitzer Friedrich Reindel zu Magdeburg": In Brieg sollte sobald als möglich eine Hinrichtung vollzogen werden. Reindel sollte umgehend, eingeschrieben und durch Eilboten übersendet, eine Erklärung abgeben, ob er in der nächsten Zeit die Hinrichtung vollziehen könne. Die Sache solle möglichst beschleunigt, aber durchaus geheim gehalten werden.

Auch spreche ich die bestimmte Erwartung aus, daß Sie im Falle der Annahme des Auftrags bei Ihrer Ankunft in Brieg über die bevorstehende Hinrichtung Niemandem etwas laut werden lassen, auch dafür Sorge tragen, daß ein Gleiches Seitens Ihrer Gehülfen geschieht, weil sonst schon aus diesem Grunde in Zukunft von Ihrer Zuziehung im diesseitigen Oberlandesgerichtsbezirke meinerseits abgesehen werden müßte.

Drescher

Der Erste Staatsanwalt in Brieg, Geheimer Justizrat Schlingmann, wählte gleich den richtigen Adressaten: *Wilhelm Albert Reindel* in Magdeburg. Mit einer dreiseitigen Eilsache wandte sich Schlingmann in der Strafsache wider Reinhold Rösner aus Strehlen am 31. Oktober 1899 an den neuen Scharfrichter. Gleichzeitig wurde förmlich der Auftrag zur Vollstreckung des Todesurteils erteilt.

Die beiden Schreiben haben folgenden Wortlaut:

Brieg den 31. October 1899.

In der Strafsache wider Rösner ist der Arbeiter Reinhold Rösner aus Strehlen durch das rechtskräftige Urtheil des Königlichen Schwurgerichtes in Brieg vom 22ten Juni 1899 wegen Mordes mit dem Tode und Verlust der bürgerlichen Ehrenrechte bestraft worden, und haben Seine Majestät der Kaiser und König durch die Allerhöchste Kabinetsordre vom 23. October 1899 ausgesprochen, daß Allerhöchstdieselben von dem Begnadigungsrechte keinen Gebrauch machten, vielmehr der Gerechtigkeit freien Lauf lassen. Den Termin zur Vollstreckung dieses Urtheils habe ich auf Sonnabend den 4. November 1899 vormittags um 8 Uhr in dem umschlossenen Hofe des Gerichtsgefängnisses zu Brieg anberaumt.

Ich ersuche Sie, sich mit der erforderlichen Zahl von Gehilfen hierher zu begeben und die Todesstrafe an dem Verurtheilten in diesem Termin zu vollziehen.

Ich bitte mir den Empfang dieser Vorladung alsbald – möglichst umgehend – schriftlich anzuzeigen, telegraphische Mittheilung zu vermeiden, mir mitzutheilen, welche Geräthschaften – Beil, Block, Schaffot pp. – Sie mitbringen werden und welche schon vor Ihrem Eintreffen und bis zu demselben hier beschafft und hergestellt werden müssen, und sich schon am Tage vor der Hinrichtung – spätestens am Abende vor derselben – bei mir zu melden.

Sollten Sie verhindert sein, diesen Termin wahrzunehmen, so bitte ich um Mittheilung, auf welchen anderen Tag der Termin zur Vollstreckung der Todesstrafe anberaumt werden kann.

Diese Mittheilungen wollen Sie mir unter der Adresse:

An den Ersten Staatsanwalt Herrn Schlingmann in Brieg.

Eingeschrieben.

schleunigst zugehen zu lassen.

Ich mache Ihnen und Ihren Gehilfen die strengste Amtsverschwiegenheit zur Pflicht, den Auftrag zur Vollziehung der Todesstrafe füge ich bei.

> *Schlingmann*

Die Anzahl der benötigten Gehilfen legte der Scharfrichter also selbst fest, doch hatte er dem Gericht mitzuteilen, welche Gerätschaften, wie Beil, Block, Schafott etc., mitgebracht oder vorher beschafft werden mussten. Beigefügt, wie gesagt, der Auftrag:

Auftrag.

In der Strafsache wider Rösner ist der Arbeiter Reinhold Rösner aus Strehlen durch das rechtskräftige Urtheil des Königlichen Schwurgerichtes in Brieg vom 22ten Juni 1899 wegen Mordes mit dem Tode und Verlust der bürgerlichen Ehrenrechte bestraft worden, und haben Seine Majestät, der Kaiser und König durch die Allerhöchste Kabinetsordre vom 23. October 1899 ausgesprochen, daß Allerhöchstdieselben von dem Begnadigungsrechte keinen Gebrauch machten, vielmehr der Gerechtigkeit freien Lauf lassen.

Demgemäß werden Sie, Scharfrichter Wilhelm Albert Reindel, nachdem ich Sie nach der Bestimmung des Herrn Oberstaatsanwalts in Breslau vom 30. October 1899 mit dem Vollzuge der Execution beauftragt habe, hiermit ermächtigt und angewiesen, an dem Arbeiter Reinhold Rösner aus Strehlen

> *am Sonnabend den 4. November 1899*
> *morgens um 8 Uhr*

in dem Hofe des hiesigen Gerichtsgefängnisses die Todesstrafe gemäß § 13 des Strafgesetzbuchs durch Enthauptung zu vollstrecken.

130

Die nächste Hinrichtung wurde an dem Bergmann Peter Fritsch aus Linkenbach im Kreis Neuwied vollzogen. Am 21. Oktober 1899 wandte sich der Oberstaatsanwalt in Frankfurt am Main. Dr. Eduard Hubertz, an Wilhelm Reindel zu Magdeburg, Steinkuhlenstr. 3 „oder Ebendorfer Str. 38" („Geheim"):

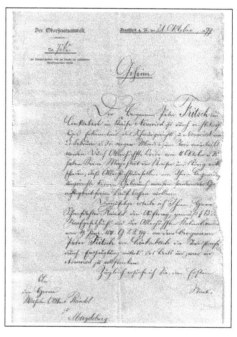

Der Bergmann Peter Fritsch aus Linkenbach im Kreise Neuwied ist durch rechtskräftiges Erkenntnis des Schwurgerichts zu Neuwied vom 23. Februar d. Js. wegen Mordes zum Tode verurteilt worden. Durch Allerhöchste Ordre vom 11. Oktober d. Js. haben Seine Majestät der Kaiser und König entschieden, daß Allerhöchstdieselben (sic!) von Ihrem Begnadigungsrechte keinen Gebrauch machen, sondern der Gerechtigkeit freien Lauf lassen wollen.

Demzufolge erteile ich Ihnen, Herr Scharfrichter Reindel, den Auftrag, gemäß § 13 des Strafgesetzbuchs und der Allerhöchsten Kabinetsordre vom 19. Juni 1811 – G.S.S. 199 – an dem Bergmann Peter Fritsch von Linkenbach die Todesstrafe durch Enthauptung mittels des Beils und zwar in Neuwied zu vollstrecken.

Zugleich ersuche ich Sie, dem Ersten Staatsanwalt in Neuwied am Rhein <u>umgehend</u> Ihre nächsten verfügbaren Tage schriftlich – nicht telegraphisch – mitzuteilen und dessen weiteren Auftrag zu gewärtigen. Zugleich wollen Sie in dieser Mitteilung an den Ersten Staatsanwalt in Neuwied Ihre Wohnung nach Straße und Hausnummer genau angeben. –

Hierbei spreche die Erwartung aus, daß sowohl Sie Selbst, wie auch Ihre Gehülfen über den erteilten Auftrag Stillschweigen beobachten.

Den Empfang dieses Auftrages wollen Sie mir brieflich anzeigen.

Dr Hupertz

Bei der Hinrichtung zeigte Wilhelm Reindel erste Zeichen von Alkoholproblemen. Den vorgesetzten Behörden fiel auf, dass Reindel am Vortag über eine bevorstehende Hinrichtung gewitzelt haben soll. Und überdies führte er Hinrichtungen wie jetzt in Neuwied am 13. November 1899 offensichtlich unter erheblichem Alkoholeinfluss durch.

Am 13. Januar 1900 vollzog Scharfrichter Wilhelm Reindel in Torgau die Hinrichtung an dem Schlossergesellen Franz Conrad Bräuer, der durch Urteil des Königlichen Schwurgerichts zu Torgau vom 27. Juni 1899 wegen Mordes zum Tode und zum Verlust der bürgerlichen Ehrenrechte verurteilt worden war. Auch hier wurde der Schriftverkehr zunächst mit dem immerhin bereits 75 Jahre alten Scharfrichter-Senior geführt. Der Erste Staatsanwalt bei dem Königlichen Landgericht in Torgau, Geheimer Justizrat Kube, teilte ihm unterm 7. Januar 1900 mit, dass in der Strafsache „wider den Schlossergesellen Franz Conrad Bräuer wegen Mordes" Seine Majestät der Kaiser und König durch Allerhöchsten Erlass vom 27. Dezember 1899 geruht habe, von seinem Begnadigungsrecht keinen Gebrauch zu machen, „vielmehr der Gerechtigkeit gegen den Verurtheilten Bräuer freien Lauf lassen wollen". Nunmehr sei zur Vollstreckung des Urteils Termin auf Sonnabend, den 13. Januar des Monats, vormittags 7.45 Uhr, anberaumt. Wenn Reindel dann Zeit habe, sollte er sich am Vortag um 16.30 Uhr im Arbeitszimmer des Ersten Staatsanwalts im ersten Stock des Landgerichts einfinden.

Im Auftrage des Herrn Justizministers ersuche ich Sie, absolutes Stillschweigen über Ihre demnächstige Amtshandlung zu wahren und die gleiche Verschwiegenheit Ihren Gehülfen zur besonderen Pflicht zu machen.

Der Erste Staatsanwalt bei dem Königlichen Landgericht zu Torgau bestätigte diese Angaben in der gleichen Ausführlichkeit in einem weiteren, dreiseitigen Schreiben vom 10. Januar 1900, diesmal direkt gerichtet an den Scharfrichter Wilhelm Reindel zu Magdeburg. Da heißt es aber auch: „Die Aufstellung des Schaffots erfolgt unter dem Thorbogen des Gefängnisses. Das Nähere werde ich Ihnen noch mündlich mittheilen."

Wilhelm Reindel vollzog die Hinrichtung und stellte im Anschluss eine recht aufschlussreiche Liquidation auf:

Liquidation

des Scharfrichters Wilhelm Reindel über die durch ihn am 13. Januar 1900 zu Torgau vollzogene Hinrichtung des Schlossergesellen Franz Conrad Bräuer entstandenen Gebühren und Auslagen:

1. Honorar für den Scharfrichter W. Reindel	*Mark 150*
2. Honorar für 3 Gehülfen à Mark 30, -	*90*
3. Tagegelder für den Scharfrichter W. Reindel à Tag	
Mark 10 an 2 Tagen	*20*
4. Tagegelder für 3 Gehülfen à Person Mark 7,50	
3 Personen Mark 22,50 2 Tage	*45*
5. Für das Leihen von Utensilien	*30*
6. Die Aufstellung und Abrüstung des Schaffots sowie	
Reinigen des Richtplatzes und Einsargen der Leiche	*20*
7. Ueberfracht der Utensilien von Magdeburg nach Torgau	
und zurück nach Magdeburg	*8,10*
8. für den Transport der Utensilien von der Wohnung in	
Magdeburg (Wilhelmstadt) nach dem Bahnhof und wieder	

zurück nach der Wohnung 4
9. *für 1 Droschke von meiner Wohnung in Magdeburg (Wilhelmstadt)*
   nach dem Bahnhof und wieder zurück nach meiner Wohnung
   4 Personen mit Handgepäck 4
10. *die Kofferträger in Magdeburg Bahnhof für die*
    Utensilien von der Straße nach der Gepäck Abfer=
    tigung zu tragen und wieder zurück nach dem Wagen 2
11. *die Kofferträger in Torgau (Bahnhof) für die Utensilien von der*
    Gepäck Abfertigung nach dem Wagen zu tragen und
    wieder zurück 2
12. *Transport der Utensilien vom Bahnhof in Torgau nach*
    dem Gerichtsgefängniß zu fahren 2

    Übertrag: 377,10 Mark

13. *Transport der Utensilien vom Gerichtsgefängniß*
    und 4 Personen nach dem Bahnhof zu fahren 3,50
14. *4 Fahrkarten von Magdeburg nach Torgau und zurück*
    nach Magdeburg à Person 8 Mark 32
15. *1 Fahrkarte für 1 Gehülfen von Lüchow nach*
    Magdeburg und zurück nach Lüchow
    10,40
16. *1 Fahrkarte für 1 Gehülfen von Osterburg nach*
    Magdeburg und zurück nach Osterburg 7
17. *1 Brief eingeschrieben und durch Eilboten zu bestellen*
    an Ober Sekretär Bollinger in Torgau -,65
18. *1 Brief eingeschrieben an Ober Sekretär Bollinger* -,35

    Mark 431,00

Damit war Reindel offensichtlich um 19 Mark günstiger als im Voranschlag angegeben; denn unten notierte er handschriftlich: „450 minus 431 = 19 Mark".

Dies wird bestätigt durch eine von Reindel ausgestellte „Quittung für die am 13. Januar 1900 zu Torgau vollzogene Hinrichtung des Schlossergesellen Franz Conrad Bräuer habe ich eine Pauschalentschädigung für mich und 3 Gehülfen für Reisekosten, Tagegelder und Ge... [alterungsbedingt unleserliches Wort] im Gesamtbetrage von Mark 450, M aus der Gerichtskasse in Torgau baar und richtig erhalten."

Der inzwischen verstorbene Heimatkundler Otto Mansfeld in Osterburg recherchierte für eine Jubiläumspublikation für das Landgericht Stendal: „Wenn der Scharfrichter in sein Haus nach Osterburg zurückkehrte, setzte er sich an den Tisch und schrieb die Rechnung ..."[191] Diese Aussage scheint, wie noch auszuführen ist, nach neuen Erkenntnissen nur zum Teil richtig zu sein.

Der „Tagesbote aus Mähren und Schlesien", Brünn, berichtete am 16. Januar 1900:

(Hinrichtung.) *Wie aus Breslau gemeldet wird, wurde am 13. d. in Torgau, Regierungsbezirk Merseburg, früh um 7½ Uhr, der aus Troppau gebürtige Schlossergehilfe Franz Bräuner, welcher vom Schwurgerichte wegen eines an*

Wilhelmine Pötzsch begangenen Lustmordes zum Tode verurtheilt worden war, durch den Scharfrichter Reindel aus Magdeburg enthauptet.

Am 17. Januar 1900 berichtete auch das tschechische Wochenblatt „Opavský Týdenník" über die Enthauptung durch „kata Reindla z Magdeburku" (Scharfrichter Reindel aus Magdeburg).

Die nächste dokumentierte Hinrichtung durch Wilhelm Reindel ist die des Zimmermanns Paul Karkus aus Jätzdorf am 30. Januar 1900 in Brieg. Karkus war durch rechtskräftiges Urteil des Königlichen Schwurgerichts von Brieg vom 9. November 1899 wegen Mordes zum Tode und Verlust der bürgerlichen Ehrenrechte verurteilt worden.

Der Oberstaatsanwalt in Breslau richtete sich am 22. Januar 1900 „an den Scharfrichtereibesitzer Herrn Friedrich Reindel zu Magdeburg". Er wies darauf hin, dass in Brieg, „sobald es irgend möglich ist", eine Hinrichtung vollzogen werden solle. Reindel sollte umgehend erklären, ob er in der nächsten Zeit dazu in der Lage sei. Antworten sollte Reindel an die Adresse des Oberstaatsanwalts in Breslau, Ritterplatz 15, ebenfalls eingeschrieben und durch Eilboten.

Die Sache sollte möglichst beschleunigt, aber auch geheim gehalten werden. Daher sollte eine telegraphische Korrespondenz unterbleiben. Reindel wurde angehalten, „zu Niemanden etwas laut werden lassen, auch dafür Sorgen tragen, daß ein Gleiches Seitens Ihrer Gehülfen geschieht, weil sonst schon aus diesem Grunde von Ihrer Zuziehung im diesseitigen Oberlandesgerichtsbezirke meinerseits abgesehen werden müßte".

Der Erste Staatsanwalt in Brieg, Schlingmann, fragte schließlich, da der Landesherr durch Allerhöchsten Erlass vom 15. Januar 1900 vom Begnadigungsrecht keinen Gebrauch gemacht hatte, am 25. Januar 1900 direkt beim Scharfrichter Wilhelm Reindel nach, ob derselbe die auf Dienstag, 30. Januar 1900, morgens 8 Uhr, in dem umschlossenen Hof des dortigen Gerichtsgefängnisses festgesetzte Hinrichtung vollziehen könne. Andernfalls möge einen Ausweichtermin angeben. Schlingmann fand deutliche Worte gegenüber Wilhelm Reindel:

Ich mache Ihnen und Ihren Gehülfen die strengste Amtsverschwiegenheit zur Pflicht, den Auftrag zur Vollziehung der Todesstrafe füge ich bei. / Im Auftrage des Herrn Oberstaatsanwalt werden Sie nachdrücklichst darauf hingewiesen, daß Sie sich nüchtern zu halten haben, damit jeder Besorgniß über die Ausführung der Hinrichtung vorgebeugt werde.

Der britische Historiker Richard J. Evans schreibt: „Am 7. Februar 1900 erteilte der Erste Staatsanwalt von Magdeburg, wo Reindel jetzt wohnte, dem strauchelnden Scharfrichter die strenge Weisung, keinen Tropfen mehr anzurühren."[192]

Ein Schreiben des Ersten Staatsanwalts in Stendal an den Scharfrichter Friedrich Reindel vom 20. Februar 1900 kündigte die bevorstehende Hinrichtung des im dortigen Justizgefängnis einsitzenden Arbeiters Anton Grzegorzewski aus Gethlingen (Kreis Osterburg, heute Hindenburg-Gethlingen) an. Grzegorzewski sei vom Schwurgericht vom 12. Juni 1899 wegen Mordes zum Tode verurteilt worden. Durch Allerhöchste Ordre habe Seine Majestät der Kaiser und König am 14. Februar 1900 entschieden, dass sie von ihrem Begnadigungsrecht keinen Gebrauch machen würde. Grzegorzewski sollte nun „so schnell wie möglich" hingerichtet werden. Friedrich Reindel wurde um „umgehende Erklärung" gebeten, ob er die Ausführung der Hinrichtung zu den üblichen Bedingungen übernehmen wolle und bereit sei, diese am Dienstag, den 27. Februar, morgens um 7 Uhr, auf dem Hof des Stendaler Gefängnisses zu vollziehen. „Insbesondere bitte ich um Mittheilung darüber, ob Sie die Hinrichtung persönlich bewirken werden, oder behindert sind und sich durch aus diesem Grunde dabei durch Ihren Sohn Wilhelm Albert Reindel vertreten lassen werden." Natürlich sollte wieder „vollkommenes Schweigen" seitens des Scharfrichters beziehungsweise seines Vertreters und dessen Gehilfen über den erteilten Auftrag beobachtet werden.

Die Zusage kam offensichtlich direkt von Wilhelm Reindel, und zwar am 22. Februar 1900. Darauf nahm nämlich am 23. Februar der Erste Staatsanwalt in Stendal Bezug. Er fand ähnliche Worte wie gut vier Wochen zuvor Erster Staatsanwalt Schlingmann in Brieg. Er mahnte in seinem per Einschreiben an Frau Emma Grünenthal in Magdeburg, Steinkuhlenstr. 3, adressierten Schreiben an Scharfrichter Wilhelm Reindel an, dass derselbe während seines Aufenthaltes „eine angemessene Haltung" zeigen und „jedes Anstoß erregende Verhalten vermieden werden" sollte, widrigenfalls er zukünftig von der Vornahme von Hinrichtungen ausgenommen werden würde. Alkoholmissbrauch spielte erneut eine Rolle:

Insbesondere habe ich Sie darauf hinzuweisen, daß Sie sich bei Ihrem Aufenthalte hier nüchtern zu halten haben, damit jeder Besorgniß über die Ausführung der Hinrichtung vorgebeugt wird, widrigenfalls Sie zukünftig von der Vornahme von Hinrichtungen würden ausgeschlossen werden.

Unterm 26. Februar 1900 beauftragte der Erste Staatsanwalt in Stendal Wilhelm Reindel, das rechtskräftige Todesurteil an Anton Grzegorzewski „durch Enthaupten mittels des Beiles zu vollziehen".[193]

„Der durch rechtskräftiges Urteil des Schwurgerichtes zu Stendal am 12. Juni 1899 wegen Mordes, begangen am 1. Mai vorigen Jahres aus der Landstraße zwischen Gethlingen und Hindenburg an dem Arbeiter August Witt aus Osterholz, zum Tode verurteilte Arbeiter Anton Grzegorzewski aus Gethlingen ist heute Morgen 7 Uhr im Hofe des hiesigen Gefängnisses mittels des Beiles enthauptet worden. Stendal, den 27. Februar 1900. Der Königliche Erste Staatsanwalt Harte", so lautete die Bekanntmachung, die am 28. Februar 1900 an den Straßenecken in Stendal angeheftet wurde.[194]

Wilhelm Reindel hinterließ bei seiner Amtshandlung einen ausgesprochen schlechten Eindruck, den die Obrigkeit keineswegs zu dulden bereit war. Der Justizminister in Berlin richtete sich am 8. Mai 1900 an den Herrn Oberstaatsanwalt in Celle: „Mit Rücksicht auf die mehrfach zu Tage getretene Neigung des Reindel zum Trunke und auf die anlässlich der Hinrichtung des Arbeiters Anton Grzegorzewski aus Gethlingen an ihm gemachten Beobachtungen wollen Sie schon jetzt Ihr Augenmerk auf die Auffindung einer geeigneten Persönlichkeit richten ..." Laut Hinweis war die Rede von „Scharfrichter Wilhelm Reindel in Magdeburg, dem Sohne des Scharfrichters Friedrich Wilhelm Reindel daselbst ..."[195]

Der Oberstaatsanwalt in Breslau wandte sich mit Verfügung vom 6. März 1900 an den Scharfrichter Friedrich Reindel. Im schlesischen Ratibor sollte „sobald als irgend möglich" eine Hinrichtung vollzogen werden. Der Adressat bat um umgehende Erklärung, ob Reindel imstande und bereit sei, diese in nächster Zeit zu vollziehen. Reindel sollte angeben, wie lange im Voraus er von dem durch den Ersten Staatsanwalt in Ratibor noch mitzuteilenden Termin in Kenntnis gesetzt werden müsse. Er sollte sich rückäußern an den Oberstaatsanwalt in Breslau, Ritterplatz 15, alles sollte möglichst beschleunigt, aber durchaus geheim gehalten werden, eine telegraphische Korrespondenz hatte zu unterbleiben. Reindel wurde angehalten, zu niemandem etwas zu sagen, auch die Gehilfen seien entsprechend zu instruieren. „Ich setze voraus, daß durchaus alles ebenso wie bei den früheren gleichen Veranlassungen geordnet wird."

Dabei befand sich ein als Einschreiben gekennzeichneter Briefumschlag, frankiert mit dem 25-Pfennig-Reichsadler der Reichspost. Das Schriftstück war durch Eilboten zu bestellen, aber nicht zur Nachtzeit und: „Bote bezahlt!" Dazu: Scharfrichter Herrn Friedrich Reindel zu Magdeburg, „Breslau 1", eingeschrieben Nr. 409, Stempel der Post Magdeburg -7.3.00 9-10V., zugeklebt mit dem Siegel des Königlich Preußischen Staatsanwalts in Breslau mit Adler.

Bei der Hinrichtung in Ratibor, die am 12. März 1900 erfolgte, soll Wilhelm Reindel erneut Symptome von Alkoholisierung gezeigt haben.

Der „Tagesbote aus Mähren und Schlesien", Brünn, berichtete am 14. März 1900:

(Hinrichtung.) Aus Ratibor wird vom 13. d. gemeldet: Der 32jährige Futtermann Franz Szyborski aus Klein=Ellguth, welcher am 25. September 1899 zur Tode verurtheilt wurde, weil er seine Frau erwürgt hatte, wurde heute durch den Scharfrichter Reindel jun. aus Magdeburg hingerichtet. (Repro: Blazek)

Der Erste Staatsanwalt bei dem Königlichen Landgericht zu Hagen teilte „Herrn Reindel, Magdeburg, Steinkuhlenstr. 3", unterm 28. März 1900 mit, dass durch das rechtskräftig gewordene Urteil des dortigen Gerichts vom 8. Februar 1900 der Schlosser Max Kreitler aus Milspe wegen Mordes in zwei Fällen zum Tode verurteilt worden sei. Nun sei noch die Entscheidung Seiner Majestät zu erwarten, ob „Allerhöchstderselben" von seinem Begnadigungsrecht Gebrauch machen oder der Gerechtigkeit freien Lauf lassen wollte. Reindel sollte sich äußern, ob er bereit sei, im Falle der Nichtbegnadigung die Hinrichtung zu vollziehen. Gleichzeitig bat der Erste Staatsanwalt, der auch selbst unterzeichnende Staatsanwaltschaftsrat Wette, der bis 1898 noch in Aachen gearbeitet hatte, um Mitteilung einer Deckadresse.

In einer jüngeren Publikation zur Hagener Stadtgeschichte verlautet, dass am 10. Mai 1900, nach zwei weiteren Hinrichtungen in den vorausgegangenen Jahren, in Hagen der Handwerker Max Kreitler *durch den preußischen Scharfrichter Friedrich Wilhelm Reindel aus Magdeburg* wegen Doppelmordes mit dem Beil geköpft worden sei.[196]

Der „Tagesbote aus Mähren und Schlesien", Brünn, berichtete am 16. August 1900:

(Die Hinrichtung) des Doppelmörders Köberle aus Potsdam ist, wie aus Berlin gemeldet wird, am 14. d. früh um 6 Uhr auf dem Hofe des Gefängnisses für Jugendliche der Strafanstalt Plötzensee durch den Scharfrichter Reindel jun. vollstreckt worden.

Tagesbote aus Mähren und Schlesien, Brünn, vom 16. August 1900. Repro: Blazek

„Politik" berichtete in ihrer Ausgabe vom 17. August 1900 ausführlicher. Demnach wurde der Delinquent vom Untersuchungsgefängnis in das Strafgefängnis zu Plötzensee gebracht. Eine Abteilung berittener Schutzleute begleitete den Wagen. Der Geistliche des Untersuchungs-Gefängnisses, Pastor Dirsch, begleitete den Mörder in die Zelle und blieb die Nacht über bei ihm. Als Henkersmahl erbat sich Köberle ein englisches Beefsteak, zwei Flaschen Bier, eine Flasche Wein und „einige Cigarren". Die Hinrichtung erfolgte Dienstagfrüh um 6 Uhr durch den Scharfrichter Reindel. Um viertel vor sechs Uhr Früh traf Polizei-Lieutenant Schultz mit 16 Schutzmännern ein, um in dem Gefängnishof Aufstellung zu nehmen. Die Enthauptung nahm nur wenige Augenblicke in Anspruch. Der Staatsanwalt übergab den dem Tode verfallenen Verbrecher dem Scharfrichter, der mit den Gehilfen sein trauriges Amt „mit Blitzesschnelle" ausführte und nach Verlauf von vier Minuten nach dem Eintritt Köberles melden konnte: „Herr Staatsanwalt, das Urteil ist vollstreckt." Der schwarze Sarg mit einer schwarzen Decke, der den Körper des Gerichteten barg, wurde gleich darauf auf einem Einspänner, von zwei Polizeibeamten begleitet, nach dem Anstaltsfriedhof überführt, „wo Köberle als der neunte in Plötzensee Hingerichtete der Erde übergeben wurde".

Der Schuhmacher Joseph Gönczi, 1852 in Siebenbürgen geboren, wurde am 7. Dezember 1900 im Hof des Strafgefängnisses Plötzensee enthauptet. Er hatte sich gemeinsam mit seiner Frau vom 3. bis 7. April 1900 vor dem Schwurgericht des Landgerichts Berlin I wegen Mordes beziehungsweise Beihilfe und Begünstigung zu verantworten gehabt. Gönczi wurde die Ermordung und anschließende Beraubung zweier Frauen im Haus Königgrätzer Straße 35 angelastet. Nachdem das Todesurteil Rechtskraft erlangt hatte, wurde Gönczi hingerichtet. Gönczis Frau wurde freigesprochen. Kurz vor der Hinrichtung verlautete in der Zeitung: „Das von seinem Official-Verteidiger Rechtsanwalt Dr. Herbert

Fränkel abgefasste Gnadengesuch ist nun eingereicht worden. Eine Rücksprache mit seiner noch immer im St. Hedwigs-Krankenhaus weilenden Frau hat Gönczi weder gehabt noch erbeten. Noch nicht bestätigt ist die Nachricht, dass das Gnadengesuch abgelehnt ist und der Verurteilte nach Plötzensee überführt werden soll."[197]

Der Name des Scharfrichters ist nicht überliefert; es scheint der nunmehr gleichzeitig amtierende Scharfrichter Lorenz Schwietz aus Breslau gewesen sein, der in seiner Amtszeit (1900-1914) dreimal in Plötzensee zum Einsatz kam (Schwietz hat insgesamt 120 Hinrichtungen vorgenommen).

Es ist hingegen überliefert, dass 1900 der Scharfrichter in Plötzensee den ersten Hieb nicht mit hinreichender Kraft ausgeübt habe, sodass „vor Abhebung des Körpers von der Richtbank ein Abzerren des abgeschlagenen Kopfes vom Rumpfe durch die Gehilfen vorgenommen werden mußte, dasselbe dauerte zwar nur einen kurzen Augenblick, machte aber einen widerlichen Eindruck". Der zuständige Staatsanwalt gab einen missbilligenden Kommentar zu dem Vorfall ab.[198]

Der „Tagesbote aus Mähren und Schlesien", Brünn, berichtete am 6. Februar 1901:

(Hinrichtung.) Im Hofe des Casseler Gefängnisses wurde gestern früh der Kutscher Friedrich Assauer, der im vergangenen April seine Geliebte im Walde überfallen und ermordet hatte, mittels Beiles hingerichtet. Der Verurtheilte wurde in halb bewußtlosem Zustande zum Richtblock geführt. Der Scharfrichter Riedel (sic!) aus Berlin vollzog die Execution mit großer Schnelligkeit.

Am 16. August 1901 war Wilhelm Reindel bei einer Hinrichtung in Münster offensichtlich so betrunken, dass er zwei Streiche benötigte, um das Werk zu vollenden.[199]

Über die Alkoholprobleme der damaligen Scharfrichter schreibt Evans:[200]

Die mangelnde „Solidarität" der Scharfrichter verriet sich nicht zuletzt in ihrer Neigung zur Trunksucht. Es ist auffallend, wie im ganzen 19. Jahrhundert Scharfrichter immer wieder in stark angetrunkenem Zustand ihren Pflichten nachkamen. Ob Lorenz Scheller in Bayern, Franz Müller in Baden, Julius Krautz, Wilhelm Reindel und Alwin Engelhardt in Preußen: alle tranken im Dienst oder gaben in ihrer Freizeit so viel Geld für alkoholische Getränke aus, dass sie in ernste finanzielle Schwierigkeiten gerieten oder sogar, wie Julius Krautz, mit dem Gesetz in Konflikt kamen. Natürlich war Trunksucht Ende des 19. und Anfang des 20. Jahrhunderts auf allen Ebenen der deutschen Gesellschaft verbreitet; sie scheint aber bei Scharfrichtern weit über dem Durchschnitt gelegen zu haben.

Ab sofort verzichtete man auf die Dienste von Wilhelm Reindel.

Dieter Paprotka in Berlin hat insgesamt 24 Hinrichtungen ermittelt, die von Wilhelm Reindel zwischen 1899 und 1901 in verantwortlicher Position vollzogen worden sind. Darunter waren – gleich zu Beginn seiner Amtszeit – die Enthauptung einer Frau und zwei Doppelhinrichtungen:[201]

1.	Wilhelm Schmah	24	29.04.1899	Halle	Schmiede-Geselle
2.	Marie Lau	38	29.06.1899	Braunsberg	Hoffmansfrau
3.	Gottfried Wiebrodt	30	29.06.1899	Braunsberg	Knecht
4.	Karl Rammin	41	11.08.1899	Güstrow	Schuhmacher
5.	Paul Riedel	29	11.08.1899	Güstrow	Arbeiter
6.	Peter Fritsch	27	28.10.1899	Neuwied	Bergmann
7.	Reinhold Rösner	40	04.11.1899	Brieg	Arbeiter
8.	Paul Zabanski		09.01.1900	Lissa	Arbeiter
9.	Franz Conrad Bräuer		13.01.1900	Torgau	Schlosser-Geselle
10.	Paul Karkus	23	30.01.1900	Brieg	Zimmermann
11.	Anton Grzegorski		27.02.1900	Stendal	Arbeiter
12.	Franz Szciborski	32	13.03.1900	Ratibor	Futtermann
13.	Max Kreitler	23	19.05.1900	Hagen	Schlosser
14.	Ernst August Feldhusen		29.06.1900	Altona	Arbeiter
15.	Franz Rabanowski		12.07.1900	Graudenz	Kuh-Hirte
16.	Wilhelm Born	27	21.07.1900	Güstrow	Schmied
17.	Hermann Köberle	24	14.08.1900	Berlin	Arbeiter
18.	Paul Wiegand	22	18.08.1900	Köln	Kaufmann
19.	Johann Heiborn	36	22.08.1900	Altona	Dienstmann
20.	Georg Plöging	31	13.11.1900	Kassel	Fabrikarbeiter
21.	Wilhelm Ashauer	25	05.02.1901	Kassel	Kutscher
22.	Jakob Wroblewski	35	24.04.1901	Dortmund	Bergmann
23.	Johann Deppe		05.07.1901	Flensburg	Arbeiter
24.	Friedrich Einhaus	31	14.08.1901	Münster	Schlosser

Titelseite von „Der Scharfrichter aus Magdeburg", 1903. Repro: Blazek

Wie zuvor bei Krautz wurden auch die Taten von Wilhelm Reindel für die Nachwelt zu Papier gebracht und veröffentlicht. Diese Publikation, die im Januar 1903 im Verlag A. Weichert in Berlin NO, Barnim-Str. 48, erschien, hat wohl nicht zu einem großen Interesse der Medien geführt wie beim Kolportageroman von Julius Krautz.[202]

Dazu verlautete in „Der Kunstwart" 1903: (Wilhelm Reindel – Der Scharfrichter v. Magdeburg) „Das, sehr geehrter Herr Kollege, fühlen Sie wohl jetzt schon, trotzdem Sie nur Titel und Idee kennen. Aber wer das Vorwort des Romans einmal gelesen hat, wer mit dem Verfasser das Scharfrichterhaus zu Magdeburg betreten, Wilh. Reindel und seine Familie kennen gelernt hat, wer sich dann in die ersten Kapitel versenkt und die Personen lieben und leiden sieht, deren Schicksal mit dem es düstren Helden des Werkes verflochten ist, der steht unter dem Banne des hochinteressanten Volksromans, der wird Sie, geehrter Herr Kollege, bitten, ihm das Werk bis zu Ende und zwar möglichst schnell zu liefern."[203]

Der besagte Lieferungsroman mit dem irreführenden Titel „Wilhelm Reindel, der Scharfrichter von Magdeburg und die Opfer des Schafotts – Zeitroman nach Aufzeichnungen und Mitteilungen des Scharfrichters Wilhelm Reindel" hatte immerhin einen Umfang von 800 Seiten.

In einem Lehrbuch mit dem Titel „Kaufmännische Propaganda", 1899 erstmals aufgelegt, ist im Abschnitt 3 immerhin von „Kolportageschund" die Rede:

In der Münchener Altstadt war 1911 im Schaufenster einer kleinen Buchhandlung folgendes Plakat zu sehen:

„Nur dumme Menschen lesen solche Schundromane! Das Geld ist direkt auf die Straße geworfen. 100 Hefte ä 10 Pfg. 10.- Mark.

Was schafft sich ein denkender Mensch für M. 10.- an? 1 gute Klassikerausgabe M. 6.-, 1 Band Dichtergedächtnisstiftung M. -55, 2 Wiesbadener Volksbücher M. -.25, 1 Hesses Volksbücher M. -80, 1 Fremdwörterbuch M. 1.-, 1 Krankenversicherungsgesetz M. -.HO, 1 Invalidenversicherung M. -.60. M. 10.-."

Das Prinzip solcher Gegenüberstellung (nicht diese Liste) hat der Dürerbund durch sein „Heb mich auf!" verbreitet. Aber der Buchhändler macht es anschaulich. Unter dem Plakat liegt links ein dickes, verschnürtes, ziemlich schmieriges Paket, der Kolportageschund: „Der Scharfrichter von Magdeburg oder die Opfer des Schafotts". Rechts stehen auf einem kleinen Bücherbrett, sauber gebunden, die bezeichneten Bücher, eine verlockende kleine Hausbibliothek.

Im Jahre 1900 bestand Alwin Engelhardt, Schwiegersohn und Gehilfe von Scharfrichter Wilhelm Reindel, ein „Buffetier" aus Osterburg, der in der Familie Reindel bei einigen Hinrichtungen assistiert hatte, die mit Lorenz Schwietz vorgenommene Scharfrichterprüfung und wurde offiziell als staatlicher Scharfrichter zugelassen, wie aus einem Bericht des Oberstaatsanwalts in Naumburg an das Preußische Justizministerium vom 13. Juni 1900 hervorgeht.[204]

Mit Schreiben vom 10. Februar 1901 an den Königlichen Herrn Oberstaatsanwalt in Celle bat Alwin Engelhardt um Übertragung der Vollziehung von Hinrichtungen. „Ich habe schon einige Hinrichtungen als Gehilfe des Scharfrichters Wilhelm Reindel mit der Maschine zur Zufriedenheit der hohen Behörden vollzogen, und zwar die letzte in Cöln ³/R. an den Schiffsheitzer Paul Wiegand."[205] [Paul Wiegand wurde am 18. August 1900 auf dem Gefängnishof der Kölner Strafanstalt mit der Guillotine hingerichtet.[206]]

Als Vertragsentwurf diente der am 3. März 1893 in Celle für Friedrich Reindel und Sohn Wilhelm Reindel ausgestellte Vertrag, dessen Änderungen mit rot überschrieben wurden, „Celle, den September 1901" war für Alwin Engelhardt vorgesehen, der am Ende am 4. Oktober 1901 das Papier unterzeichnete. Als Vergütung innerhalb der Provinz Hannover wurden 300 Mark festgeschrieben, im Falle mehrerer Hinrichtungen nacheinander sollten für jede weitere Exekution je 50 Mark vergütet werden.[207]

Der Erste Staatsanwalt bei dem Königlichen Landgericht in Flensburg stellte Alwin Engelhardt am 5. Juli 1901 ein Zeugnis folgenden Wortlauts aus: „Dem geprüften Scharfrichter Alwin Engelhardt aus Magdeburg bescheinige ich, daß derselbe heute bei der von seinem Schwiegervater, dem Scharfrichter Wilhelm Reindel aus Magdeburg, vollzogenen Hinrichtung des durch Urtheil des Schwurgerichts Flensburg vom 8. Dezember 1900 wegen Mordes zum Tode verurtheilten Arbeiter Johann Deppe aus Harburg mitgewirkt hat. p. Engelhardt hat durch Umsicht und Gewandtheit, sowohl bei der Aufstellung des Richtblockes und der Bank wie auch bei der Hinrichtung sich vorteilhaft ausgezeichnet und in jeder Weise ein ernstes würdiges Verhalten an den Tag gelegt."

In der Beilage zu Nr. 17 des „Naumburger Kreisblattes" vom 21. Januar 1902 ist Folgendes über die von Engelhardt in Naumburg am 17. Januar 1902 durchgeführte Hinrichtung des Karl Bagehorn, des Heinrich Seidel und der Anna Schödel zu lesen:

Im Anschluß an die dieser Tage erfolgte Hinrichtung dürfte noch Folgendes von Interesse sein. Während früher in Preußen die Vollstreckung von Todesurteilen dem Scharfrichter Krauts in Berlin oblag, wurde sie seit dem 1. Mai 1889 durch den Scharfrichter Friedrich Reindel (sen.) in Magdeburg ausgeführt. Dieser, der jetzt ein weißhaariger Greis von 77 Jahren ist, waltete seines Amtes 10 Jahre lang (bis Anfang 1899) und hat in dieser Zeit 213 Hinrichtungen vollzogen. Dann trat sein Sohn, der Scharfrichter Wilhelm Reindel jun. an seine Stelle; seit 1901 aber verrichtet der Schwiegersohn des alten Reindel, der bisherige Büffetier Engelhardt aus Osterburg, jetzt in Magdeburg, die Arbeit des Hinrichtens. Dieser hatte bisher erst zwei Hinrichtungen vollzogen, deswegen war zu seiner Unterstützung Herr Reindel sen. mit hierher gekommen und hielt auch bei der Hinrichtung der Frau Schödel deren über den Block gebeugten Kopf. Wie schon erwähnt, ging Hrn. Engelhardts Verrichtung ohne jede Störung glatt und schnell von statten: Sobald der Delinquent ihm übergeben war, setzte er den Zylinder ab, entledigte sich des Frackes und vollführte den verhängnisvollen Streich, der das scharfe Beil bis auf einige Centimeter in den Block eindringen ließ; denn da es an einem zwei Fuß langen Stiele befestigt war und eine Klinge von 1 Fuß Länge und 10 Zoll Breite hatte, so hatte es eine erhebliche Wucht. Nachdem es dann wieder ausgehoben und gereinigt (es wurde stets dasselbe Beil benutzt, nicht, wie irrtümlich gesagt, jedesmal ein anderes), Kanne mit dem Blut beiseite gesetzt, die Leiche in einen der hinter einer schwarzen Verkleidung stehenden Sarge gelegt und überhaupt alle Spuren des Geschehenen verwischt worden waren, kleidete sich der Scharfrichter wieder an und erwartete die Vorführung des nächsten Delinquenten. Der herzliche und von ihnen dankbar entgegengenommene Zuspruch des Seelsorgers trug nicht wenig dazu bei, daß die Verurteilten sich ruhig in ihr Schicksal ergaben; nur Frau Schödel bat im letzten Augenblick noch um die Erlaubnis noch ein telegraphisches Gnadengesuch absenden zu dürfen, was aber nicht angängig war, da ja die Königliche Entschließung über ihr Schicksal schon vorlag. – Alsbald nach der Beendigung des ganzen Aktes, für den der Scharfrichter für sich und seine Leute wohl etwa 700 Mk. insgesamt empfangen haben mag (wie wir nach Angaben bei ähnlichen auswärtigen Fällen vermuten) reist er von hier ab, weil er, wie er erzählte, an anderm Orte abermals seine Pflicht zu thun habe.

Wilhelm Reindel begleitete seinen Schwiegersohn auch weiterhin. So verlautet im „Torgauer Kreisblatt" vom 16. Januar 1903 über die am selben Tag erfolgte Hinrichtung des Steinbrucharbeiters Eduard Krause: „Gestern Nachmittag um 4 Uhr traf der Scharfrichter Engelhardt mit zwei Gehülfen sowie seinem Schwiegervater Reindel, der vor drei Jahren, am 13. Januar 1900, die Enthauptung des Lustmörders Bräuer vollzog und bei den Hinrichtungen jetzt noch amtirt, hier ein."[208]

Unter Wilhelm I. hatte es von 1859 bis 1888 insgesamt 85 Hinrichtungen in Preußen gegeben. Unter Wilhelm II. waren es von 1889 bis 1918 nicht weniger als 498.[209]

„1901 wurden 17, 1902 etwas mehr, nämlich 19, 1903 dagegen bedeutend weniger, nämlich nur 9 Männer, 1904 aber 20 Männer, 1905 dagegen wieder nur 5 Männer hingerichtet", heißt es 1907 in der „Hygienischen Rundschau, Berlin". „Von Frauen verfiel nur eine kleine Zahl diesem Schicksale, nämlich 2 im Jahre 1901, 3 im Jahre 1902, nur je eine in den Jahren 1903 und 1904 sowie 2 im Jahre 1905. Eine Uebersicht der Hinrichtungen nach Provinzen für die genannten 5 Jahre zeigt, dass in der Provinz Schlesien die meisten Hinrichtungen vollzogen sind, und zwar an 11 Männern und einer Frau. In der Provinz Brandenburg sind 11 Hinrichtungen von Männern vorgekommen, die meisten in der Strafanstalt Plötzensee bei Berlin, die standesamtlich nicht zu Berlin, sondern zu Tegel, deshalb zum Kreise Niederbarnim, Regierungsbezirk Potsdam gehört. 7 Hinrichtungen wurden an Männern in der Provinz Westpreussen (sic!) ausgeführt, ebenso an Männern je 6 in den Provinzen Ostpreussen (sic!), Sachsen und Hannover, je 5 in Westfalen und Rheinland, je 4 in Posen und Hessen-Nassau, 3 in Pommern und 2 in Schleswig-Hollstein (sic!). Die Zahl der hingerichteten Frauen betrug 3 in der Provinz Ostpreussen, 2 in der Provinz Posen und je 1 in den 4 Provinzen Schlesien, Sachsen, Hannover und Westfalen."[210]

Die niederländische Zeitung „Utrechtsch Nieuwsblad – Nieuws- en Advertentieblad voor Utrecht en Omstreken" berichtete am 3. Januar 1911 (Übersetzung):

DEUTSCHLAND.

Ein Artikel gegen die Todesstrafe.

Ein deutsches Magazin hat einen Artikel gegen die Todesstrafe von niemand anderem als Reindel, einem pensionierten Scharfrichter, gebracht. Diese Opposition richtet sich vor allem gegen die Todesstrafe, wie sie in Deutschland angewendet wird, und zwar nicht in der Öffentlichkeit. Sobald die nicht öffentliche Ausführung bekannt gemacht sei, sagt Reindel, sei das Modell für die anderen verloren. Die schlimmste Strafe für den Mann seien die Minuten, die der Exekution vorausgehen. Der zu tötende Mann sei schon halb tot, ehe die Operation stattgefunden habe.

DUITSCHLAND.

Een artikel tegen de doodstraf.

Een Duitsch blad bevat een artikel tegen de doodstraf van de hand van niemand minder dan Reindel, gepensionneerd beul Deze verzet zich vooral tegen de doodstraf, zooals die in Duitschland wordt toegepast, d w. z. niet in het openbaar. Zoodra de terechtstelling niet in het openbaar geschiedt, zegt Reindel, is het voorbeeld voor de anderen verloren. Het ergst voor den man die de straf moet ondergaan, zyn die minuten, die er aan vooraf gaan De man die ter dood wordt gebracht, is reeds half dood, voordat de operatie is geschied.

Die Scharfrichtertätigkeit wurde im Hause Reindel bis 1943 ausgeübt. Letzter in der Reihe war Friedrich Reindels Urenkel Ernst Reindel, der 1899 im Haus an der Steinkuhlenstraße in Magdeburg das Licht der Welt erblickte und als „Henker und Schlächter von Berlin" in die Geschichte einging. Urenkel Ernst Reindel, der 1950 für tot erklärt worden ist, zeigte noch stolz die vielen Scharfrichterporträts der Dynastie Reindel im Haus.[211]

In der „Bibliothek der Unterhaltung und des Wissens" blickte man 1909 zurück, bezeichnete Reindel aus Berlin und Krautz als Berühmtheiten:[212]

Die Enthauptung geschah früher vornehmlich mit dem breiten, an seinem Ende abgerundeten Richtschwerte, das der Nachrichter mit beiden Händen hoch emporzuschwingen hatte, um die für die Abtrennung des Kopfes auf einen einzigen Streich erforderliche Wucht zu erzielen. Die Handhabung dieses Schwertes, von denen in Museen und Raritätenkabinetten ja noch viele zu sehen sind, erforderte einen hohen Grad von Geschick, Übung und Kaltblütigkeit, und es kann nicht wundernehmen, wenn wir in Chroniken und anderen zeitgenössischen Berichten oftmals von Hinrichtungen lesen, bei denen der Henker zur Qual des armen Sünders und zum Entsetzen der Zuschauer vier- und fünfmal zuschlagen mußte, ehe sein grausiges Werk vollbracht war.

So trat denn mehr und mehr an die Stelle des Schwertes das Richtbeil, das durch seine Schwere dem Scharfrichter die Arbeit erleichterte. In Preußen und in einigen anderen deutschen Bundesstaaten bedient man sich seiner noch heute in Verbindung mit einem Richtblock, der mit einer Vorrichtung zum Fesseln des Delinquenten und mit einem halbkugeligen Ausschnitt versehen ist, in den der arme Sünder seinen Kopf zu legen hat. Unsere zweite und dritte Abbildung zeigen die jetzt „außer Dienst" gestellten Richtbeile und -blöcke, von denen die „berühmten" Berliner Scharfrichter Reindel und Krauts, sowie der Mecklen-

burger Gausert bei zahlreichen Hinrichtungen Gebrauch machten. Reindel, der seines Amtes ein ganzes Menschenalter hindurch gewaltet, hatte sich im Anfang seiner Laufbahn noch des Schwertes bedienen müssen, das, wie aus unserer zweiten Abbildung ersichtlich, der Nachwelt ebenfalls erhalten geblieben ist.

Einer der Scharfrichter Reindel hatte im (späten) 19. Jahrhundert einem geheimen Bündnis angehört, das seinen Sitz in Leipzig hatte: dem (heidnischen und geheimen) Augurenbund. Ihm gehörte auch der Schriftsteller, Verlagslektor und Gründer des ersten deutschen Kabaretts, Ernst Freiherr von Wolzogen (1855-1934), an, der wohl als Einziger ausführlich darüber schrieb, und zwar im Jahre 1907. Auf Scharfrichter Reindel wird ein neues Licht geworfen, indem er dort nämlich – als „wahrhaft freier Geist" – zum Ehrenmitglied erkoren wurde:[213]

Wohltäter der Menschen.

Von Ernst Freiherr von Wolzogen.

Ob der deutsche Augurenbund noch existiert, weiß ich nicht, obgleich ich die Ehre habe, ihm anzugehören; zweifellos ist der Witz seines Namens und die Güte seiner Sache. Er hatte seinen Sitz in Leipzig und verfolgte, ohne jemanden durch Verpflichtungen materieller Natur, durch Statuten oder irgendwelchen Formelkram zu belästigen, einzig und allein den Zweck, eifrig Umschau zu halten nach wahrhaft freien Geistern in allen Ländern deutscher Zunge, die durch Wort oder Tat ihre lächelnde Unberührtheit von allerlei Feldgeschrei des lauten Tages bewiesen hatten und sich anscheinend weder durch das Bruttogewicht der Massen noch durch die selbstgefälligen Narrheiten überkultivierter Einzelner imponieren ließen. Solche Leute galten einfach als Auguren und wurden, ohne vorher um Erlaubnis gefragt zu werden, durch Verleihung eines bis zur Brustwarze reichenden und mit einem Eberhauer geschmückten Stabes ausgezeichnet. Außerdem beschäftigte sich der Bund damit, unfreiwilligen Großauguren in aller Welt die Ehrenmitgliedschaft durch erhaben und edel kalligraphierte Handschreiben zu verleihen. So wurden im Jahre der Gründung des Bundes beispielsweise dem damaligen Unfehlbaren, Leo XIII., dem anderen Leo mit dem bürgerlichen Namen Taxil und dem Scharfrichter Reindl (sic!) dergleichen Diplome übersendet.

Friedrich Reindel im Berliner Adreß-Buch von 1867, S. 491. Repro: Blazek

Ein nahezu unbekanntes Dokument

Aus Karlsbad, Mitte Juni.
Ein Abend mit Bismarck.
In der Prager „Politik" erzählt Ernst Rüffer:

Sonderbar, es hatte mir bisher durchaus nicht gelingen wollen, dem preußischen Premier zu begegnen. Ich hätte ihn so gern einmal so recht von Angesicht zu Angesicht betrachtet, auf den Klang seiner Stimme gelauscht und mich über seine Privatatmosphäre orientirt, doch nirgends machte es sich, diese kulturhistorischen Wünsche erfüllt zu sehen. Eben saß ich Abends halb 9 Uhr mit einem liebenswürdigen Prager und einem gemüthlichen Kärntner Curgast im Gastzimmer der „Stadt Hannover", eben sprach ich davon, daß mein Stern wohl im Verdunkeln begriffen, weil er mir noch immer kein tête-à-tête mit Bismarck gewährt, da geht die Thüre auf und herein treten Se. Exc. Ministerpräsident v. Bismarck, der Heros meiner Berliner Correspondenzen, dann der preußische Gesandte in Wien, Graf Kanitz, Flügeladjutant des Königs, Hofmarschall v. Perponcher und Major Graf v. Gröben. Diese Herren nahmen an der eigentlichen Wirthstafel Platz, während meine beiden Freunde und ich an einem kleinen Tisch, etwa fünf Schritte davon entfernt saßen. Die neuen Gäste brachten Appetit mit, sie verlangten sofort den Speisezettel und ließen sich, wahrscheinlich um dem Nationalitätsprincip eine verschämte Huldigung darzubringen, Schnitzel, welches einer der Herren „für die Nationalspeise der Böhmen" erklärte, und Pilsener Bier bringen. Sofort entspann sich auch ihre Unterhaltung. Zuerst erzählte Bismarck von einem hohen preußischen Beamten, der ihm am Tage begegnet, ihn schüchtern gegrüßt habe und dann vorsichtig schnell in einen Seitenweg eingebogen sei. Ach, rief Perponcher, den kenne ich, das ist ein sehr gutgesinnter Mann, der Ew. Exc. nur nicht hat stören wollen. Alsdann drehte sich das Gespräch um einige andere preuß. Kurgäste von Distinktion und Herr von Kanitz bedauerte, einen guten Freund hier nicht angetroffen zu haben, der so sehr an Krämpfen leide. „Eigenthümlich ist es", bemerkte er, „wie er sich die Krämpfe vom Halse schafft. Er hält sich nämlich in seinem Zimmer beständig einen Dompfaffen. So lange dieser Dompfaffe darin haust, was aber immer nur 8 Tage dauert, da er nach dieser Frist regelmäßig, stirbt, ist mein Freund krampffrei. So wie aber der jeweilige Dompfaffe sein krampfbeschwichtigendes Leben ausgehaucht hat, bricht das Uebel sofort wieder los, bis ein neuer beflügelter Insasse wieder die gefährliche Stubengenossenschaft heilt."

Ueber dem Essen kam man auch aus die Trichinenkrankheit zu reden und tröstete sich damit, daß bei der Section eines bisher kerngesunden, kürzlich in Berlin ermordeten französischen Sprachlehrers, der Körper desselben voller Trichinen gefunden worden sei. Ad vocem des Gemordeten bemerkte einer der Anwesenden, daß Herr v. Perponcher ein photographisches Verbrecheralbum bei sich führe und darin besonders Leute gesammelt habe, die bereits um einen Kopf kürzergemacht worden seien. Dies Album ward auf Verlangen dem Herrn Ministerpräsidenten vorgezeigt, der sich wohlgefällig die vielen interessanten Physiognomien darin betrachtete. Damit kam auch der Fluß der Rede auf Hingerichtete und Hinrichtungen überhaupt. Herr v. Kanitz ergriff diese passende Gelegenheit, um mit sichtlichem Wohlgefallen und einer in's grausigste Detail gehenden Genauigkeit die Hinrichtung des bekannten Attentäters auf das Leben des verstorbenen Königs, Bürgermeister Czech, zu erzählen, der er in Person beigewohnt. Es sei, sagte er, gerade ein grimmig kalter Wintertag gewesen, und als man Czech zur Richtstätte gefahren, habe derselbe sich mehrmals vor Frost geschüttelt und geklagt, daß es doch ein gar zu kalter Wintertag sei, worauf der ihn begleitende Polizeibeamte gemeint: „Sie können immer lachen, lieber Herr Czech, aber ich armer Teufel muß dann in dieser grimmigen Kälte auch noch den Rückweg antreten."

Als der Delinquent das Schaffot bestiegen, habe er, obwohl außer dem Militär, das, wegen eines eventuellen starken Zudrangs des Publikums scharf geladen hatte, nur wenige Bauern zugegen waren (die Hinrichtung fand bei Spandau statt), doch versucht, eine Rede zu halten, worauf der Erzähler (Kanitz) selbst den Tambours ein Zeichen zu einem kräftigen Wirbel gegeben, der die Stimme des Todescandidaten sofort erstickt hätte.

Hierauf sei derselbe zum Sitzen genöthigt worden, und der Scharfrichter, ein recht charmanter Mann, voller Anstand und Manieren, habe aus einem feinen Lederfutteral ein scharfes, spiegelblankes Beil hervorgeholt, sich dann den Krack ausgezogen und das Beil einmal leise den Hals des Delinquenten berühren lassen, dann erst habe er mit großer Präcision und Geschwindigkeit den tödtlichen Streich geführt.

Nun sei es sonderbar gewesen, bemerkte Herr v. Kanitz, indem er dazu einen tiefen Schluck Pilsener Bier zu sich nahm, daß das Blut gar nicht gleich gekommen sei, es habe wohl mehrere Sekunden gedauert, nährend welcher Zeit er sich genau den durchschnittenen Hals betrachtet habe, der ganz wie ein sogenanntes englisches Bonbon, die man auch Rocks-Drops heißt, ausgesehen habe.

Alle Herren lachten über diesen sinnigen Vergleich, dem der Erzähler noch beifügte, daß der Kopf des Czech ganz wie der Goethe's ausgesehen habe.

Hierauf gab Herr v. Bismarck eine Geschichte zum Besten, wie er mit eigenen Augen in London die Erhängung eines Gattinmörders angesehen, Derselbe sei in einer Art Meublewagen zum Galgen gefahren und daselbst binnen 20 Minuten vom Leben zum Tode gebracht worden. Der Ministerpräsident beschrieb gleichfalls mit in's Detail gehender Genauigkeit, wie man den Delinquenten aus dem Wagen gezogen, mit welcher echt geschäftsmäßigen Ruhe die Herren Henkersknechte dem Verurtheilten das Brett unter den Füßen weggezogen hätten und wie sich dann, nachdem er aufgezogen worden, zwei dieser königlichen Beamten an die Füße des Baumelnden gegangen, um ihm die Halswirbel zerreißen zu helfen.

Ich muß gestehen, fast nie in meinem ganzen Leben habe ich ein so eigenthümliches Grauen empfunden, als während dieser von den hohen Erzählern, die meine Freunde und mich nicht im mindesten beachteten, mit wollüstiger Genauigkeit und behaglicher Ruhe zum Besten gegebenen Schilderungen von Hinrichtungen. Auch meine Freunde empfanden Aehnliches und der gute Kärntner flüsterte mir zu:

„Diese Leute reden ja mit solchem Wohlgefallen von Schaffot und Galgen, als wenn sie selbst gelernte – wären."

Noch mußten wir die Erzählung einer Breslauer Hinrichtung anhören, die sich aber schon kürzer faßte, da die Hauptmomente bereits von Kanitz und Bismarck mit nervenkitzelndem Reiz ausgebeutet worden waren.

Interessant war nur noch die folgende wörtliche Bemerkung Bismarcks:

„Das hat eigentlich Alles nichts zu sagen. Die Hinrichtungen gehen immer so schnell und jedenfalls schmerzloser von statten, als so viele Krankheiten, die Einen im Bette langsam und unter grausamen Qualen zu Tode würgen."

Dieser Bismarck'sche Trost machte den Beschluß dieses eigenthümlichen Symposions, welches ein Plato oder Tenophon jedenfalls geschickter, aber schwerlich wortgetreuer wieder gegeben haben würde als ich. Der Ministerpräsident und seine Genossen verlangten zu zahlen und entfernten sich, nachdem sie ihre Rechnung berichtigt. Meine Freunde und ich waren froh, als wir diese unheimliche Gesellschaft los waren. Es war aber doch ein historischer Abend gewesen, und wer weiß –. (N. W. Z.)

Neue Würzburger Zeitung vom 28. Juni 1864 / Neue Augsburger Zeitung vom 1. Juli 1864, Feuilleton (am Schluss gekürzt) / Kemptner Zeitung vom 20. Juli 1864 / Augsburger Postzeitung vom 30. Juni 1864.

Es handelt sich offensichtlich um die einzige zeitgenössische Beschreibung der Enthauptung Tschechs, dessen Namensschreibweise alle Zeitungen falsch abdruckten. Der Zeitzeuge war Graf Rudolf Kanitz (1822-1902), Hauptmann und Flügeladjutant des Königs, später Generalleutnant. Otto Fürst von Bismarck war seit dem 24. September 1862 (bis 1890) preußischer Ministerpräsident. Der Lausitzer Dramatiker und Erzähler Rüffer vertrat in seinen politischen Schriften mit großer Energie die Sache der Serben.

Doppelhinrichtung 1854

Inland.

Berlin, den 5. Mai.

Die Hinrichtung der beiden Raubmörder Holland und Lücke.

Heut Morgen fand hier auf dem Hofe des Moabiter Zellengefängnisses die Hinrichtung der beiden Raubmörder Lücke und Holland statt. Holland ermordete hier seinen Herrn, den Seidenwaarenhändler Schulz und verweisen wir hinsichtlich dieses Falls unsere Leser auf die Nr. 3. der Gerichts=Zeitung von 1853, welche einen stenographischen Bericht über die betreffenden Verhandlungen enthält.

Was den von Lücke an dem hiesigen Klempnermeister Bontoux verübten Raubmord betrifft, so wollen wir hier kurz folgendes darüber bemerken. Der Zeugschmidtgeselle Lücke hatte im Winter 1852–53 einmal acht Tage lang bei dem in der Kronenstraße wohnhaften Klmepnermstr. Bontoux gearbeitet und war hierdurch mit dessen Lokalitäten vertraut geworden. Hierauf und auf den Umstand, daß Bontoux des Abends gewöhnlich spät nach Hause kam, gründete er den Plan zu einem Einbruch. Er ließ sich im Hause einschließen, und verharrte bei seinem verbrecherischen Vorhaben, obgleich er sah, daß Bontoux zu Hause war und noch Licht brannte. Auf dem Appartment versteckt, wartete er ab, bis das Licht ausgelöscht war und er vermuthen konnte, daß Bontoux schlief, drückte eine Scheibe des nach dem Hofe belegenen Küchenfensters ein, stieg ein, öffnete ein im Nebenzimmer befindliches Pult, wurde hierbei von dem durch den Lärm des Erbrechens erwachten Bontoux überrascht, der ihm mit den Worten entgegentrat: „Warte, Dir will ich's geben." Lücke griff nach einem in der Nähe liegenden Hammer, rang über eine halbe Stunde mit Bontoux, der in Folge der ihm mit dem Hammer beigebrachten Schläge verstarb, worauf der Mörder ein nach der Straße belegenes Fenster öffnete und sich mit dem von ihm geraubten Gelde (20 Thlr.) flüchtete. – Die von dem Polizei=Präsidium ausgesetzte Belohnung von 200 Thlr. auf die Entdeckung des Raubmörders erhielt der Schlafwirth des Lücke, Maurergesell Rose, der ihn der Policei denuncirte, weil er ihn gebeten hatte, nicht zu sagen, daß er in der Mordnacht nicht zu Hause gewesen wäre, falls man ihn danach fragen sollte. Lücke gestand sofort bei seiner Verhaftung die That ein, leugnete aber, daß er mit dem Vorsatz sich zu Bontoux begeben habe, diesen zu morden.

Dies ist ein kurzes Resumé der Thatsachen für diejenigen unserer Leser, welchen die näheren Umstände unbekannt geblieben sein sollten.

Gestern, den 4. d. Mts. gleich nach 7 Uhr Morgens wurde den beiden Verbrechern publicirt, daß Se. Majestät in Betreff der gegen sie ergangenen Urtheile auf Todesstrafe der Gerechtigkeit freien Lauf lassen wolle und so durften sie sich mit falschen Hoffnungen nicht länger schmeicheln. Deßungeachtet hören wir, daß Holland sich während des ganzen gestrigen Tages noch mit der Hoffnung getragen haben soll, seine Begnadigung würde erfolgen. Wie er, Angesichts des von ihm mit so großem Vorbedacht verübten Verbrechens, hiezu kam, wird freilich denen unerklärlich erscheinen und bleiben, die das schwache menschliche Herz nicht kennen und nicht wissen, daß die Hoffnung erst mit dem letzten Hauch des Menschen erstirbt, abgesehen vom Sprichwort, das da sagt: „Hoffnung ist das tägliche Brod der Unglücklichen und Bettelleute."

Beide Verurtheilte haben den ganzen gestrigen Tag und den größten Theil der Nacht in Gemeinschaft der ihnen zugeordneten Geistlichen (Herr Prediger Steidner dem Lücke, Herr Prediger Füllgraf dem Holland) in Andacht und Gebet verbracht. Die Herren Stadtgerichtsräte Schlöttke und Wollner waren bis um 10 Uhr Abends im Criminalgerichtsgebäude verblieben, um bei etwaigen Geständnissen, Erklärungen oder Wünschen der beiden Verurtheilten gleich zur Hand zu sein, und in der That sollte sich nur zu klar erweisen, wie angemessen diese Vorsicht gewesen war. Holland, der stets versicherte, offen alles gestanden zu haben, was, wie unsere Leser sich erinnern werden, wir für unser Theil schon bei Gelegenheit der Gerichtsverhandlung stark bezweifelten, daß es der Fall sei, Holland rückte gestern Abend mit dem Geständniß heraus, daß die schwarze Sammetweste, die Unterhose und das Hemd, die er auf dem Leibe trug, von ihm gleichfalls seinem Herrn gestohlen seien.

Lücke, der Jüngere von beiden, er war 26 Jahre alt, soll sich in sein Schicksal viel ergebener gezeigt haben, als der ältere Holland, der beiläufig bemerkt 28 Jahre alt war. Zum Abendbrodt verlangte Lücke ein Gericht Bratkartoffeln, während Holland, der sehr weich gestimmt und muthlos erschien, nur den Wunsch nach einer Tasse Kaffee aussprach; beides wurde ihnen verabreicht. Nachts zwischen 12 und 1 Uhr wurde ihnen durch die bereits genannten ehrenwerthen Herren Geistlichen das heilige Abendmahl gereicht, wonach Lücke eine Zeit lang geschlafen haben soll, während Holland fast ununterbrochen wachte. In seinen letzten Lebenstagen beschäftigte sich Lücke damit, seinen Lebenslauf zu schreiben; es sollen mehr als 20 eng geschriebene Bogen davon existiren, die damit schließen: „Fortsetzung folgt!"

Am Morgen bat Lücke, man möge ihm zum Kaffee eine Sifte holen, die er mit sichtbarem Appetit zum Frühstück verzehrte, während Holland, dem man aus freien Stücken eine solche brachte, sehr wenig davon as. Um 4½ Uhr geschah der Transport Lückes von der Stadtvoigtei nach dem Moabiter Gefängnisse, wo er in einer, für dergleichen Zwecke bereitgehaltenen Zelle untergebracht wurde.

Um 5½ Uhr war das aus ungefähr 300 Personen bestehende Publikum auf dem geräumigen Hofe des Zellengefängnisses versammelt. Neben dem einfachen, etwa 2 Fuß hohen, ein Quarré von 12–16 Fuß bildenden, Schaffot befand sich auf der einen Seite ein Art schwarzer Vorhang, hinter welchem die beiden schwarzen Särge standen, welche die Leichname der Hinzurichtenden aufzunehmen bestimmt waren.

Um drei Viertel nach 5 Uhr erschien der zum dirigirenden Commissarius ernannte Herr Stadtgerichts=Rath Schlöttke in Begleitung des ihm beigeordneten Herrn Stadtgerichtsrath Wollner, des Herrn Staatsanwalts Nörner, des Hrn. Polizei=Direktors Dr. Stieber und des Herrn Oberst Patzke, von denen die letzteren drei in ihrer Amtsuniform waren. Der Herr Stadtgerichtsrath Schlöttke begab sich vor den vor dem Schaffot aufgestellten kleinen, weißbedeckten Tisch, auf welchen er seine Akten legte, umgeben von den genannten Herrn, und einer Anzahl anderer Beamten, unter welchen wir den Director des Moabiter Zellengefängnisses, den Stadtrath Herrn Gilow nebst vier Stadtverordneten, bemerkten, letztere fünf die goldenen Ketten und Medaillen ihres Amts tragend. Das Publikum, dessen Haltung eine durchaus ernste und würdige war, wurde durch einige aufgestellte Schutzleute in einer Entfernung von 10–12 Fuß vom Schaffot gehalten. Neben diesem sahen wir den Scharfrichter Reindel, der in Begleitung der ihm bei der Execution nöthigen Gehilfen war.

Der Herr Stadtgerichtsrath Schlöttke ertheilte hierauf dem Herrn Direktor Bormann die Weisung, den Verurtheilten Lücke vorzuführen, worauf sich Herr Bormann in die Zelle des Lücke begab. Nach einigen Minuten wurde die Hausthür des Zellengefängnisses geöffnet, Herr Bormann trat dem Verurtheilten Lücke, der von dem Herrn Pastor Steidner begleitet war, die kleine Treppe voran hinunter, den Hut in der Hand und bald befanden sie sich vor dem kleinen Tisch und zwar so, daß der Lücke zwischen diesem und dem Schaffot stand. Lücke, ein Mensch von mittlerem Wuchse und gemeinen Zügen, hörte bleich, aber fest die beiden Urtheilssprüche des Schwurgerichts und des Obertribunals an, die ihm der Herr Dirigirende publicirte, wurde aber plötzlich roth, als ihm die Allerhöchste Confirmationsordre, welche das versammelte Publikum mit unbedecktem Haupte anhörte, hierauf bekannt gemacht wurde. Nachdem der Herr Stadtgerichtsrath Schlöttke, dessen tiefe Emotion alle Anwesende wohl bemerkten, hiermit zu Ende war, wandte er sich zu dem Verurtheilten und sagte:

„Ich übergebe Sie hiermit dem Nachrichter"

und indem er sich zu diesem wandte:

„Dies ist der Verurtheilte Lücke."

Letzterer begab sich, ohne daß er ein Wort laut werden ließ, die drei Stufen hinan auf das Schaffot, entkleidete sich selbst und sagte zu dem Scharfrichter und dessen Gehilfen:

„Lassen Sie mich ruhig sein. Ich will mich allein ausziehen, ich habe die Strafe verdient, lassen Sie mich nur noch ein Vaterunser beten."

Im Augenblick hatte er seinen braunen Rock, blauen Shawl und Weste abgelegt, entblößte den Oberteil seines Körpers vom Hemd, ließ sich darauf vor dem etwa 2½–3 Fuß hohen Klotz auf's Knie nieder, betete inbrünstig während einer oder zwei Minuten, gab ein Zeichen, daß er geendet, wonach die Gehilfen des Nachrichters seinen Kopf am Klotze befestigten und im Nu darauf war der weltlichen Gerechtigkeit Genüge geschehen. Ein weißes Tuch, das sofort über Kopf und Oberkörper geworfen wurde, fing das Blut auf. Gleich darauf wurden Rumpf und Kopf in den Sarg gelegt, dieser geschlossen, von acht Sträflingen auf eine Bahre gelegt, die mit einer schwarzen Decke, auf welcher ein großes weißes Kreuz sich befand, behangen wurde. Die Sträflinge traten ihren Zug mit Bahre und Sarg, wobei ihnen ein Gefangenwärter voranschritt, nach dem Kirchhof der Anstalt an.

Bemerken wollen wir noch, daß der Klotz sich von dem früher gebräuchlichen dadurch unterscheidet, daß er bei weitem schmäler ist als diese waren, auch nicht mehr die ganze menschliche Gesichtsform, vielmehr nur eine Vertiefung für das Kinn darin ausgehöhlt ist, so daß das Gesicht über den Klotz wegsieht und nicht mehr wie in eine Art Form zu liegen kommt. Der zu Lücke's Execution gebrauchte Klotz wurde durch diese völlig unbrauchbar. Während des ganzen Akts läutete die Armesünderglocke vom Augenblicke an, in welchem der Verurtheilte auf den Hof trat bis zu dem, in welchem die Strafe an ihm vollstreckt war.

Es verging hierauf eine Stunde, ehe zur Hinrichtung Holland's geschritten wurde, da man diesen erst um 5½ Uhr in einer Chaise aus der Stadtvoigtei abgeholt und ihn durch den Thiergarten bis zum großen Stern, von da nach der Moabiter Brücke und so nach dem Zellengefängniß transportirt hatte. Dies geschah, damit er nicht die Glocke während der Hinrichtung Lücke's hören sollte, von der ihm überhaupt nichts bekannt geworden war. Jedermann wird dieser humanen Veranstaltung der Behörden seinen Beifall zollen müssen.

Schlag 7 Uhr ertheilte der Herr Dirigirende den Befehl, den Verurtheilten Holland vorzuführen, was in derselben Weise geschah, wie wir sie so eben bei Lücke beschrieben haben. Holland, ein wohlgewachsener blonder Mensch, von nicht häßlichen Gesichtszügen trat in Begleitung des ihn begleitenden Herrn Pastors Füllgraf vor das gedachte Tischchen, grüßte mit dem Kopf, und hörte ohne ein Wort zu sprechen, die Urtheile und die Allerhöchste Bestätigungsordre an, worauf er dem Scharfrichter überliefert wurde. Er begab sich auf das Schaffot, entkleidete sich größtentheils selbst, kniete vor dem Klotz nieder, faltete die Hände und betete mit lauter Stimme:

„Herr, Du mein Gott, ich vertraue auf Deine Gnade und Barmherzigkeit. In Deine Hände befehle ich meinen Geist."

Gleich darauf war es um ihn geschehen! Dieselben acht Sträflinge erschienen wieder und trugen den eingesargten Körper nach dem Kirchhof.

Der kleine achtjährige Knabe des Scharfrichters Reindel stand während der Hinrichtung Hollands neben dem Schaffot, auf die Barrière desselben gelehnt und sah seinem Vater zu! Letzterer versicherte uns, Holland sei weniger couragirt gestorben, als Lücke. In der That bemerkte man an Holland, als er sich auf dem Schaffot befand, daß er am ganzen Leibe zitterte und sich in die Unterlippe biß, um seine Fassung zu bewahren, während Lücke mit großer Ruhe dem Tode entgegenging. An den Köpfen der Enthaupteten, sowie an ihren Körpern, war nicht die geringste Zuckung oder Entstellung sichtbar; die Gesichter waren im Moment nach stattgehabter Execution bleich wie die der Gipsbüsten.

Eine Handlung, die einem Christen Ehre macht, wollen wir hier nicht unerwähnt lassen: der Vater des gemordeten Kaufmanns Schulz hatte sich auf den Wunsch von seines Sohnes Mörder einige Augenblicke vor der Hinrichtung zu diesem in die Zelle begeben, um ihm seine Verzeihung für den ihm bereiteten Kummer und Verlust angedeihen zu lassen, was auf die Anwesenden den tiefsten Eindruck gemacht haben soll.

Quelle: Berliner Gerichts-Zeitung vom 6. Mai 1854

151

Danke!

Der Verfasser bedankt sich herzlich bei folgenden Personen für die Unterstützung:

Patrick Bohländer, Stiftung Stadtmuseum Berlin

Friedrich Bohlmann, Lüchow

Helke Brandt, Friedhofsverwaltung Osterburg

Dieter Fettback, Osterburg

Hajo Gast, Werben (Elbe)

Horst Gerber, Osterburg

Ulrich Haase, Werben (Elbe)

Frank Hoche, Museum Osterburg

Dr. Peter Höhnel, Osterburg

Ines Jordan, Stadtarchiv Magdeburg

Bernd Kaufholz, Magdeburg

Antje Kraus, Stadtarchiv Saarbrücken

Roland Kuhne, Stadtarchiv Halle

Dieter Paprotka, Henkerarchiv

Claudia Richter, Werben (Elbe)

Frank Schmitt, Klausen

Dr. Ilse Schumann, Kleinmachnow

Dr. Matthias Seeliger, Holzminden

Corinna Tomforde, Hamburg-Wandsbek

Michael Viebig, Stiftung Gedenkstätten Sachsen-Anhalt

Gliederung

Anmerkungen:

[1] JOCHEN SCHORLEMMER, der sich mit der Heimatkunde in Werben (Elbe) befasst, weiß von einem Stammbaum der Scharfrichtersippe Reindel, der auf einer Burg, der Erinnerung nach in Hessen, zur Schau gestellt wird.

[2] WOLFGANG SCHILD, Alte Gerichtsbarkeit – Vom Gottesurteil bis zum Beginn der modernen Rechtsprechung, München 1980, S. 182.

[3] Ollersdorf ist eine Marktgemeinde in Österreich, bei Zeitz liegt aber Aylsdorf. Die Ortsangabe kommt von JOHANN CASPAR GLENZDORF/FRITZ TREICHEL, Henker, Schinder und arme Sünder, Bad Münder am Deister 1970, Band II, Nr. 5693. Über die Scharfrichterdynastie Reindel vgl. ILSE SCHUMANN, Scharfrichter und Abdecker in Berlin, Teil II: Des Scharfrichters Abdecker und Knechte, in: Genealogie, Heft 10-12 (2005), S. 718 ff.

[4] Vilters Ehefrau war Friederike Vilter, geb. Maaß. Sie lebte nach dem Tode ihres Mannes im Jahre 1879 im Haus Joachimstraße 3. Im Haus Nr. 4 befand sich damals die Verwaltung der Berliner fiskalischen Abdeckerei-Wesens, deren Inhaberin nunmehr die Witwe Friederike Vilter geworden war. Das Ordensjournal nennt in der Ausgabe 8/Mai 2007 auf S. 47 *Frau Kommissions-Rath Friederike Vilter, geb. Maass, zu Berlin* als Trägerin des preußischen Verdienstkreuzes für Frauen und Jungfrauen.

[5] GLENZDORF/TREICHEL, wie oben, Nr. 5693.

[6] Brandenburgisches Landeshauptarchiv Potsdam Rep. 2A I Vet. Nr. 855 (Akte aus Strausberg).

[7] Kirchenbuch der Werbener Gemeinde, Verstorbene 1859-1895, Nr. 25/1871. Der junge ledige Mann starb laut den Eintragungen um 12.30 Uhr infolge eines Sturzes. Den Todesfall zeigte Scharfrichter Wilhelm Reindel dem Oberpfarrer Schneider an. Das Begräbnis war erst am 26. Juli 1871, und zwar auf dem Neuen Stadtkirchhof.

[8] Kirchenbuch der Werbener Gemeinde, Taufen [1845]-1854, Nr. 41/1845.

[9] GLENZDORF/TREICHEL, wie oben, Nr. 3435. Laut den Eintragungen im Kirchenbuch der Werbener Gemeinde, Verstorbene 1859-1895, Nr. 66/1872, war *Karl Christoph Wilhelm Reindel „Ackerbürger und Scharfrichter allhier, kath. Conf."* Der Tod wurde dem Prediger durch die Frau des Arbeiters Leppin angezeigt, das Begräbnis erfolgte am 16. Dezember 1872. Unter „Bemerkungen" heißt es übrigens ausnahmsweise: „Dem Kreis-Gerichte zu Seehausen angezeigt. Werben 16/12. 72. L." Wilhelm Reindel, laut Eintrag an „Blasen-Vereiterung" gestorben, hinterließ den Angaben zufolge „die Ehefrau und zwei majorenne Kinder".

[10] JAN EIK (das ist Helmut Eikermann), Schaurige Geschichten aus Berlin – Führer zu den dunklen Geheimnissen der Stadt, Berlin 2003, S. 74.

[11] Siehe auch den zusammenfassenden Aufsatz von MATTHIAS BLAZEK, Der Scharfrichter des Norddeutschen Bundes kam aus der Altmark – Wilhelm Reindel war der Scharfrichter aus Werben (Elbe), Altmark-Blätter vom 2. April 2011.

[12] GLENZDORF/TREICHEL, wie oben, Nr. 3436. Der Sterbefall von Charlotte Sophie Emilie Reindel ist im Kirchenbuch der Werbener Gemeinde, Verstorbene 1841-1858, S. 33/1847, eingetragen. Eine Abdeckerei in Osterburg wurde bereits im Jahre 1820 in dem geographischen, statistischen und topographischen Handbuch „Der Regierungs-Bezirk Magdeburg" von Carl von Seydlitz erwähnt.

[13] Kirchenbuch der Werbener Gemeinde, Taufen [1845]-1854, Nr. 23/1846, 19/1848.

[14] GLENZDORF/TREICHEL, wie oben, Nr. 3434.

[15] Kirchenbuch der Werbener Gemeinde, Taufen 1855-1870, S. 2/1855.

[16] MAXIMILIAN SCHMIDT, Julius Krautz – Der Scharfrichter von Berlin. Ein Kulturbild aus dem neunzehnten Jahrhundert, etc., Berlin 1893, S. 93.

[17] GLENZDORF/TREICHEL, wie oben, Nr. 3437. An 6. Stelle nennen die Autoren Marie Martha Elise, allerdings ohne nähere Angaben. Dieselbe taucht unter Nr. 784 als Ehefrau von Scharfrichter Alwin Engelhardt auf. Angenommen, sie wäre das jüngste Kind Friedrich Reindels und 1855 geboren, wäre sie 20 Jahre älter als ihr Ehemann! In einer Anfrage von Dr. Fritz Treichel, Glückstadt, an Dr. Ilse Schumann, Kleinmachnow, undatiert, Ende 1997, fragt erste-

rer nach den Geburtsangaben zu Marie Martha Elise Reindel und gibt jetzt Wilhelm Reindel als Vater an.

[18] GABRIELE JAROSCHKA beschreibt in ihrem Buch „Lernziele: Untertan – Ideologische Denkmuster in Lesebüchern des Deutschen Kaiserreichs" (München 1982, S. 48) den einfachen Soldat Friedrich Wilhelm Reindel, der geäußert habe: „Besser sterben, als kein Held sein!"

[19] Reg.-Nr. 1841/1908, Standesamt Magdeburg-Altstadt.

[20] GLENZDORF/TREICHEL, wie oben, Nr. 3438.

[21] RICHARD J. EVANS, Rituale der Vergeltung – Die Todesstrafe in der deutschen Geschichte 1532-1987, Berlin 2001, S. 474 f.

[22] Freundliche Auskunft von Friedrich Bohlmann, Lüchow, 24. Februar 2011.

[23] Kirchenbuch der Werbener Gemeinde, Verstorbene 1841-1858, S. 13/1843, Eintrag direkt im Anschluss an ihren wenige Wochen zuvor verstorbenen Vater, Thomas Christoph Reindel, der am 1. März 1843, einen Tag nach seinem 61. Geburtstag, sein Leben ausgehaucht hatte (S. 12/1843). Weitere Sterbefälle im Hause Reindel sind in diesem Kirchenbuch nicht registriert.

[24] GLENZDORF/TREICHEL, wie oben, Nr. 3439.

[25] GLENZDORF/TREICHEL, wie oben, Nr. 3440.

[26] Anfrage von Dr. Fritz Treichel an Dr. Ilse Schumann, undatiert, Ende 1997.

[27] Adreß-Buch für die Stadt Schmölln (Sachsen-Altenburg), Ausgabe 1910, S. 25, 92, 94, sowie Abteilungen E und H.

[28] Schreiben von Dr. Fritz Treichel, Glückstadt, an Günter Schneider, Schmölln, vom 15. Oktober 1993.

[29] GLENZDORF/TREICHEL, wie oben, Nr. 3441.

[30] GLENZDORF/TREICHEL, wie oben, Nr. 3440a.

[31] GLENZDORF/TREICHEL, wie oben, Nr. 784. Im Sterberegister heißt es: „Der Verstorbene war verheiratet mit Marie Martha Elise Engelhardt, geb. Reindel." (Stadtarchiv Schmölln, Sterberegister.)

[32] Standesamt Magdeburg, Hauptregister, Nr. 2245/1899, Standesamt Osterburg, Sterbebuch, Registernummer 201/1965.

[33] OTTO BÜSCH, Handbuch der preußischen Geschichte, Band II, Berlin 1992, S. 210 und Anmerkung 16. Vgl. MATTHIAS BLAZEK, „Attentat und Bestrafung – Der Fall des Heinrich Ludwig Tschech – Die Hintergründe zu den Geschehnissen vom 26. Juli 1844", in: Preußische Mitteilungen Nr. 192 und 193/2009.

[34] ERNST DRONKE, Berlin, Erster Band, Literarische Anstalt: Frankfurt am Main 1846, S. 326 f.

[35] Aus dem Nachlaß Varnhagen's von Ense – Tagebücher K. A. Varnhagen von Ense, Erster Band, Leipzig 1861, S. 419.

[36] Leben und Tod des Bürgermeisters Tschech, welcher am 26. Juli 1844 auf den König von Preußen schoß und den 14. Dezember 1844 in Spandau hingerichtet wurde, hrsg. von seiner Tochter Elisabeth Tschech, Bern 1849, S. 116 f.

[37] EVANS, wie oben, S. 480. Vgl. HANNS H. F. SCHMIDT, Historische Kriminalfälle aus Sachsen-Anhalt – Die Höllenuhr, Taucha 1997, S. 14, wo die Ausstellungsnummern angegeben sind (Nr. 409, Nr. 410). „Nr. 410: Das Richtschwert vom Scharfrichter W. Reindel. Mit diesem Beil sind nachweislich über 50 Verbrecher hingerichtet, unter anderem der Attentäter des Königs Friedrich Wilhelm IV. Bürgermeister Tschech und zuletzt der Arbeiter Louis Grothe." Castans Panoptikum stellte 1922 seine Tätigkeit ein.

[38] Der Norddeutsche Bund ist einer der nationalstaatlichen Vorläufer des Deutschen Reiches von 1871. Er war ein vom preußischen Ministerpräsidenten Otto von Bismarck nach dem Deutschen Krieg seit August 1866 geschaffener deutscher Bundesstaat, in dem sich die auf preußischer Seite im Krieg beteiligten 17 Staaten unter Führung Preußens (vergrößert um Schleswig-Holstein, Hannover, Kurhessen, Nassau und Frankfurt am Main) zusammenschlossen. Durch Friedensverträge (September/Oktober 1866) traten auch Hessen-Darmstadt (nur

nördlich des Mains), Reuß ältere Linie, Sachsen und Sachsen-Meiningen dem Norddeutschen Bund bei.

[39] C. DOEHL (Bearb.), Die Veterinair-Polizei des Preußischen Staates, Potsdam 1864, S. 300 ff.

[40] Bericht über die Verwaltung der Stadt Berlin in den Jahren 1841 bis incl. 1850, Berlin 1853, S. 173.

[41] FRITZ PACHTNER, August Borsig: Zeit, Leben und Werk eines deutschen Industriegründers, Zeulenroda 1943, S. 177.

[42] Es gab in Spandau um 1800 eine Arbeiter- und Schifferfamilie Hellriegel, anscheinend mit Beziehungen nach Brandenburg an der Havel, wo die Scharfrichterei und Abdeckerei von 1710 bis 1835 in Händen eines geschlossenen Berufsstammes Helrigel lagen. (Archiv für Sippenforschung und alle verwandten Gebiete, 1941, S. 194.)

[43] TANKRED KOCH, Geschichte der Henker – Scharfrichter-Schicksale aus acht Jahrhunderten, Heidelberg 1988, S. 252. Tankred Koch, * 06.12.1908, † 28.12.2003, leitete 1950-1974 das Institut für Veterinäranatomie an der Charité Berlin. Die Adresse oder besser Lage der Scharfrichterei wurde im Berliner Adressbuch von 1823 mit „v(or) d(em) Oranienburger Thore" angegeben, dazu bei der Pächterin Witwe Krafft der Zusatz „g(eborene) C. W. Schulz". Die Scharfrichterei wurde 1842 auf Kosten der Bahngesellschaft an die Chausseestraße verlegt, in dem Jahr wurde dort, an der Gartenstraße, über die man bislang zur Scharfrichterei gelangt war, der Stettiner Bahnhof fertig gestellt (heute S-Bahnstation Nordbahnhof). Nicht weit entfernt befand sich seit 1724 (1749 wegen des Baues von Neuvoigtland ein wenig verlegt) das Berliner Hochgericht (Gartenplatz), auf das die Hausbesitzer am Oranienburger Tor einen guten Blick hatten und weshalb sie sich mit Blick auf den Wert ihrer Grundstücke 1836 zunehmend beschwerten. (EVANS, wie oben, S. 318; Friedrich Nicolai – Sämtliche Werke, Briefe, Dokumente, hrsg. von PHILIPP MARSHALL MITCHELL und HANS-GERT ROLOFF, Band 8, Teil 1, Berlin 1995, S. 103.) „Dagegen wurde die Scharfrichterei aus der Heidereuter-Gasse 1724 vor das Spandauer Thor gebracht", heißt es 1867 in den „Beiträgen zur Geschichte des Brandenburgisch-Preußischen Staates und Heeres" (S. 486).

[44] Archiv für Preußisches Strafrecht, Erster Band, hrsg. von THEODOR GOLTDAMMER, Berlin 1853, S. 96.

[45] FRANZ LIEBER, „Über Hinrichtungen auf offenem Felde, oder über Extramurane und Intramurane Hinrichtungen", in Mittermaier und Mohl's kritischer Zeitschrift für Rechtswissenschaft des Auslandes (1845), Band 17, Heft l, S. l-30. Zit. n. Jahrbücher der Gefängnißkunde und Besserungsanstalten, 8. Band, Darmstadt 1846, S. 261.

[46] ANTON KRÜGER (Bearb.), Chronik der Stadt und Festung Spandau, Spandau 1867, S. 408.

[47] Regensburger Zeitung vom 3. September 1847 unter Berufung auf einen Bericht in der Breslauer Zeitung vom 27. August 1847, außerdem: Augsburger Zeitung vom 3. September 1847, Neue Würzburger Zeitung vom 3. September 1847, Aschaffenburger Zeitung vom 5. September 1847, Oberpfälzisches Zeitblatt (Amberg) vom 7. September 1847.

[48] Amtsblatt der Regierung in Potsdam 1850, S. 364.

[49] Vgl. *Genaue Beschreibung der von dem Bauer August Heinrich Lamm aus Gross-Schönebeck an seinem Oheim dem Tischlermeister Lamm v. d. Nacht v. 6. bis 7 März 1849 verübten Mordes und dessen Hinrichtung im Zellengefängniss zu Moabit am 19. Aug. 1852.* Es berichteten auch Der Bayerische Landbote, Die Volksbötin, Donau-Zeitung Passau und Fränkischer Kurier (Mittelfränkische Zeitung).

[50] „Eine Hinrichtung in Preußen", in: Der Erzähler – Ein Unterhaltungsblatt für Jedermann, 18. Jahrgang, Augsburg, 9. März 1853, S. 79 f.

[51] *Beschreibung des von dem ehemal. Postillon, zuletzt Handelsmann Franz Schall auch Schaal und Zimbal genannt, an dem Viehhändler Ebermann verübten Raubmordes, nebst der am 11. Febr. a. d. Richtstätte i. d. neuen Straf-Anstalt bei Moabit d. d. Beil erfolgten Hinrichtung*; Der Neue Pitaval – Eine Sammlung der interessantesten Criminalgeschichten aller Länder aus älterer und neuer Zeit, hrsg. vom Criminaldirector DR. JULIUS EDUARD HITZIG UND DR. W. HÄRING (WILLIBALD ALEXIS), 20. Teil, 2. Folge, 8. Teil, 2. Auflage, Leipzig 1861, S. 330 ff.; ANTON VOLLERT (Hrsg.), Die interessantesten Criminalgeschichten aus älterer und

neuer Zeit – Eine Auswahl für das Volk aus dem „Neuen Pitaval", 6. Band, Leipzig 1870, S. 116 ff.

[52] Der Neue Pitaval – Eine Sammlung der interessantesten Criminalgeschichten aller Länder aus älterer und neuer Zeit, hrsg. vom Criminaldirector DR. JULIUS EDUARD HITZIG und DR. W. HÄRING (WILLIBALD ALEXIS), 21, Neue Folge, 9. Teil, Leipzig 1854, S. 207.

[53] HEINZ-BRUNO KRIEGER, Ein grausamer Giftmord erschütterte vor hundert Jahren unsere Heimat, 1952. www.elmsagen.de.

[54] Vgl. J(ULIUS) SCHOLZ DER DRITTE, Juristisches Magazin, neue Folge für das bürgerliche und Strafrecht, Band 1, Braunschweig 1835, S. 31 f., GEORG ARNDT, Chronik von Halberstadt von 1801-1850, Halberstadt 1908, S. 102.

[55] „Berlin - Rheinsberg" war als Ortsbezeichnung mehr als vage; die kürzeste Entfernung zwischen beiden Städten beträgt 93 Kilometer!

[56] WILLIBALD ALEXIS, Der neue Pitaval, Band 22, 1861.

[57] Der Neue Pitaval – Eine Sammlung der interessantesten Criminalgeschichten aller Länder aus älterer und neuer Zeit, hrsg. vom Criminaldirector DR. JULIUS EDUARD HITZIG UND DR. W. HÄRING (WILLIBALD ALEXIS), 21, Neue Folge, 9. Teil, Leipzig 1854, S. 196, 206.

[58] www.breslau-wroclaw.de (24.02.2011).

[59] Ausführliche Darstellung der Begebenheiten (Vorgeschichte): NN, „Ein geheimnißvoller Verbrecher", in: Der Sammler – Ein Blatt zur Unterhaltung und Belehrung, Beilage zur Augsburger Abendzeitung, 28. Juni 1854, S. 194 ff. In Sachsen wurden von 1855 bis 1927 Todesurteile gegen 217 Personen ausgesprochen und gegen 52 Personen tatsächlich vollstreckt. Von 1865 bis 1880 gab es in Sachsen keine Hinrichtungen. (Vgl. MARIO TODTE, „Die Ära des Landesscharfrichters Moritz Brand", in: Die Hinrichtungen in Sachsen (1900-1981), Hausarbeit, Leipzig 2006.)

[60] Dazu: *Die Hinrichtung und Verbrechens-Geschichte des Raubmörders, vormaligen Musquetiers, Joh. J. Christ. Schwank / Aus Criminal-Acten zusammengestellt / Zur Warnung für Jedermann*, Meyer, 1852 (8 Seiten).

[61] REINHARD THON, „Der Fall der Charlotte Catharine Lemmermann aus Rostock und das in drei Instanzen ergangene Todesurteil und dessen Vollstreckung", in derselbe: Es geschah in Mecklenburg – Historische Kriminalfälle, 2. überarbeitete Auflage, Schwerin 2011, S. 61.

[62] EVANS, wie oben, S. 360, unter Bezugnahme auf GStA Berlin Rep. 84a/8144, Bl. 147 f. (Blatt 6).

[63] Stralsundische Zeitung vom 22. April 1855. Vgl. BERT LINGNAU, Die Tochter des Henkers – Spektakuläre Kriminalfälle, Halle (Saale) 2011, S. 107 ff.

[64] Ebenda, S. 120, 121.

[65] EVANS, wie oben, Archiv für Preußisches Strafrecht, Sechster Band, hrsg. von THEODOR GOLTDAMMER, Berlin 1858, S. 355 ff.

[66] Aus dem Nachlass Varnhagen's von Ense: Tagebücher von K. A. Varnhagen von Ense, 13. Band, Hamburg 1870, S. 15.

[67] Fränkischer Kurier vom 25. Mai 1856, Amtsblatt der Regierung in Potsdam 1856, S. 177.

[68] JOHANN LUDWIG CASPER, Practisches Handbuch der gerichtlichen Medicin nach eigenen Erfahrungen bearbeitet, vierte umgearbeitete und vermehrte Auflage, 2. Band (Thanatologischer Teil), Berlin 1864, S. 612 ff.

[69] Amtsblatt der Regierung in Potsdam 1856, S. 204.

[70] Amtsblatt der Regierung in Potsdam 1856, S. 233 f., 325 f. Ausführlich zum Fall Wiedecke/Solle: „Zwei Kapitalfälle", in: Archiv für Preußisches Strafrecht, Berlin 1858, S. 169 ff.

[71] EVANS, wie oben, Archiv für Preußisches Strafrecht, Vierter Band, hrsg. von THEODOR GOLTDAMMER, Berlin 1856, S. 96.

[72] EVANS, wie oben, S. 367.

[73] Stenographische Berichte über die Verhandlungen des Reichstages des Norddeutschen Bundes, I. Legislatur-Periode – Session 1870, Dritter Band, Berlin 1870, S. 43. Vgl. insbesondere Acta Borussia, Neue Folge: Die Protokolle des Preußischen Staatsministeriums 1817-

1934/38, Band 4, Teil 2, hrsg. von der Berlin-Brandenburgischen Akademie der Wissenschaften, Berlin 1999, S. 546, 559, 580, 582, 591, 650, 670.

[74] Es handelte sich damit auch um die letzte Hinrichtung auf dem Galgenberg (Gartenplatz, Wedding). Die Verurteilte war Charlotte Sophie Henriette Meyer aus der Neuen Friedrichstraße, die ihrem Mann im Schlaf die Kehle durchgeschnitten hatte. Vgl. *Beschreibung der in Berlin am 22. Mai 1834 von der Ehefrau Meyer an ihrem Ehegatten verübten schauderhaften Mordthat und der am 2. März 1837 an der Verbrecherin vollzogenen Hinrichtung mit dem Rade von unten auf*, MATTHIAS BLAZEK, „Die Hinrichtung von Henriette Meyer im Jahre 1837 – Das Licht in der Sebastiankirche zu Berlin", in: Jahrbuch des Landesarchivs Berlin 2011.

[75] Allgemeine Zeitung (Augsburg) vom 3. August 1864, Der Bayerische Landbote vom 5. August 1864, Neuer Bayerischer Kurier für Stadt und Land vom 6. August 1864, Donau-Zeitung Passau vom 6. August 1864, Fürther Tagblatt vom 6. August 1864, Würzburger Anzeiger vom 7. August 1864.

[76] Vgl. Didaskalia – Blätter für Geist, Gemüth und Publicität, Nr. 216 vom 5. August 1864. Theodor Fontane schreibt dazu: „... war da mal 'ne Hinrichtung, weil eine dicke Klempnermadamm, nachdem sie sich in ihren Lehrburschen verliebt, ihren Mann, einen würdigen Klempnermeister, vergiftet hatte. Und der Bengel war erst siebzehn." (THEODOR FONTANE, Der Stechlin, Roman, Berlin 1902, S. 249.)

[77] Neues Archiv für sächsische Geschichte und Altertumskunde, Band 9, Dresden 1888, S. 160.

[78] ADOLF WUTTKE, Der deutsche Volksaberglaube der Gegenwart, Berlin 1869, S. 129.

[79] EVANS, wie oben, S. 358.

[80] Amtsblatt der Regierung in Potsdam 1864, S. 30: Warnungs-Anzeige des Königlichen Stadtgerichts, Abteilung für Untersuchungs-Sachen, zu Berlin vom 23. Juli 1864.

[81] „Karl Friedrich Masch – Ein neumärkischer Räuber", Heimatkalender für den Kreis Friedberg 1931, S. 83 ff.; WILHELM CLOBES, „Ein pommerscher Schinderhannes – Aus den Memoiren eines Raubmörders", Stettiner Neueste Nachrichten vom 17. Januar 1904.

[82] Vgl. HANS WITTE, Kulturbilder aus Alt-Mecklenburg, 2. Band, Leipzig 1912, S. 234.

[83] Der Landtag von 1864, Erster Artikel, in: Archiv für Landeskunde in den Großherzogthümern Mecklenburg und Revüen der Landwirthschaft, 14. Jahrgang, Schwerin 1864, S. 689.

[84] Freundliche Mitteilung (wie auch der nachfolgenden Zeitungsnotizen aus dem Jahr 1864) von Reinhard Thon, Schwerin.

[85] H. BERNHARDT, Bericht über die Schwurgerichtsverhandlungen vom 20.-26. Oktober 1864 zu Berlin gegen die des Mordes an dem Prof. Gregy Angeklagten Louis Grothe, unverehel. Marie Fischer und Wittwe Quinche, Berlin 1864. Siehe auch die ausführliche Berichterstattung in den damaligen Ausgaben des „Berliner Gerichts-Anzeigers" (20.10., 22.10., 25.10., 27.10.1864).

[86] Brandenburgia, Gesellschaft für Heimatkunde der Provinz Brandenburg zu Berlin, Märkisches Provinzial-Museum, Druck und Verlag von P. Stankiewcz, Berlin 1908.

[87] Vgl. FRITZ TREICHEL, „Verbrechen und Ende des Timm Thode", in: Steinburger Jahrbuch 35 (1991), S. 214-231.

[88] FRIEDRICH OSKAR SCHWARZE, Das Strafgesetzbuch für den Norddeutschen Bund datiert vom 31. Mai 1870, Leipzig 1870; KARL BRUNO LEDER, Todesstrafe – Ursprung, Geschichte, Opfer, München 1986, S. 243; HANS BLUM, Fürst Bismarck und seine Zeit – Eine Biographie für das deutsche Volk: 1867-1871, München 1895, S. 181.

[89] MAXIMILIAN SCHMIDT, wie oben, S. 88.

[90] FRIEDEMANN KRUSCHE, Theater in Magdeburg, Band 5: Von der Reformation bis zum Beginn der Weimarer Republik, Halle 1995, S. 158 ff.

[91] PAUL PEßLER, „Ermordung des Hopfenhändlers Johann Stootmeister aus Cassiek; Ermordung der Pfandmaklerin Witwe Lillie in Braunschweig; Ermordung der Eheleute Gastwirt Mollfeld, Braunschweig, durch den Maler Louis Krage von dort", in: PAUL ZIMMERMANN (Hrsg.), Geschichtsverein für das Herzogtum Braunschweig, Braunschweigisches Magazin,

Band 11-14, Braunschweig 1905, S. 103 ff. Siehe auch ders., Kriminalpsychiatrische Plauderei nebst einer Sammlung von Strafrechtsfällen, Braunschweig, Druck und Verlag von Joh. Heinrich Meyer, 1905, S. 466. Zum Fall Jonas Segger siehe Archiv für Kriminal-Anthropologie und Kriminalistik, Band 27, F.C.W. Vogel: Leipzig 1907, S. 312.

[92] Unterlagen bei Dieter Fettback.

[93] Der Unterzeichnete, Staatsanwalt Carl Koch, geboren am 15. Januar 1821 in Braunschweig, war von 1864 bis 1879 2. Staatsanwalt am Kreisgericht Braunschweig, danach Landgerichtsdirektor. (THEODOR MÜLLER, Stadtdirektor Wilhelm Bode – Leben und Werke, Braunschweig 1963, S. 223.)

[94] Die Gegenwart – Wochenschrift für Literatur, Kunst und öffentliches Leben, Band 7-8, Berlin 1875, S. 11.

[95] ZIMMERMANN, wie oben, S. 120.

[96] Die Gegenwart, wie oben

[97] Der Brief ist abgedruckt in: GESELLSCHAFT DER FREUNDE WILHELM RAABES, Mitteilungen für die Gesellschaft der Freunde Wilhelm Raabes, Braunschweig 1928, S. 53.

[98] CONRAD WILLGERODT, Über Ptomaïne (Cadaveralkaloïde) mit Bezugnahme auf die bei gerichtlich-chemischen Untersuchungen zu berücksichtigen Pflanzengifte, Vortrag, gehalten am 24. Mai 1882 in Freiburg i. B., in: MORITZ HEMMER, Experimentelle Studien über die Wirkung faulender Stoffe auf den thierischen Organismus, 1866, S. 22; ebenso: Archiv der Pharmazie, Band 221, Berlin 1883, S. 402.

[99] *Authentische Darstellung des Schwurgerichts-Processes gegen die Wittwe Krebs u. den Schlachter Brandes wegen Giftmordes. Verhandelt vor dem Schwurgericht in* Braunschweig *am 9. October und den folgenden Tagen d. J. gr. 8. (112 S.)* Braunschweig, Bock & Co. 1874. Ausführlich auch: Berliner Gerichts-Zeitung vom 13. Oktober 1874.

[100] Naunyn-Schmiedebergs Archiv für Pharmakologie, Band 162, Berlin 1931, S. 353.

[101] OTTO GLAGAU, Der Börsen- und Gründungsschwindel in Deutschland (2. Teil von Der Börsen- und Gründungsschwindel in Berlin), Leipzig 1877, S. 223.

[102] Inventarbuch des Märkischen Provinzial-Museums, abgebildet bei UWE WINKLER, Vom Museum zum Schafott – Kleine Geschichte eines Richtbeils, Berlin 2010, S. 72, vgl. ebenda, S. 17.

[103] „Am Donnerstag Mittag traf hier der Scharfrichter Krautz aus Berlin mit vier Gehilfen der dortigen fiscalischen Abdeckerei ein", verlautete einleitend im Bericht über Suhrs Hinrichtung in der Berliner Gerichts-Zeitung am 28. Dezember 1878.

[104] MAXIMILIAN SCHMIDT, wie oben, S. 21. EVANS, wie oben, S. 449. Im Jahre 1881 wurde übrigens gesetzlich bestimmt, dass die Vollstreckung der Todesstrafe nur seitens eines angestellten Scharfrichters stattzufinden hätte. (SCHMIDT, S. 21.)

[105] WINKLER, wie oben, S. 72 f.

[106] The Hawaiian Gazette, Honolulu, vom 30. Oktober 1878.

[107] MAXIMILIAN SCHMIDT, wie oben, S. 21.

[108] MAXIMILIAN SCHMIDT, wie oben, S. 40.

[109] „Vom 1. Oktober 1890 ab wird das Herzoglich braunschweigische Landgericht Holzminden und dessen Bezirk mit dem in der Stadt Braunschweig bestehenden Landgericht und dessen Bezirk vereinigt." (Finanz-Ministerialblatt für den Freistaat Bayern, München 1890, S. 208.) Landrichter beim Landgericht Holzminden war seit dem 1. Oktober 1879 Georg Bode (1838-1910). Derselbe war vorher (1868) Referendar zu Blankenburg a. H., dann Assessor in Vechelde, dann Amtsrichter zu Ottenstein, er wurde am 1. Oktober 1881 zum Staatsanwalt in Holzminden befördert und war ab 25. April 1890 Landgerichtsdirektor beim Landgericht Braunschweig. Verheiratet war er mit Helene, geb. Heiland, und er war Herausgeber des Goslarer Urkundenbuches. (Zeitschrift des Harz-Vereins für Geschichte und Alterthumskunde, Band 43-44, Wernigerode 1910, o. S., Band 12, Wernigerode 1879, S. 716)

[110] Stadtarchiv Holzminden, Sahol/ehemal. Standesamtsbücher 1/2010.

[111] Beschreibung entnommen aus: HEINRICH BRELOER/HORST KÖNIGSTEIN, Blutgeld – Materialien zu einer deutschen Geschichte, Köln 1982, S. 76.

[112] Landesarchiv Altenburg, Abschrift aus den Akten der Staatsanwaltschaft beim Herzogl. Landgericht in Altenburg, betreffend den Vollzug der Todesstrafe. Aktenzeichen: G.A.Nr. 90.-31-S. 1.

[113] MAXIMILIAN SCHMIDT, wie oben, S. 56.

[114] Unterlagen bei Dieter Fettback.

[115] Im Jahr 2002 wurde dieser Fall, zusammen mit anderen, im Rahmen einer kleinen Ausstellung im Stadtarchiv Braunschweig mit dem Titel „Räuber, Mörder und Betrüger" dargestellt. Zu den Ausstellungsstücken zählte damals auch das so genannte „Henkerbuch" des Scharfrichters Friedrich Reindel aus dem Braunschweigischen Landesmuseum (Signatur: LMB 28 486). Darin enthalten sind auch Beschreibungen der Verbrechen, der Täter und teilweise Fotos. Im Fall von Anton Giepsz sind nach Mitteilungen des Stadtarchivs sowohl Fotos der Hinrichtung am 17. April 1885 als auch eine Beschreibung des Täters vorhanden. Es ist davon auszugehen, dass auch in den lokalen Zeitungen über die Hinrichtung berichtet wurde. Allein in der Stadt Braunschweig gab es im Jahr 1885 bereits vier Tageszeitungen.

[116] Archiv für Kriminal-Anthropologie und Kriminalistik, Band 27, F.C.W. Vogel: Leipzig 1907, S. 322.

[117] Ausführlich: Berliner Gerichts-Zeitung vom 25. Juni 1889. „Der Angeklagte war lange Jahre hindurch bis zum 15. Januar d. J. Pächter der Scharfrichterei zu Spandau, und dort hatte er auch den jetzt Verstorbenen als Gehilfen angestellt. Gummisch (sic!) pflegte auch den Angeklagten zu auswärtigen Hinrichtungen stets zu begleiten."

[118] MAXIMILIAN SCHMIDT, wie oben, S. 94.

[119] EVANS, wie oben, S. 476.

[120] OTTO MANSFELD, „Der Scharfrichter aus Osterburg", in: Landgericht Stendal – „... nur dem Gesetze unterworfen", Books on Demand, Stendal 2002, S. 395.

[121] Unterlagen bei Dieter Fettback.

[122] Ausführlich: MANSFELD, wie oben, S. 394 ff.; BERND KAUFHOLZ, Die Arsen-Hexe von Stendal – Spektakuläre Kriminalfälle, 1. Auflage, Halle (Saale) 2003, S. 35.

[123] Unterlagen bei Peter Höhnel.

[124] Nds. HptStA Hann. 173a Acc. 111/79 Nr. 436: Generalakten, betreffend die Vollstreckung der Todesstrafe, 1853-1901.

[125] „Über Hinrichtungen im Hof des früheren Landgerichts gibt es in der Hagener Zeitung und im Archivbestand entsprechende Quellen", erklärt hierzu Dr. Ralf Blank vom Historischen Centrum Hagen.

[126] Ausführlich: KAUFHOLZ, wie oben, S. 30 ff., GERHARD VON BUCHKA, „Der Strafprozeß gegen den Bergmann Wilhelm Unkenstein aus Lübtheen", in: Archiv für Kriminologie (Kriminalanthropologie und Kriminalstatistik), Band XV und XVI, F.C.W. Vogel: Leipzig 1904, S. 17 ff.

[127] Unterlagen bei Dieter Fettback.

[128] Unterlagen bei Dieter Fettback.

[129] Diese zuvor an Tieren erprobte, gegenüber dem Erhängen als „menschlicher" empfundene Todesart kam am 6. August 1890 im Auburn-Staatsgefängnis im Bundesstaat New York erstmals zum Einsatz. Der erste auf einem elektrischen Stuhl hingerichtete Mensch war der 1860 geborene William Kemmler, der wegen eines Axtmordes an einer Frau zum Tode verurteilt worden war.

[130] St. Paul daily globe vom 21. Juni 1891.

[131] Archives d'anthropologie criminelle, de médecine légale et de et de psychologie normale et pathologique, Band 6, Paris/Lyon 1891, S. 345.

[132] LE PETIT PARISIEN Nr. 115, erschienen am 19. April 1891. Vgl. WILLIAM HUGHES, Annual Editions: Western Civilization, Guilford, Connecticut 1996, S. 108.

[133] EVANS, wie oben, S. 519, mit Verweis auf GStA Berlin Rep. 84a/9397 und Nds. HptStA Hann. 173a Nr. 439.

[134] Ebenda.

[135] THOMAS NAGEL, „Scharfrichter galten als ‚unehrliche Leute'", in: Badische Neueste Nachrichten, Wochenendbeilage, vom 12. Juli 1997.

[136] Unterlagen bei Dieter Fettback.

[137] Zeitschrift für deutsche Sprache, Band 6, 1893, S. 258.

[138] Unterlagen bei Peter Höhnel.

[139] Unterlagen bei Peter Höhnel. Der Vertrag ist abgelegt: Nds. HptStA Hann. 173a Acc. 111/79 Nr. 436: Generalakten, betreffend die Vollstreckung der Todesstrafe, 1893-1901.

[140] JOACHIM GRIES, „Vor hundert Jahren erschütterte ein Raubmord die Einwohner von Eschede", Sachsenspiegel 10, Cellesche Zeitung vom 16.03.1991, WOLFGANG KRÜGER, Das traurige Schicksal der Dora Klages – Ein Gedenkstein erinnert an ihre Ermordung: Eschede war 1890 Schauplatz eines entsetzlichen Verbrechens / Täterpaar wurde in Magdeburg hingerichtet, Sachsenspiegel 40 und 41, Cellesche Zeitung vom 02. und 09.10.2010. Hinweis auf die Enthauptung in der Celleschen Zeitung vom 24. Mai 1893 abgebildet in: MATTHIAS BLAZEK, Scharfrichter in Preußen und im Deutschen Reich 1866-1945, Stuttgart 2010, S. 44.

[141] Nds. HptStA Hann. 173a Nr. 439: Bericht des Ersten Staatsanwalts betreffend die Vollstreckung der wider den Dienstknecht Wilhelm Handt aus Stettin erkannten Todesstrafe, 21. Juni 1893; UWE RUPRECHT, Stader Abseiten: Aus dem Album des Grabsteinforscher, http://file1.npage.de/003951/70/html/grabstein03.html.

[142] Unterlagen bei Dieter Fettback.

[143] CLEMENS-PETER BÖSKEN, Tatort Düsseldorf – Kriminales aus 100 Jahren, 3. Auflage, Düsseldorf 2004, S. 16.

[144] Information von Frank Schmitt, Klausen, 22. März 2011.

[145] Unterlagen bei Dieter Fettback.

[146] RAYMOND DE RYCKERE, La femme en prison et devant la mort – Étude de criminologie, Paris 1898, S. 241 (Nachdruck : 2010).

[147] Unterlagen bei Dieter Fettback.

[148] MANSFELD, wie oben, S. 395.

[149] Dankenswerterweise aus dem Polnischen übersetzt von Adrian Lesch, Hannover.

[150] Gazeta Olsztyńska, Nr. 49 vom 20. Juni 1894.

[151] Ebenda.

[152] Vgl. EVANS, wie oben, S. 508.

[153] ELISABETH VON STEINBOM (Pseudonym), Geschichtliche Stellung der Frau, Berlin 1895, S. 127, 145.

[154] Stadtarchiv Aachen: Oberbürgermeisterregistraturakte Nr. 20 - 2 (Richtplatz, sowie die Aufstellung der Guillotine und des Schandpfahls), Landesarchiv in Düsseldorf Nr. 919 (Richtplatz zu Aachen: Hinrichtungen 1818-1902). Vgl. UDO BÜRGER, Schurken, Schande & Schafott: Zur Kriminalgeschichte in Aachen und Umland, Aachen 2004, S. 133.

[155] Alle Angaben aus: Königliches statistisches Bureau (Hrsg.): Statistisches Handbuch für den preußischen Staat, Verlag des königlichen statistisches Bureaus, Berlin 1898, Zahl der Hinrichtungen und Zahl der Morde und Totschläge S. 188 f., Zahl der rechtskräftigen Verurteilungen 520-524.

[156] Abgebildet bei: MATTHIAS BLAZEK, „Der Magdeburger Scharfrichter Carl Gröpler", Teil 1, in: Magdeburger Kurier, Februar 2011, S. 9.

[157] Unterlagen bei Dieter Fettback.

[158] EVANS, wie oben, S. 494, unter Bezugnahme auf GStA Berlin Rep. 84a/7783, Blatt 165: ALFRED FRIED, „Hinrichtungen in Preußen", in: Ethische Kultur 3/45 (9. November 1895), S. 355.

[159] http://olesnica.nienaltowski.net/Pregierz_i_szubienica.htm unter Berufung auf Mitteilungen des Historikers DANIEL WOJTUCKI.

[160] Ebenda mit dem Hinweis, dass der ehemalige Metzger Lorenz Schwietz Reindels Nachfolger geworden sei und in seiner Amtszeit 120 Hinrichtungen vollzogen habe, im schwarzen Frack und mit hohem Hut auf dem Kopf.

[161] THOMAS NAGEL, „Scharfrichter galten als ‚unehrliche Leute'", in: Badische Neueste Nachrichten, Wochenendbeilage, vom 12. Juli 1997.

[162] Unterlagen bei Peter Höhnel.

[163] DE RYCKÈRE, wie oben, S. 245.

[164] Landeshauptarchiv Koblenz, 403, 6184.

[165] Unterlagen bei Dieter Fettback.

[166] Unterlagen bei Dieter Fettback.

[167] Unterlagen bei Dieter Fettback.

[168] ARMIN HUMAN, „Landeschronik auf das Jahr 1897", in: Schriften für Sachsen Meiningische Geschichte und Landeskunde, Hildburghausen 1897, Band 28, S. 84.

[169] St.Amt Stendal 276/1897.

[170] New York Times vom 18. September 1897.

[171] RAFAŁ BĘTKOWSKI, „Więzienna brama" (Gefängnistor), http://www.olsztyn24.com/print.php?id=4277.

[172] „Der hölzerne Zaun des Gefänißhofes ist entfernt", Bericht des Stadtrates für das Jahr 1898/99, HUGO BONK, Geschichte der Stadt Allenstein, Band 3-5 = Urkundenbuch zur Geschichte Allensteins, Teil II/2, Ausgabe 1914, S. 995.

[173] Nach Auskunft des Stadtarchivs Saarbrücken (24.01.2011) sind in den Verwaltungsakten und der Saarbrücker Zeitung vom 16.-18. November und Dezember 1898 keine Hinweise auf den Fall Koschian zu finden.

[174] ANGELIKA EBBINGHAUS/KARSTEN LINNE (Hrsg.), Kein abgeschlossenes Kapitel: Hamburg im Dritten Reich, Hamburg 1997, S. 337 f. Zur Person Ernst Reindel (1899-1950) vgl. MATTHIAS BLAZEK, Scharfrichter in Preußen und im Deutschen Reich 1866-1945, Stuttgart 2010, S. 103 ff.

[175] JULIUS POLKE, Leiter der Kriminalpolizei in Duisburg, „Scharfrichter und Hinrichtungen", Aufsatz in: Monatsschrift für Kriminalpsychologie und Strafrechtsreform, hrsg. von der Kriminalbiologischen Gesellschaft, Band 21, 5. Heft, Heidelberg 1930, S. 273-281, hier: S. 277.

[176] Nds. HptStA Hann. 173a Nr. 438.

[177] Schreiben von Dieter Paprotka an den Autor vom 20. März 2011.

[178] Tagebuch des Scharfrichters Reindel - LMB 28486, Attestbuch des Scharfrichters Reindel - LMB 28487.

[179] KOCH, wie oben, S. 272.

[180] Unterlagen bei Peter Höhnel.

[181] Unterlagen bei Peter Höhnel. Unter der Registernummer 1006 / 1899 hat das Stadtarchiv Halle die Sterbeurkunde des Schmiedes Georg Schmoh vom 29. April 1899 vorliegen.

[182] Eine Ausnahme machte die Hinrichtung der Anarchisten Friedrich August Reinsdorff und Emil Küchler am 7. Februar 1885, die am 28. September 1883 ein Sprengstoffattentat auf den Kaiser und Vertreter des Reichs unternommen hatten. (Menschenbild und Strafvollzug – Die Entwicklung von einem Ort des fortschrittlichsten und humansten Strafvollzugs Deutschlands zu Beginn des 19. Jahrhunderts zu einem Ort des Schreckens und des Terrors (1933) – 1942 – 1989, gezeigt am Beispiel des „Roten Ochsen" in Halle an der Saale, Ein Vortrag aus der Reihe „Dieter Hoppes Lebenserinnerungen", 22. April 2004, Textvorlage.)

[183] Unterlagen bei Dieter Fettback.

[184] MANSFELD, wie oben, S. 396.

[185] ROBERT THOMAS, „Unter Kunden, Komödianten und wilden Tieren – Lebenserinnerungen", in: Die Grenzboten – Zeitschrift für Politik, Literatur und Kunst, Band 64, F.L. Herbig: Leipzig 1905, S. 719.

[186] Reg.-Nr. 1841/1908, Standesamt Magdeburg-Altstadt.

[187] HORST GERBER, „Der letzte Henker von Osterburg reiste mit scharfem Beil durch ganz Deutschland", Altmark-Zeitung o. D. Gleich lautend in: Osterburg im 20. Jahrhundert – Beiträge zur Stadtgeschichte, hrsg. vom Heimatverein Osterburg e.V., Halle 2006.

[188] Standesamt Osterburg, Nr. 64/1923.

[189] Die Doppelwahlgrabstätte Ernst und Martha Reindel befindet sich noch – in Feld XI Reihe B Grabstelle 34-35 – auf dem Friedhof in Osterburg. Die Nutzungszeit läuft 2017 ab. Von der Familie Daun ist nichts mehr im Belegungsplan zu finden. Information von Helke Brandt von der Friedhofsverwaltung des Ev. Kirchspiels Osterburg gegenüber dem Verfasser, 7. Februar 2011.

[190] Unterlagen bei Peter Höhnel.

[191] MANSFELD, wie oben, S. 395 f.

[192] Ebenda unter Bezugnahme auf GStA Berlin, Rep. 84a/4592, Bl. 16: Erster Staatsanwalt in Magdeburg an das Preußische Justizministerium vom 7. Februar 1900.

[193] Unterlagen bei Peter Höhnel.

[194] Vgl. PAUL MEITZ, „... und der Kopf rollt in den Sand – Arbeiter Anton Grzegorzewski wird in Stendal wegen Mordes hingerichtet", in: Das war das 20. Jahrhundert in der westlichen Altmark mit den Städten Salzwedel, Klötze, Gardelegen – Das Buch zur Serie der „Volksstimme", Gudensberg-Gleichen 2000. Dort heißt es über den traurigen Akt: „Mit dem Glockenschlage 7 Uhr wird er auf den Hof vor den Gerichtstisch geführt. Die kräftige Gestalt schreitet mit auf dem Rücken gefesselten Händen zwischen zwei Gefängniswärtern einher. ... Die Jacke ist lose über den Oberkörper gehängt. Nach Feststellung der Persönlichkeit wird das Todesurteil durch den Herrn Ersten Staatsanwalt Harte und darauf auch die allerhöchste Kabinettsordre, datiert aus Berlin vom 15. des Monats, verlesen, derzufolge der Gerechtigkeit freier Lauf zu lassen war. Der Delinquent wird darauf Herrn Reindel junior aus Magdeburg zur Strafvollstreckung übergeben. Von den Gehilfen wird G. rasch ergriffen, die Schultern werden frei gemacht und er gleichzeitig auf die Bank gestreckt. Das Beil fällt und der Kopf rollt in den Sand."

[195] Nds. HptStA Hann. 173a Acc. 111/79 Nr. 436: Generalakten, betreffend die Vollstreckung der Todesstrafe, 1893-1901.

[196] RALF BLANK, STEPHANIE MARRA, GERHARD E. SOLLBACH, Hagen – Geschichte einer Großstadt und ihrer Region, Hagen 2008, S. 289.

[197] HUGO FRIEDLAENDER, Interessante Kriminal-Prozesse von kulturhistorischer Bedeutung – Darstellung merkwürdiger Strafrechtsfälle aus Gegenwart und Jüngstvergangenheit nach eigenen Erlebnissen, Berlin 1911.

[198] EVANS, wie oben, S. 517 unter Bezugnahme auf GStA Berlin Rep. 84a/4592, Blatt 45a.

[199] EVANS, wie oben, S. 475.

[200] EVANS, wie oben, S. 486.

[201] Schreiben von Dieter Paprotka an den Autor vom 20. März 2011.

[202] Wilhelm Reindel, der Scharfrichter von Magdeburg und die Opfer des Schafotts: Zeitroman nach Aufzeichnungen u. Mitteilungen d. Scharfrichters Wilhelm Reindel, 800 Seiten, Berlin 1903. Das Buch war wie zuvor (1890) der Erfolgs-Kolportage-Roman „Der Scharfrichter von Berlin" von Victor von Falk herausgegeben worden. Vgl. ULRICH BENTZIEN/HERMANN STROBACH, Deutsche Volksdichtung: eine Einführung, Leipzig 1987, S. 351.

[203] Der Kunstwart, Band 16, Teil 2, München 1903, S. 423.

[204] EVANS, wie oben, S. 479 (mit Anmerkungen).

[205] Nds. HptStA Hann. 173a Acc. 111/79 Nr. 436: Generalakten, betreffend die Vollstreckung der Todesstrafe, 1853-1901.

[206] Ausführlich: EVANS, wie oben, S. 500 f.

[207] Nds. HptStA Hann. 173a Acc. 111/79 Nr. 436.

[208] BLAZEK, Scharfrichter, wie oben, S. 59 (Abdruck des Artikels).

[209] EVANS, wie oben, S. 527.

[210] Die Angaben sind der damals aktuellen Preußischen Statistik entnommen worden, nach der auch 1900 insgesamt 17 Männer hingerichtet wurden.

[211] AUGUSTE GERHARDS, Morts pour avoir dit non: 14 Alsaciens et Lorrains face à la justice militaire nazie, Straßburg 2007, S. 26.

[212] Bibliothek der Unterhaltung und des Wissens, Stuttgart, Berlin, Leipzig 1909, S. 84 f.

[213] Morgen – Wochenschrift für deutsche Kultur, 1907 Juli-Dezember, Der Haag 1907, S. 210.

Matthias Blazek

Scharfrichter
in Preußen und im Deutschen Reich
1866 - 1945

ISBN 978-3-8382-0107-8
154 S., Paperback, € 15,90

Erhältlich in jeder Buchhandlung
oder direkt bei

ibidem

Die Scharfrichter in Preußen und im Deutschen Reich sind ein bislang von der Geschichtswissenschaft weitgehend ausgesparter Bereich. Nachkommen lassen sich allerorten recherchieren; lediglich die ganz prominenten Gestalten, die zum Tode verurteilte Menschen hinrichteten, scheinen, was die familiären Verhältnisse anbetrifft, nicht greifbar zu sein.

Die weithin verbreitete Ansicht, Scharfrichter und ihre Familien hätten eine Außenseiterrolle gespielt, stellt sich bei näherer Betrachtung als nicht zutreffend heraus. Es erscheint vielmehr ein völlig neues Bild dieser Gruppe vermeintlicher gesellschaftlicher Außenseiter, die - wenigstens seit Beginn des 19. Jahrhunderts - sehr wohl Zugang zum bürgerlichen Leben hatte.

Und während der Scharfrichter bis 1933 vorwiegend Mörder hinzurichten hatte, waren es ab dem Zeitpunkt der nationalsozialistischen Machtergreifung in immer weiter zunehmendem Umfang Menschen, die dem Regime bedrohlich schienen, Menschen, die in Zeiten von nationalsozialistischer Diktatur und staatlich vorgegebener Fremdenfeindlichkeit dennoch ihre Meinung sagten. Hier tauchen am Ende unvorstellbar hohe Zahlen von hingerichteten Personen auf, insbesondere in der Strafanstalt Berlin-Plötzensee. Vor den schieren Zahlen droht der Umstand zu verschwimmen, dass jeder einzelne hingerichtete Mensch Opfer der nationalsozialistischen Gewaltherrschaft wurde und seine staatlich angeordnete Ermordung mit einem tragischen persönlichen Schicksal verknüpft ist.

Spätestens seit 1937 traten in Deutschland die meisten Scharfrichter als anonyme Personen auf, über deren Tätigkeit in der Öffentlichkeit nahezu nichts bekannt war. Nach außen hin waren sie Justizangestellte, ihre Gehilfen Justizhelfer. Selbst Decknamen wurden vergeben.

Dieser Deckmantel der Anonymität hat zur Folge, dass nur wenig über ihr Leben und ihr grausames Wirken im Staatsdienst bekannt beziehungsweise überliefert ist. Lediglich der justizbehördliche Schriftverkehr liegt noch in den Landesarchiven und im Bundesarchiv Berlin vor. Selbst von den vollzogenen Hinrichtungen zeugen nur relativ selten Notizen in den Tageszeitungen. Die Scharfrichter wurden von den Nationalsozialisten stets genau instruiert, über ihre Arbeit „strengstes Stillschweigen" zu bewahren.

Der Journalist Matthias Blazek, Jahrgang 1966, legt erneut ein Buch zu einem bislang wenig im Augenschein der Öffentlichkeit stehenden Thema vor, das nichtsdestotrotz große Beachtung verdient hat. Die von ihm in mühevollen Detailrecherchen ausgegrabenen Fakten ergeben ein aufschlussreiches – und mitunter schockierendes – Bild der Scharfrichter in Preußen und im Deutschen Reich von 1866 bis 1945.

Matthias Blazek

Carl Großmann und Friedrich Schumann

Zwei Serienmörder in den zwanziger Jahren

ISBN 978-3-8382-0027-9

152 S., Paperback, € 15,90

Erhältlich in jeder Buchhandlung
oder direkt bei

ibidem

Der Serienmörder ist ein Medienphänomen des 20. Jahrhunderts. Als Serienmörder werden Menschen bezeichnet, die mit zeitlichem Abstand drei oder mehr Menschen ermordet haben.

Seit den zwanziger Jahren des 20. Jahrhunderts hat es in Deutschland zahlreiche Serienmorde gegeben. Berichte über Mordtaten waren geeignet, in der Bevölkerung Entsetzen über den sittlichen Verfall der Nation hervorzurufen. Bemerkenswert ist die relativ große Anzahl von Serienmördern, die, insbesondere zu Beginn der Weimarer Republik, in der Zeit nach dem Ersten Weltkrieg auftrat.

Friedrich Schumann (1893-1921) kann man als ersten Serienmörder der Neuzeit in Deutschland bezeichnen. Inzwischen ist er fast völlig in Vergessenheit geraten. Sein Spitzname: „Der Massenmörder vom Falkenhagener See". Sein Wirkungsort: das heutige Falkensee. Schumann wurde am 27. August 1921 im Strafgefängnis Plötzensee enthauptet.

Carl Großmann (1863-1922), ein sexueller Sadist wie aus dem Lehrbuch, wird als die Bestie vom Schlesischen Bahnhof bezeichnet. Fast ein Jahr lang tauchte sein Name in den Gazetten auf, fast ein Jahr lang versuchten die Behörden, Licht in das Dunkel um Großmanns Verbrechen zu bringen. Hingebungsvoll war Carl Großmann angeblich nur zu seinem Zeisig – sein innigster Wunsch soll die Anschaffung dieses Vogels gewesen sein. Großmann wurde des Mordes in drei Fällen überführt, er erhängte sich vor dem Ende der Hauptverhandlung am 5. Juli 1922. Zu diesem Fall wertete Matthias Blazek die komplette Akte aus dem Landesarchiv Berlin aus.

Beide Fälle werden in diesem Band erstmals ausführlich dargestellt. Matthias Blazek legt dabei bislang unveröffentlichte Fotos sowie neue Erkenntnisse aus der Auswertung zuvor unbeachteter Quellen vor. Ergänzend fügt Blazek am Schluss noch eine kurze Darstellung der 'Denke-Affäre' hinzu. Der Serienmörder und Kannibale Karl Denke ermordete zwischen 1903 und 1924 in Münsterberg in Schlesien mindestens 31 Menschen und entzog sich am 22. Dezember 1924 der Justiz durch Selbstmord.

ibidem-Verlag

Melchiorstr. 15

D-70439 Stuttgart

info@ibidem-verlag.de

www.ibidem-verlag.de
www.ibidem.eu
www.edition-noema.de
www.autorenbetreuung.de